직장인이라면
다니엘처럼

직장인이라면 다니엘처럼

저자 원용일

초판 1쇄 발행 2009. 11. 20.
개정2판 1쇄 발행 2018. 7. 18.
개정증보판 1쇄 발행 2022. 7. 20.

발행처 도서출판 브니엘
발행인 권혁선

책임편집 김지연
책임교정 조은경

등록번호 서울 제2006-50호
등록일자 2006. 9. 11.

서울특별시 송파구 백제고분로28길 25 B101호 (05590)
마케팅부 02)421-3436
편집부 02)421-3487
팩시밀리 02)421-3438

ISBN 979-11-90308-78-6 03230

독자의견 02)421-3487
이메일 editorkhs@empal.com

북카페 주소 cafe.naver.com/penielpub.cafe
인스타그램 @peniel_books

도서출판 브니엘은 독자들의 원고를 설레는 마음으로 기다리고 있습니다.
위의 이메일로 간단한 기획 내용 및 원고, 연락처 등을 보내주십시오.

도서출판 브니엘은 갓구운 빵처럼 항상 신선한 책만을 고집합니다.

오늘 · 일터 에서 · 당신의 · 소명을 · 감당하라

직장인이라면
다니엘처럼

원용일 | 직장사역연구소 소장

일터에서 당신을 부르신 하나님께 응답하라!

크리스천들은 하나님의 소명(召命, 부르심)을 받은 사람들이다. 죄인인 우리를 불러서 구원의 은혜를 주신 것이다. 성도의 한 사람으로 부르신 것을 첫 번째 소명이라 하고, 또한 직분을 맡기시려고 부르신 두 번째 소명이 있다. 그런데 직분을 맡기신 소명에 대한 오해가 교회사 속에서 오래 계속되어 왔다. 중세시대에는 이런 직분의 소명을 신부나 수도사가 되는 사람만 받는다고 생각했다.

500주년을 기념한 종교개혁이 바로 이런 잘못된 소명론을 깨뜨렸다. 루터가 모든 신자가 다 제사장이라고 가르쳤지만 사실은 이미 베드로 사도가 말한 것이다. "너희도 산 돌 같이 신령한 집으로 세워지고 예수 그리스도로 말미암아 하나님이 기쁘게 받으실 신령한 제사를 드릴 거룩한 제사장이 될지니라"(벧전 2:5). 오늘날로 말하면 목회자도 제사장이고, 목회자가 아닌 성도들도 제사장이다. 즉 성도들이 하는 모든 일이 다 하나님의 소명이라는 게 종교개혁의 중요한 원리이다. 흩어진 교회에서 행하는 모든 일이 소명이라는 깨달음을 오늘 계승해야 한다.

종교개혁 이후 500년이 흐른 오늘 다시금 영육이원론의 득세로 소명에 대한 이해가 왜곡되고 있다. 적어도 종교개혁의 후손인 우리는 사도 바울이 당시 노예들에게 "무슨 일을 하든지 마음을 다하여 주께 하듯 하고 사람에게 하듯 하지 말라"(골 3:23)고 했던 중요한 교훈을 잊지 말아야 한다.

하나님은 모든 성도가 하나님의 일을 하도록 부르셨다. 직업이 소명이다. 물론 우리가 하는 교회의 사역도 소명이다. 우리의 일이 소명이라는 가르침을 놓치면 안 된다. 이런 의미에서 이 책에서는 성경에 등장하는 인물들을 직업인의 관점으로 바라보면서 크리스천 삶의 정체인 직업 소명을 보여주려고 한다.

나는 1990년에 한 신우회에 가서 말씀을 전하는 일을 시작하면서 성경에 나오는 인물들을 이렇게 직업 소명의 관점으로 보았다. 요셉, 다윗, 느헤미야, 에녹, 그리고 다니엘 같은 성경 인물들이다. 아마도 천국에 가서 만나게 될 그 분들이 나를 특별히 반가워해 줄 것 같다. 설교를 자주하는 유명강사는 아니지만 특히 다니엘에 관해서는 교회 청년부나 남전도회 헌신예배, 신우회 예배에서 자주 설교했다.

다니엘서의 배경이 그의 일터인 것을 보면 다니엘은 분명히 직업인이었다. 하나님의 선지자로 살았던 그의 사역을 부인하지 않만, 다니엘은 오늘 우리 시대에 세상에서 고군분투하는 직장인들에게 귀감이 된다. 이 책에서는 다니엘을 통해 생각해 볼 수 있는 영성을 I로 시작하는 영어 단어 7개로 정리했다.

물론 이 작업이 하루아침에 이루어진 것은 아니다. 직장사역연합 대표 방선기 목사님께 아이디어도 얻고, 강의를 하던 중 단어를 정리하기도 했다. 여의도 순복음교회 카리스 청년부 부흥회 때는 I로 시작하는 다니엘의 영성 관련 단어를 퀴즈로 냈더니 한 자매가 Inter-cession(중재, 중보기도)이라는 단어를 대답했다. 난 제대로 알지도 못하던 단어였는데 집에 와서 사전을 찾아보고야 적합한 단어인 것을 알았다. Image는 이 책을 정리하던 중 아들과 대화하면서 떠올라 추가하여 일곱 개의 I로 시작하는 직업 소명의 틀을 완성했다.

이 책은 다니엘의 이야기를 기반으로 하되 크리스천 직장인들이 겪었던 일터 속의 체험담을 많이 넣어 정리했다. 나 자신의 경험과 사람들에게 들은 이야기들, 또한 책과 영화 등에서 얻은 이야기들을 다양하게 담았다. 이야기가 주는 공감과 감동으로 실천할 수 있는 힘을 얻을 수 있다는 사실을 나 자신이 깨달았기 때문이다. 그리스도의 십자가 이야기가 그 정점인 '이야기'의 매력에 푹 빠져보기를 기대한다.

따라서 이 책이 다니엘서 강해는 아니라는 점을 분명히 밝히고 싶다. 다니엘서 중에서 1~6장에 집중하여 후반부는 거의 다루지 않았고, 성경의 차례대로 다룬 것도 아니다. 이 책의 한 부를 읽거나 나눈 후 함께 생각해 볼 수 있다면 피차 가르치는 은혜를 통한 유익도 얻을 수 있을 것이다. 직장 신우회와 교회 청년부 등에서 독서 겸 교재로 활용될 수 있기를 기대해본다.

일터의 주인이신 하나님께 감사드리고, 일터사역의 현장으로 불러주시고 지금까지 이끌어주신 방선기 목사님께 특별한 감사를 드리고 싶다. 이 책에서 다룬 다니엘 이야기의 많은 부분이 방 목사님의 안목과 경험에 기대고 있는 것을 이 책을 읽는 사람들은 잘 알 것이다.

벌써 13년 된 이 책을 독자들의 요청으로 직장인을 위한 기도문을 부록으로 특별수록하여 개정증보판으로 출간하는 브니엘 출판사 편집부에 감사하며, 이 땅에서 다니엘과 같이 하나님 나라를 세우는 일터의 소명을 실천하는 모든 크리스천 직장인에게 드리고 싶다.

글쓴이 원용일

다니엘처럼 우리 크리스천 직장인들은
세상에서 분명하게 일터의 영성을 드러내야 한다.
세상 속에서 살지만 구별된 크리스천으로서
대안을 통해 정체성을 드러내야 한다. 묘한 관계의
정치학이 난무하고 문제투성이인 일터에서
우리는 중재자와 중보자가 되어야 한다.

IC? 아이 씨!

직장생활을 하는 크리스천들은 직장과 교회라는 양갈래 길에서 고민할 때가 있다. 교회에서 예배를 드릴 때에는 충만한 은혜도 느끼고 말씀의 위로에 힘도 나지만, 막상 세상으로 나가 일터에 발을 디디면 어떻게 살아야 크리스천으로서 제대로 생활하는 것인지 감감하다. 그래서 이런 푸념을 하는 때가 있다. "아이 씨! 정말 이렇게 일하면 되는 건가? 세상에서 크리스천으로 사는 게 왜 이렇게 힘든 거지?" 또한 직장과 교회만이 아니라 가정이라는 중요한 우리 삶의 마당까지 있으니 이 트라이앵글 속에서 우리는 고민할 수밖에 없다.

그러니 이런 이야기를 들을 수 있다. "이제 세상일은 그만 두었으니 하나님의 일만 열심히 하겠습니다." 누가 이런 말을 하는가? 직장에서 은퇴한 장로님이나 집사님이 교회 사무실에 와서 하는 이야기이다. 그러면 교회의 부교역자들이 긴장한다. 그분은 이제 출근할 곳이 없으니 날마다 교회로 출근한다는 것이고, 교회 일을 다 간섭하겠다는 것이 아닌가? 물론 그분의 충정을 읽지 못하는 것은 아니다. 젊은 날 분주하게 일하느라 교회 일을 제대로 섬기지 못했던 것이 아쉬워서 은퇴 후에 더욱 열심히 주님의 나라를 위해 봉사하겠다는 뜻이다. 그런데 '세상일'과 '하나님의 일'을 나누어 이야기하는 것은 우리가 한 번 생각해 보아야 한다.

전에 운전을 하면서 라디오로 한 교계방송의 간증 프로그램을 듣는데 목사님 한 분이 출연하여 간증을 하고 있었다. 그분은 전에 교사였다고 하는데 아무리 생각해도 교사 일을 통해서는 하나님을 기쁘시게 해드릴 수 없었다고 했다. 그래서 10여 년의 교사생활에 종지부를 찍고 신학교에 입학해서 공부하고 목사 안수를 받았다는 것이다. 나는 교사도 아니고 목사라서 그분의 이야기가 별로 거슬릴 것도 없었는데 속에서 열이 나고 자동차의 속도가 빨라졌다. 더 화가 난 것은 방송 진행자들이 출연자가 학교에 사표를 내고 신학교에 가고 목사가 되었다고 할 때마다 "아멘, 아멘, 할렐루야"를 추임새처럼 넣었기 때문이다.

교사는 육의 일이고, 목사는 영의 일이라고 구분하는 이원론이 문제였다. 결국 그런 잘못된 가치관이 목회자들의 안일함과 무지 때문이라는 생각에 화가 나면서 일터사역자로서 심한 자책감도 들었다. 이런 종류의 영육이원론이 우리 크리스천들의 의식 속에 뿌리내리고 있다. 하긴 성경에서도 그렇게 표현하고 있다. "육신을 따르는 자는 육신의 일을, 영을 따르는 자는 영의 일을 생각하나니"(롬 8:5). "위의 것을 생각하고 땅의 것을 생각하지 말라"(골 3:2).

여기서 바울은 육신의 일과 영의 일을, 위의 것과 땅의 것을 구분하는 것 같다. 하지만 육신과 영을 대조하고, 육신을 영에 대해 열등하게 말하는 것처럼 보이는 것은 육신과 영, 그 자체를 대립시키는 것이 아니다. 그리스도가 없던 옛사람의 모습과 그리스도와 함께 변화된 새사람의 모습을 대비시키는 것이다. 그러니 그리스도가 없는 옛사람은 육신을 따르고 육신의 일을 생각하지만, 그리스도와 함께하는 새사람은 영의 일을 따르고 영의 일을 생각한다. 한 사람이 세상에서 하는 직장 일은 육의 일이고, 교회에서 하는 예배와 같은 것만 영의 일이라는 뜻이 아니다.

우리 삶의 마당에서 영역을 구분하면 종교적인 일과 일상적인 일로 나눌 수 있는데, 종교적인 일만 영적인 일이고 하나님의 일인 것이 아니다. 일상적인 일 역시 영적으로 하나님의 일로 여기고 일해야만 한다. 예수님이 말씀을 전하시고 공생애 사역을 하신 일을 생각해 보라. 그 일을 예수님은 하나님께 하듯이 하셨을 것이다. 그런데 더 오랜 기간 일한 목수 일을 할 때는 그냥 대충 하셨겠는가? 틀림없이 예수님은 목수 일도 하나님께 하듯이 하셨을 것이다. 그런 의미에서 우리 크리스천 직장인들이 세상에 나아가 일하면서 그저 "아이 씨"를 읊으며 푸념만 하고 있으면 안 되지 않겠는가?

지금부터 2천 5, 6백 년 전에 치열한 일터 현장에서 직장인의 삶을 살았던 다니엘을 살펴보자. 그래서 오늘 우리 시대에 세상 속에서 직장인으로 살아가는 크리스천의 일터 영성을 배워보자. I로 시작하는 영어 단어들을 중심으로 해서 7개의 범주로 일터 크리스천의 영성을 제시하려고 한다. Identity, Intercession, Image, Influence, Integrity, Intimacy, Impact. 이 일곱 개의 영어 단어를 중심으로 오늘 우리 시대의 일터 영성을 함께 생각해보자.

우리는 세상의 치열한 비즈니스 현장에서 의기소침해 질 수 있다.
그런 때에도 우리는 바람직한 방법이 아니라면 문제의식을 가지고
문제 제기를 할 수 있어야 한다. 격리되지 않고 구별되면서
본질에 충실한 대안(alternative)을 만들어내야 한다.
이런 문화 변혁의 주체가 되는 길이 바로 두 나라의 정체성을 갖고
크리스천다움을 보여주는 길이다.

세상 속
크리스천의
정체와 신분을
드러내라

I

Identity (명사)

① 동일함, 일치, 동일성.
② (딴 것이 아닌) 자기 자신, 정체성, 독자성, 개성(individuality).
③ (구어) 신원 증명의 수단, 신분증명서.

두 나라의 정체성으로 무장한 크리스천

포로생활 vs. 직장생활?

크리스천 직장인이 세상 속에서 가져야 할 첫 번째 I영성은 정체성, 즉 Identity이다. 우리 크리스천들은 우리만의 동질성이 있고, 다른 사람들과 구별되는 크리스천 나름의 정체를 갖고 있다. 이 정체는 세상에서 우리의 독특한 신분증 역할을 한다. 민주주의 사회에서 시민으로 살아가기 위해 필요한 신분증과 같은 크리스천의 신분증명서를 확인해보자.

전쟁이라는 상황은 삶의 근거를 송두리째 흔들어 놓는다. 그 상황을 직접 겪어보지 않고 영화나 소설과 같은 매체를 통해서 간접 경험하는 것으로는 그 본질을 이해하기 쉽지 않을 것 같다. 다니엘과 세 친구를 포함한 많은 유다 소년이 겪은 전쟁은 더욱 남달랐다. 그들이 포로가 되어 바벨론으로 끌려갔던 전쟁은 주전 605년, 바벨론 제국의 느부갓네살 왕이 유다를 침입하여 유다 군대를 거의 괴멸시킨 전쟁이었다. 10년쯤 뒤인 주전 586년에 유다 왕국이 완전히 망했지만, 주전 605년의 그 전쟁에서 이미 유다의 운명은 결정이 났다. 또한 그 전쟁은 유다 백성들에게 신앙적으로 큰 좌절을 안긴 심각한 사건이었다. 다윗 왕에게 주어진 나단의 신탁(神託)이 무너지는 것 같은 좌절을 겪었다. 하나님은 나단 선지자를 통해 다윗의 후손들이 영원히 견고한 나라를 세우게 될 것이라고 약속하셨다(삼하 7:4-17, 특히 12절). 그런데 느부갓네살의 군대가 예루살렘을 짓밟았고 성전의 기구들을 약탈해갔다. 성전의 기구들을 가져간 것은 다른 종교들의 신전에 있는 신상이 예루살렘 성전에는 없었기 때문이다. 그러니 유다 백성들의 신앙적 자부심이 허물어진 것은 당연했다.

　이런 상황 가운데 다니엘과 세 친구는 많은 유다 백성과 함께 적국 바벨론 땅으로 끌려갔다. 포로가 되어 이방 땅에 끌려갔던 유다 백성들의 암울한 상황에 대해 나중에 시편 기자는 이렇게 노래했다. 유다 백성들이 바벨론에서 겪었던 좌절과 슬픔의 체험을 보여주는 한 단면이다.

　우리가 바벨론의 여러 강변 거기에 앉아서
　시온을 기억하며 울었도다.
　그중의 버드나무에 우리가 우리의 수금을 걸었나니
　이는 우리를 사로잡은 자가 거기서 우리에게 노래를 청하며

우리를 황폐하게 한 자가 기쁨을 청하고
자기들을 위하여 시온의 노래 중 하나를 노래하라 함이로다.
우리가 이방 땅에서 어찌 여호와의 노래를 부를까.
예루살렘아 내가 너를 잊을진대
내 오른손이 그의 재주를 잊을지로다.
내가 예루살렘을 기억하지 아니하거나
내가 가장 즐거워하는 것보다 더 즐거워하지 아니할진대
내 혀가 내 입천장에 붙을지로다.
(시 137:1-6)

한편 다니엘과 세 친구는 다른 유다 백성들과는 조금 다른 상황의 포로였다. 패전국의 볼모 신분으로 승전국의 국정에 도움을 주기 위해 끌려간 것이다. 그들은 왕족과 귀족의 신분이었던 사람들로, 육체적으로도 흠이 없고 지식적으로 이미 탁월한 역량을 갖춘 젊은 이들이었다(단 1:3-4). 유대인이었으니 율법을 통해 교육을 받고 히브리인의 가치관을 배워 신앙교육이 제대로 되어 있었음을 뜻한다.

그들은 포로였지만 특별한 포로들이었다. 나라는 망했지만 상대 정부의 요직에서 일할 수 있는 일종의 특권을 가졌고, 아마도 다른 포로들의 부러움을 사기도 했을 것이다. 하지만 유다의 다른 포로들은 이들보다 더 고된 일을 했겠지만, 유대인들만의 공동체 안에서 생활할 수 있었던 것을 추정해보면 다니엘과 세 친구는 영적으로 매우 힘든 환경에 노출되어 있었을 것이다. 율법대로 살아야 할 유대인으로서는 엄청난 영적 고통을 감내해야 했다. 당시 세계 최강국의 궁궐에서 이방의 학문과 세계관을 학습하는 일은 결코 쉽지 않았을 것이다.

더구나 그 '소년'들은 나이도 그리 많지 않았을 것이다. '소년'이라는 단어가 어린아이부터 미혼의 남자를 가리키는 폭넓은 용어이지만, 그들이 이미 일정한 교육을 받은 상태이고 바벨론에서 3년의 교육을 받은 후 곧바로 궁궐에서 관리가 되는 것을 보면 스무 살 전후의 청년들이었을 것으로 보인다.

두 나라의 정체성,
디아스포라 아이덴티티

그들은 말 그대로 두 나라 정체성의 한가운데서 포로생활을 했다. 사도 바울이 빌립보교회 성도들에게 권면하는 것처럼 "우리의 시민권은 하늘에 있는"(빌 3:20) 모습이 다니엘과 세 친구가 겪었던 디아스포라 아이덴티티였다. 그들은 약속의 땅을 잃고 세상 속으로 흩어져 떠돌면서도(diaspora) 분명한 하나님 나라의 시민권(identity)을 붙잡고 살아야만 했다.

그러면 이 두 나라의 정체성은 무엇인가? 사도 바울은 당시 로마 제국의 유력한 도시에서 살면서 로마의 시민권의 의미를 알고 있는 성도들에게 편지했다. 로마의 시민권을 가지고 있으면 국가의 권력이 보호해주고 형사범도 함부로 다루지 못하는 것을 바울은 빌립보에서 전도하면서 경험했다(행 16:37-39). 그런 시민권에 자부심을 느끼고 있을 빌립보교회 성도들에게 바울은 로마의 시민권과 비교하여 눈에 보이지 않는 하나님 나라의 시민권을 언급했다. 물론 바울은 로마의 시민권보다 더욱 고귀한 가치가 하나님 나라의 시민권에 있음을 암시하고 있다. 성도들은 이렇게 두 나라에 속한 사람들이다. 세상에 몸담고 살면서 육신적으로는 대한민국에 속해 있고 국민의 의무를 다하며 권리를 누린다. 하지만 신앙적으로는 하나님 나라에 속한 천국 시민이다. 이 두 나라의 의무를 다해야 하는 것이 바로 우리의 책임이다.

이 두 나라의 정체성은 예수님이 "가이사의 것은 가이사에게, 하나님의 것은 하나님께 바치라"(마 22:21)고 하신 것처럼 두 가지 의무를 다 하도록 요구한다. 포로의식과는 확연한 차이를 보여준다. 오늘 이 시대에 직업을 가지고 살아가는 크리스천의 정체성도 바로 이런 두 나라의 정체성이다. 사도 베드로가 하는 말을 좀 빌리면 '세상 속에 사는 흩어진 나그네'(벧전 1:1)이다. 우리는 깊은 산 속에 들어가 수도하면서 사는 사람들이 아니다. 세상 속에서 살아간다. 우리의 정체성을 한마디로 말한다면 '세상 속의 그리스도인'이다. 하나님은 우리가 교회에서 예배드리고 봉사하고 교제하는 모습을 기뻐하신다. 그러나 교회생활만이 우리 그리스도인들이 관심을 가질 유일한 영성의 마당인 것은 아니다. 우리에게는 삶의 터전인 세상이 있다. 우리는 세상 속에서 우리의 영성과 믿음을 드러내야 한다. 가정과 일터와 지역사회에서, 대한민국의 국민과 지구촌의 한 구성원으로서 우리의 정체를 분명하게 드러내야 한다.

인터넷에서 직장생활을 감옥생활과 비교하는 글을 보았다.

"감옥에서는 대부분의 시간을 가로 3.6미터 세로 4.5미터의 방에서 보내는데, 직장인들은 눈 뜨고 있는 대부분의 시간을 가로 2.6미터 세로 3.6미터의 칸막이에서 보낸다. 감옥에서는 품행이 좋으면 자유시간을 얻는데, 직장에서는 일을 잘하면 더 많은 일거리가 생긴다. 감옥에서는 간수가 모든 문을 열어주고 잠그는데, 직장에서는 자기가 직접 모든 문을 열고 잠가야 한다. 감옥에서는 텔레비전 시청과 게임을 즐길 수 있는데, 직장에서 일할 때 그랬다가는 당장 해고당한다. 죄수들은 다른 곳으로 이동할 때만 쇠사슬을 채우는데, 직장인들은 언제나 쇠사슬에 묶여 있기도 하다. 감옥에는 가끔 새디스트 교도관들이 있는데, 직장에는 그런 사람들이 많고 그들을 '상사'라고 부른다."

생각해보면 비슷한 점이 있긴 하지만 이 비교를 한 사람, 아마도 직장인인 그 사람은 참 불행한 사람이라는 생각이 든다. 자신의 직장을 감옥으로, 상사를 교도관으로 생각하는 한 어떻게 직장생활이 행복할 수 있겠는가? 인생이 즐거울 리 없다.

대중문화 비평으로 잘 알려진 강준만 교수는 우리나라 사람들을 '인질, 혹은 포로'에 비유한 적이 있다. 1973년 스웨덴의 스톡홀름에서 일어난 인질 사건을 예로 들어 대한민국 국민들은 스톡홀름 신드롬에 빠져 있다고 했다. 스톡홀름 신드롬이란 인질이 오랜 시간

범인들에게 잡혀 있다 보면 나중에는 그 인질범들과 공감하고 협조적인 태도를 갖게 되는 현상이다. 왜 그런가? 생살여탈권을 쥐고 있는 범인들로부터 언제 죽임을 당할지도 모른다는 두려움 때문이다. 이것이 바로 포로의식이다. 우리는 이런 포로의식에 사로잡혀 있어서는 안 된다. 포로의식 대신 두 나라의 정체성으로 확실하게 무장해야 한다.

전쟁 포로였으나 전쟁을 끝낸
포로들의 이야기

베스트셀러 작가 필립 얀시의 책 「내 눈이 주의 영광을 보네」(좋은씨앗 펴냄)를 보면 어네스트 고든의 자전적 소설 「To End All Wars」를 인용한 부분이 있다.

제2차 대전에 참전한 고든이 스물네 살에 일본군의 포로가 되었다. 인도 침공을 위해 태국 정글에 건설 중이던 철도공사 현장에 보내졌는데, 영화 〈콰이강의 다리〉에 나오는 그 다리가 바로 이 공사에 포함되어 있었다. 고든은 매일 수천 명의 포로들과 함께 정글에 길을 트고 습지를 통과하면서 철도 노반을 깔아야 했다. 그 작업장은 말 그대로 지옥이었다. 일본군 간수들은 포로가 게으름을 부린다 싶으면 때려죽이거나 총검으로 찔러 죽였다. 그렇게 죽임당한 사람보다 더 많은 사람이 과로와 영양실조와 질병으로 죽었다. 그 공사에서는 철도 1마일 당 393명의 포로가 희생되었다.

주인공 고든은 각기병, 기생충 감염, 말라리아, 이질, 장티푸스가 한꺼번에 겹쳐 쇠약해진 상태에서 악성 디프테리아가 발병해 부작용으로 다리 감각을 잃었다. 그래서 소생 가망이 없는 포로들이 누워 있는 이른바 '죽음의 집'으로 이송되었다. 견딜 수 없는 악취가 나는 그곳에서 부모님에게 최후의 편지를 쓴 후에 고든은 죽음을 기다렸다.

그렇게 죽는 줄 알았는데 뭔가 이상한 일이 벌어지고 있었다. 어느 날, 고든의 동료들이 고든을 들어 대나무 침상 위에 옮기고 돌봐주었다. 당시 수용소는 수프에 떠다니는 야채 조각이나 쌀 몇 알을 놓고 싸움을 벌이는 상황이었는데 죽어가는 동료를 돌봐주는 일이 어떻게 가능했을까? 그들은 고든의 다리에 난 종기를 치료하고 위축된 다리를 주물러주었다. 몇 주 후 고든의 다리가 조금씩 움직였다.

그 포로들에게 어떤 일이 있었던 것일까? 어느 날, 일본군 간수가 저녁에 작업도구를 점검하던 중에 삽 하나가 없어졌다고 고함을 질렀다. 범인을 찾는다고 성화였는데 아무도 자백하지 않았다. 그러면 "다 죽인다"고 소리 지르면서 맨 앞줄의 몇 사람에게 총부리를 겨누었다. 바로 그 순간에 한 포로가 나와 차렷 자세를 취하고는 말했다. "내가 했습니다." 화가 난 간수는 그 포로에게 달려들어 발로 차며 때렸고, 총을 높이 들어 개머리판으로 머리를 내리찍었다. 그 포로는 더 이상 움직이지 않았지만 간수는 그 시신을 계속 걷어찼다.

그 처형이 끝나자 포로들이 동료의 시신을 들고 숙소로 돌아왔다. 그런데 그날 밤 작업도구의 재고조사를 했을 때 간수는 실수가 있었음을 알았다. 삽은 하나도 없어지지 않았다. 아마도 그때 나서서 동료들의 희생을 막은 그 포로는 "사람이 친구를 위하여 자기 목숨을 버리면 이보다 더 큰 사랑이 없나니"(요 15:13)라는 예수님의 말씀을 기억해내고 그렇게 삶으로 희생을 보여준 것 같았다. 그 사건을 겪으면서 포로들의 태도는 달라졌다. 더 이상 죽어가는 이들을 함부로 대하지 않았고 합당한 장례식을 치르고 매장한 뒤 각 사람의 무덤에 십자가를 꽂아주었다. 누가 시킨 것도 아닌데 포로들은 서로를 돌보기 시작했고 절도는 급격히 줄어들었다. 이것을 고든은 '콰이강의 기적'이라고 불렀다.

그들은 더 이상 포로가 아니었다. 예수님의 말씀처럼 친구가 되었다. "이제부터는 너희를 종이라 하지 아니하리니 종은 주인이 하는 것을 알지 못함이라. 너희를 친구라 하였노니 내가 내 아버지께 들은 것을 다 너희에게 알게 하였음이라"(요 15:15). 그들은 그렇게 그 증오가 가득한 곳에서 사랑과 희생과 믿음을 만들어가기 시작했다. 그 이후로 포로들에게는 '어떻게 죽음을 준비할 것인가?'가 가장 절박한 문제였다. 그 대답을 찾는 과정에서 고든은 어린 시절의 기억을 되살려 다시 믿음을 갖게 되었다. 그리고 적임자가 없는 터라 고든이 수용소 내의 비공식 군목이 되었다. 포로들은 작은 교회를 지었고 날마다 저녁에 모여서 가장 어려움이 많은 동료를 위해 기도하기 시작했다.

고든이 쓴 책에서는 그 포로들이 어떻게 변했는지 이야기를 해준다. 가장 감동적인 변화는 결국 일본이 패전하여 제2차 세계대전이 끝났을 때의 일이다. 그때 포로들은 자신들을 괴롭히던 일본군 간수들을 죽이지 않았다. 보복하지 않고 그들에게 친절히 대했다. 이보다 더 큰 인격의 변화가 어디에 있겠는가? 진정 그 포로들은 포로의식에서 벗어나 있었다. 그리스도의 복음으로 그런 일이 가능했고, 비록 포로로 살았지만 하나님 나라의 시민이라는 이중의 정체성을 갖고 살았기에 가능한 일이었다.

포로의식이 아니라
프로의식으로!

그러면 오늘 우리 시대에 직업인으로 살아가면서 우리는 어떻게 포로의식에서 벗어나 일터를 변혁하는 삶을 살 수 있을까? '포로의식'과 비슷한 발음이지만 영 다른 '프로의식'을 가져야 한다. 한 여성 강사의 강의에서 방송인 박경림 씨에 대한 이야기를 들었다. 박경림 씨가 어느 날 화장실에 앉아 있는데 밖에서 두 사람이 이야기하는 것을 들었다. "박경림이 말이야, 생긴 것도 뭣같이 생긴 게 왜 그렇게 뜨니? 뭐 얼마 가겠어? 금방 하차하겠지!" 그런데 그런 이야기를 들은 박경림 씨는 오기가 생겼다고 한다. 그저 실망하고 주저앉는 것이 아니라 유재석, 김용만 씨 같은 선배들에게 자기를 '네모 공주'라고 방송에서 자꾸 불러달라고 했다는 것이다.

'네모 공주'가 말이 되는가? 그런 긍정적인 생각이 바로 프로의식 아니겠는가? 포로의식에 사로잡혀 낙담하지 않고 프로의식으로 어려움을 극복해 낸 것이다.

이렇게 우리의 일터에서 진정한 프로페셔널리즘(profession-alism)을 발휘하려면 어떤 점이 달라야 하는가? 여러 가지가 있겠으나 프로의식을 가진 사람은 창의성을 발휘한다. 바람직한 방법을 찾아간다. 제대로 가는 길을 찾으려고 노력한다. 그런 프로의식이 오늘 우리에게 필요하다. 그러면 창의성은 어떤 것인가?

한쪽 눈이 없는 장애인 왕이 있었다. 초상화를 그리고 싶었는데, 한 초상화가는 두 눈이 다 있는 것처럼 그렸다. 뭔가 멋있어 보이는데 왕의 모습은 아니었다. 다른 화가를 불러 그리라고 했더니 한쪽 눈이 없는 왕의 모습을 그대로 그렸다. 정확하게 그리긴 했는데 그 화가에게 상을 주고 싶지는 않았다. 고민하는 왕에게 한 화가가 와서 자기가 한번 왕의 초상화를 그려보겠다고 했다. 왕은 그 화가가 그린 그림을 받아보고 마음에 딱 들었다. 그 화가는 왕의 초상화를 어떻게 그린 것이었을까? 성한 눈이 있는 쪽으로, 측면의 얼굴 초상화를 그린 것이다!

이것이 바로 프로의식을 가진 사람의 창의성이다. 왕이 화내지 않을까, 내 목이 달아나지 않을까 걱정하면서 성한 두 눈으로 그린 첫 번째 화가는 포로였다. 그 이야기를 듣고 왕의 모습 그대로 그린 화가 역시 창의성을 발휘하지 못한 평범한 포로였다. 왕의 측면 얼굴을 그리면서 창의성을 보여준 세 번째 화가가 바로 프로의식을 가진 사람이었다.

많은 사람이 포로나 죄수처럼 살아가는 일터에서 우리 크리스천 직장인들은 과연 어떻게 크리스천다운 창의성으로 프로의식을 발휘할 수 있을까? 두 나라의 정체성을 가지고 살아가는 바람직한 직장인의 삶을 다니엘과 세 친구를 통해 확인해보자.

C·H·A·P·T·E·R·02

창의성을 발휘하여
첫 단추를 잘 꿰라

"

만약 당신의 이름이
바뀌어 불린다면?

다니엘과 세 친구는 포로였지만 포로의식이 아닌 멋진 프로의식에서 나온 창의성을 보여주었다. 과연 그들은 어떻게 그들의 정체성을 창의적으로 보여줄 수 있었는지, 그들이 겪었던 궁궐생활을 차근차근 살펴보면서 확인해보자.

여러 민족을 정복하고 영토를 넓혔던 바벨론 제국에는 정복한 나라에서 볼모로 잡아온 젊은이들이 많았다. 바벨론이 피지배국의 인재들을 등용해 국가의 행정력을 다양화하고, 동시에 지배를 영속화하려는 정책의 일환으로 그들에게 바벨론식 교육을 시켰다. 그런 볼모 청년들 중에 유다에서 잡혀 온 네 사람이 있었다. 물론 이들 외에도 많은 유다 청년이 있었겠지만 성경은 이들 네 사람의 이름만을 기록한다. 그들이 겪었던 정체성의 위기 항목은 세 가지였다. 이름이 바뀌는 것, 바벨론의 학문을 배우는 것, 그리고 왕이 하사하는 특별한 음식을 먹는 것이었다.

다니엘서가 이름을 기록하는 유다 청년들은 다니엘과 하나냐, 미사엘, 아사랴였다. 이들의 이름 속에는 공통점이 있었다. 우리는 그들의 이름 속에서 하나님을 뜻하는 히브리어 '엘'과 '야'를 발견할 수 있다. 해석에 따라 약간의 차이는 있겠지만, 그들 이름의 뜻은 대체로 이런 뜻이었다. 다니엘(하나님은 나의 심판자이시다), 하나냐(여호와는 인자하시다), 미사엘(하나님과 같은 이가 누구인가?), 아사랴(여호와는 나의 구원이시다). 그들의 이름 속에는 이름대로 살아달라는 부모들의 기도와 염원이 담겨 있었다.

우리나라도 한자 문화권에 속해서 사람들의 이름에 뜻이 있는 경우가 많다. 그런데 히브리인들의 이름에도 뜻이 있었고, 아마도 우리나라 사람들보다 이름에 대한 애착이 더 강했던 것 같다. 특히 이름이 바뀌는 경우에는 특별한 의미를 부여했다. '아브람'(큰 아버지)이 '아브라함'(열국의 아버지)으로 바뀌면서 그의 인생에 비전이 주어지지 않았던가! 또한 '야곱'(발뒤꿈치를 잡은 자, 도둑)이 브니엘에서 하나님의 천사를 만나 씨름한 후에 '이스라엘'(하나님과 겨루어 이기다)로 이름이 바뀐 것을 보면 개명이 한 사람의 인생에서 얼마나 중요한 전환점인지 잘 알 수 있다.

그런데 이 네 청년의 이름이 바뀌게 되었다. 더구나 하나님을 믿는 신앙의 의미 대신 바벨론의 신앙이 반영된 이름으로 바뀌었으니 더욱 문제가 컸다. 벨드사살(바벨론 萬神殿의 主神, 벨이 가장 아끼는 왕), 사드락(月神, 악의 권세), 메삭(악과 같은 이가 누구인가?), 아벳느고(느고(=느보) 신의 종).

이 개명 작업은 바벨론 궁중에서 국사를 책임진 환관장이 주도한 것으로 호칭의 편의성만이 아니라 신앙적인 교화까지 의도한 것으로 보인다. 다니엘에게 최고 신 벨의 이름을 넣은 것은 가장 명백하다. 미사엘(하나님과 같은 이가 누구인가?)의 이름을 메삭(악과 같은 이가 누구인가?)으로 바꾼 것은 하나님을 바벨론 만신전의 최고 신도 아닌 '악'과 비교하며 조롱하는 일종의 패러디였다. 개명 작업이 치밀하게 의도를 가지고 이루어졌음을 알 수 있다. 일본의 압제를 받던 시대에 창씨개명에 반대해 목숨을 걸기도 했던 우리 조상들을 생각해보라. 다니엘과 세 친구가 겪었던 개명은 심각한 정체성의 위기였다. 하지만 위기는 위기였으나 그들의 입장에서 어쩔 수 없이 감당해야 하는 의무이기도 했다. 세상에서 일하는 우리 삶의 정황과도 크게 다르지 않다.

세상에서 우리가 배우고
일하는 것은?

다니엘과 세 친구가 겪었던 두 번째 정체성의 위기는

바벨론식 교육을 받는 것이었다. 어떤 교육을 받았을까? 그들은 3년의 교육기간 동안 갈대아 사람들의 언어와 학문을 배웠다고 한다. 아람어를 사용했던 유대인들에게는 생소한 설형문자인 수메르어와 거기서 발전한 언어인 아카드어를 배웠다. 이런 문자를 배워 바벨론 종교와 연관된 비문(秘文)을 해석하고 연구했을 것이다. 또한 당시 중요한 학문이던 점성술과 점술, 주술, 마술 등을 공부하면서 바벨론의 종교제의에 익숙해지고 그들의 철학을 학습했을 것이다. 그렇게 이 젊은이들은 바벨론의 왕실이 요구하는 체계적인 교육을 받았다. 그들이 받았던 교육에 대한 단서를 다니엘서 몇 곳에서 발견할 수 있다.

나중에 다니엘이 공부를 마치고 궁궐에서 일하게 되었을 때 느부갓네살 왕이 꿈을 꾼 후 신하들에게 자신의 꿈을 해석하라고 했다. 그때 왕의 신하들이 어떤 사람들이었는지 성경이 알려주고 있다. "왕이 그의 꿈을 자기에게 알려주도록 박수와 술객과 점쟁이와 갈대아 술사를 부르라 말하매 그들이 들어가서 왕의 앞에 선지라"(단 2:2). 느부갓네살 왕의 신하들이 이런 사람들이었다. 나중에 다니엘이 총리대신이 되었을 때 그를 묘사하는 표현도 비슷했다. "박수와 술객과 갈대아 술사와 점쟁이의 어른"(단 5:11)이었다. 느부갓네살 왕은 노골적으로 다니엘을 이렇게 불렀다. "박수장(chief of the magicians) 벨드사살아!"(단 4:9).

그러니 다니엘과 세 친구가 바벨론의 학문을 열심히 공부했다는 것은 하나님을 믿고 율법에 따라 살아가야 하는 유대인들에게는 결코 쉬운 일이 아니었다. 그러나 이 젊은이들은 그 모든 학문적 과업을 다 감당했다. 그런 힘든 수업을 잘 받아서 나중에 '행정고시'를 치르고 나니 수석부터 4등까지가 바로 이 사람들이었다. 느부갓네살 왕이 최종면접을 보았더니 그 지혜와 총명이 온 나라의 기존 박수와 술객들, 즉 현직에 있는 신하들보다 열 배나 나은 것을 알았다고 한다(단 1:18-20). 이렇게 되기가 결코 쉽지 않았을 것이지만 다니엘과 세 친구는 기꺼이 그 일들을 감당해냈다.

이렇게 하나님 신앙의 의미가 담긴 이름으로 더 이상 불릴 수 없고, 이교적 신앙이 반영된 이름으로 불려야 했던 일이나 이교적인 바벨론의 학문을 열심히 공부해야 하는 일이 심각한 정체성의 위기였던 것은 틀림없다. 그런데 가만히 생각해보면 나라가 망하고 적국에 포로가 되어야 했던 상황에서 자신들이 선택할 수 없는 일이었다. 그 상황은 그들에게 주어진 일들이었고 겪어내야만 하는 것들이라고 그들은 생각했다.

다니엘과 세 친구의 이 상황이 오늘 우리의 모습과 비슷하다. 세상 속에서 살아가는 우리 크리스천들은 하나님과 거리가 먼 가치와 철학을 가진 세상 속에서 공부하고 일하면서 살아간다. 그 속에서 우리가 하는 공부나 일이 세상 사람들과 다른 내용이나 방법인 것은 아니다. 똑같은 일을 하고 살아가고 있다. 비즈니스 현장에서 믿지 않는 사람들과도 거래하면서 살아간다. 그 일을 감당하지 않겠다고 하면 우리는 산 속으로 들어가서 살아야 할 것이다. 그런 일을 하기 싫어서 신학교에 가서 목회자가 되면 고민이 해결되는가? 선교사가 되면 그런 어려움이 없는가? 그런 도피는 결코 해결책일 수 없다.

의무는 다하지만
권리를 포기하면서

세상 속에서 도피하지 않고 정체성을 유지하기로 결심한 다니엘과 세 친구가 자기들에게 요구된 일 모두를 수긍한 것은 아니었다. 그들은 한 가지 문제에 대해서 문제 제기를 했다. "다니엘은 뜻을 정하여 왕의 음식과 그가 마시는 포도주로 자기를 더럽히지 아니하리라 하고 자기를 더럽히지 아니하도록 환관장에게 구하니"(단 1:8). 다니엘은 왕이 하사하는 특별한 음식과 포도주가 자신을 더럽히는 일이라고 생각하고 문제 제기를 했다. 한글 개역이나 개역개정판 성경은 번역하지 않았지만, 히브리어 성경에는 이 부분의 앞에 '그러나'라는 뜻의 접속사가 있다는 점을 주목할 필요가 있다. 문제가 생긴 것이다. 그들이 앞에 요구받았던 개명과 학문은 수긍했으나 음식 문제만큼은 그냥 넘어갈 수 없다는 결심을 굳게 했던 것이다.

왜 이 음식 문제에 대해서 문제 제기를 한 것인지 추측해 볼 수 있다. 당시 바벨론은 그들의 관습에 따라, 특히 고기 종류의 궁중음식은 그들의 신에게 제사 지내고 나서 먹는 의식이 있었다. 곡식이 땅의 신이 내린 축복이듯이 그 곡식이나 풀을 먹고 자란 짐승의 고기를 먹게 된 것은 그들이 섬기는 신들의 은총 때문이라고 생각한 것이다. 다니엘과 세 친구는 이렇게 제사 지낸 고기가 문제라고 생각했을 것이다.

두 번째 문제는 바벨론 사람들이 유대인의 율법이 규정하는 음식법에 어긋나는 돼지고기나 말고기 등을 먹었다는 점이다. 왕이 하사하는 음식에 그런 고기들이 포함되었을 것은 당연하다. 아마도 그런 이유 때문에 이들이 결심을 한 것 같다. 다니엘은 자신들을 책임 맡은 궁중의 실력자 환관장에게 왕이 하사하는 음식을 먹지 않겠다고 말했다. 그렇게 해서 하나님을 믿는 자신들의 정체성을 드러내기로 마음을 굳혔다. 그들은 첫 단추를 잘 꿴 것이다. 처음부터 자신들의 정체를 분명히 드러내기 위해 노력했기 때문이다.

'신입사원'인 다니엘이 그렇게 당돌한 거부를 선언했을 때 환관장은 이렇게 말했다. "내가 내 주 왕을 두려워하노라. 그가 너희 먹을 것과 너희 마실 것을 지정하셨거늘 너희의 얼굴이 초췌하여 같은 또래의 소년들만 못한 것을 그가 보게 할 것이 무엇이냐. 그렇게 되면 너희 때문에 내 머리가 왕 앞에서 위태롭게 되리라"(단 1:10). 전형적인 관료의 사고방식을 잘 보여주는데, 한마디로 말하면 튀지 말라는 것이었다. 다른 유다 소년들과 같이 보조를 맞추면 되지 왜 그렇게 별나게 행동하느냐는 질책이 담겨 있다.

바로 이때 다니엘과 세 친구의 창의성이 발휘되었다. 상사인 환관장의 지시에 순응하여 하나님 나라 백성의 정체성을 잃어버린 것도 아니고, 상사의 지시를 거부하여 걸림돌이 된 것도 아니었다. 그들은 창의적인 대안을 생각하여 제시했다. 왕의 특별한 지시에 담긴 의미를 살리면서 자신들의 디아스포라 아이덴티티를 드러낼 지혜를 구체적으로 제안했다.

다니엘과 세 친구는 여러 유다 소년들 중에서 자기들을 맡아 관리하도록 명령받은 '감독하는 자'(요즘 우리 식으로 말하면 팀장이다)에게 제안을 했다. 위계질서를 무시하지 않으면서 한 치의 오차도 없도록 준비한 대안을 제시했다. 열흘 동안 시험하여 채식만 한 자신들과 왕의 진미를 먹은 동료들을 비교하여 '당신이 보는 대로' 판결하라고 한 것이다. 뒷말이 생기지 않도록 확실한 결과로 판가름하자고 객관적인 제안을 하면서 결과에 대한 판단을 감독자 자신이 내리라고 선택권을 주었다. 즉 채식을 한 자신들과 나머지 특별음식을 먹은 청년들의 얼굴을 비교해서 보이는 대로 처분하라고 자신 있게 제안한 것이다(단 1:11-13).

물론 열흘간의 테스트 결과는 채식만 한 다니엘과 세 친구가 윗사람의 걱정을 잠재우는 것이었다. 다니엘과 세 친구는 다른 동료들보다 더 윤택하고 좋은 모습을 보였고, 결국 그들은 채식만 하는 것을 허락받았다. 궁궐에서 함께 살면서 달라진 이름으로 불리고 바벨론의 학문을 익히기 위해 애쓰지만, 뭔가 다른 삶을 사는 그들의 모습을 윗사람이나 동료들이 보게 되었다. 이것이 바로 창의적으로 정체성을 드러내는 모습이다.

가만히 생각해보면 이들의 결심은 보통 일이 아니었다. 여러 가지 결과를 가져올 수 있었다. 우선 바벨론 궁중에서 잔뼈가 굵어 성공한 한 실력자의 몰락을 초래할 수 있었다. 이런 가능성은 다니엘과 세 친구에게 상당한 부담으로 작용했다. 사실상 누가 보더라도 별것 아닌 음식 문제를 가지고 수십 년의 생애를 통해 얻은 한 고위 관리의 정치생명을 위협한다는 것은 당돌해 보였다.

둘째, 이 네 청년을 제외한 다른 유다 청년들의 비난도 감수해야 했다. 그들이 다니엘과 세 친구의 결심을 듣고 뭐라고 했겠는지 생각해보라. "아니, 지들만 유대인인가? 우리는 유대인이 아니야? 여긴 유다 나라 예루살렘이 아니라 바벨론이라고. 그런데 쟤네들 왜 저렇게 튀지? 쟤네들 국내에서도 튀더니 나와도 튀네. 역시 옛 속담 하나도 안틀려. 안에서 새는 바가지 밖에서도 샌다더니. 성전도 파괴되었고 이제 나라도 없는 판국에 외국 땅에 잡혀 와서도 꼭 그렇게 티를 내야만 신앙을 지키는 건가? 기가 막힌다니까." 아마도 네 청년은 이날 밤 기숙사에서 다른 유다 청년들로부터 집중적인 비난을 받았을 것이다. 그 후에 아마 '재 바벨론 유다 포로 동지회'에서 제명됐을지도 모른다.

셋째, 이 청년들 자신들에게 생기는 문제도 있었다. 그들은 자신들의 정체성을 드러내려는 결심을 실천하면서 결국 손해를 많이 보았다. 20대 전후의 청년들이라면 얼마나 먹성이 좋은 나이인가? 더구나 객지생활을 하면서 집단식사를 하면 더욱 배가 고프다. 집에서는 먹고 싶은 것이 별로 없는데 집을 나가면 배고프다. 객지생활을 해보면 잘 알 수 있다. 군대에 가서도 젊은이들이 그렇게 먹고 싶은 것이 많은 걸 보면 아마도 외로움에서 오는 스트레스를 먹는 일로 해소하려는 심리 때문이 아닌가 생각된다. 다니엘과 세 친구 역시 객지생활을 하며 배고픈 신세였을 텐데 먹어도 좋다고 하는 특별한 음식을 포기하다니, 대단한 결심이었다.

용기 있는 결단이 가져다준
하나님의 축복

다니엘과 세 친구의 결단은 믿음에 근거한 용기 있는 결심이었다. 그들이 제시한 양자택일의 테스트에서 졌다면 바벨론의 궁궐에서 그들의 신앙생활을 보장받기가 어려웠다. 그들이 믿는 하나님은 없는 것이나 마찬가지였고, 그것은 이방인 앞에 굴복하는 수치였다. 사실상의 죽음과 같았다. 유다에서 잡혀온 다른 청년들의 온갖 비난과 따돌림을 어떻게 견뎌낼 수 있었겠는가? 결국 그 이방의 관료사회에서 그들은 더 이상 재기하기 힘들었을 것이 틀림없다. 그리고 그 싸움에서 승리해봐야 이후에도 계속 고기를 먹고 싶은 식욕을 억제하며 지내는 삶이 기다리고 있었다. 실패하면 끝이요, 성공해봐야 그들에게 돌아올 외관상의 이익은 별로 없는, 매우 어리석어 보이는 결단이었다.

하지만 외관상으로는 손해처럼 보여도 한 가지 남는 것이 있었다. 환관장이나 왕궁의 다른 고관들이 이렇게 인정해주는 것이었다.

"야, 이 녀석들은 하나님을 그저 대충 믿는 놈들은 아니구나! 뭔가 있는 녀석들이군!" 바로 이것이었다. 그리고 사람들의 평가에 앞서 하나님이 평가하시는 신앙기준의 '합격 도장'도 얼마나 감격스러운 것인가! "그래, 내가 너희를 나의 충성스러운 사람들로 인정한다. 쉽지 않은 세상에서도 나의 뜻을 실천하는 사람들이 바로 너희들이다." 이렇게 인정받기 위해서 이 네 청년은 모든 것을 포기했다. 우리는 이 용기를 배워야 한다.

우리는 세상의 치열한 삶의 현장에서 세상적인 가치관과 동일하게 생각하고 행동하기를 강요받는다. 비기독교적인 관행과 비리를 따라가도록 압력을 받기도 한다. 그런 부분에서 혹시 갈등을 겪고 있는가? 혹시 그 싸움에서 간신히 이기고 나서 주변을 돌아보면 아무도 남아 있지 않던가? "다 그런 거지, 뭐. 그런 거야"라는 만인이 공감하는 노래를 함께 부르고 마는가? 다 그저 그렇게 하고 말기에 이제는 결심조차 하지 않는가?

없다! 정말 없다! 용기 있는 하나님의 사람들이 오늘 이 땅에는 없다. 받아들일 것은 받아들이면서 절대로 포기할 수 없는 한 가지의 가치 기준을 가진 사람이 없다. 내 생의 중심되신 예수 그리스도를 위해서라면 목숨도 아까워하지 않겠노라고 두 주먹 불끈 쥐고 결심하는 용기 있는 사람들이 없다.

그렇다고 모든 일에서 사사건건 주변 사람들과 부딪히는 걸림돌이 되라는 이야기가 아니다. 다니엘과 하나냐와 미사엘과 아사랴는 바벨론의 궁궐에서 살면서 해야 할 모든 것을 혐오하고 거부한 반

항아들이 아니었다. 그들은 자신들의 이름이 바뀌는 것은 용납했고, 또 바벨론식 교육에 대해서 거부하지 않았다. 다른 어떤 사람들보다 더 열심히 공부해서 뛰어난 성과를 거두었다. 그런데 그들은 음식문제에 대해서는 자신들의 손해와 친구들의 비난과 윗사람의 파면 위기를 감수하면서도 부딪쳤다. 목숨을 걸었다. 그것이야말로 자신들이 다른 많은 나라에서 온 청년들과 구분되는 유일한 구분점이요, 바로 자신들의 정체성을 드러낼 수 있는 요소라고 생각했기 때문이다.

이렇게 자신들의 신앙에 따라서 분명한 자세를 보여주었을 때 그들은 바벨론 궁중에서 다른 사람들과 동화되지 않았다. 결국 그들은 하나님이 주신 놀라운 지혜를 얻어서 바벨론에 정치적인 영향력을 미치게 되었다. 특히 다니엘은 고레스 왕 원년까지 살아남아서 그 해에 반포된 유대인의 포로 귀환에 큰 기여를 했다(단 1:21).

우리가 인생을 살아가다 보면 어려움을 겪을 때가 있다. 우리가 계획하고 바라는 대로 모든 일이 이루어지지 않는 것이 당연하다. 그런 때 우리는 지혜를 발휘해야 한다. 창의적으로 생각하는 것이다. 다양성을 인정하는 것이다. 그 문제에 대한 해답은 제시되어 있는 그 한 가지만은 아니다. 그 문제를 가지고 고민하고 지혜를 발휘하다 보면 다른 방법으로도 그 문제를 풀 수 있는 길을 찾을 수 있다. 이 사실을 우리는 기억해야 한다.

그렇다면 이런 지혜를 어디서 얻을 수 있는가? 다니엘과 세 친구는 바벨론 제국의 오랜 실력자가 수긍할 만한 그런 대안을 어떻게 제시할 수 있었을까? 그들은 틀림없이 기도했을 것이다. 우리도 지혜를 얻기 위해 기도해야 한다. "너희 중에 누구든지 지혜가 부족하거든 모든 사람에게 후히 주시고 꾸짖지 아니하시는 하나님께 구하라. 그리하면 주시리라"(약 1:5). 이 약속대로 우리도 기도하면 지혜를 얻을 수 있다.

그렇게 기도하면서 '열흘', 열흘만 기다리는 것이다. 이 네 사람이 "하나님, 우리의 신앙 생명이 걸려 있습니다. 하나님의 영광이 왔다 갔다 합니다. 우리를 도와주소서"라고 간절히 기도했던 열흘이 지나고 나면 그 모든 힘든 일이 사라질 것이다. 그러니 힘들더라도 기도하며 기대하자. 그리고 기다리자.

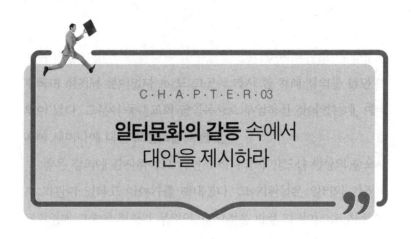

일터문화의 갈등 속에서
대안을 제시하라

격리되지 말고 구별되라!
동화되지 말고 적응하라!

다니엘과 세 친구에게서 우리는 세상 사람들에게 보여줄 수 있는 크리스천다운 대응방법을 발견할 수 있다. 일터문화에 대해 격리되는 자세는 안 된다. 함께하면서 구별되어야 한다. 함께하다 보면 동화되기 쉽지만 동화되지 말고 적응해야 한다. 이렇게 격리가 아닌 구별, 동화가 아닌 적응의 원칙으로 우리는 일터문화에 대한 대응전략을 세워야 한다. 이 원칙은 일터문화의 개별사항에 충실하되 크리스천으로서 다른 방법을 담은 대안을 제시하는 것이다. 남들과 같이하면 별 문제가 없지만, 크리스천으로서 정체성을 분명하게 드러내기 위해서 쉽지 않지만 시도해보는 것이다. 함께 일하는 동료들을 포기하지 않고 사랑하는 마음이 있어야 이 일을 해낼 수 있다.

다니엘과 세 친구가 겪었던 대로 오늘 우리에게 있어서 왕이 하사한 음식을 거부한 일과 같은 문제는 어떤 것일까? 우리의 일터문화 중에서 크리스천으로서 갈등을 겪는 요인이 몇 가지 있다. 회식문화, 주일성수 문제, 무속문화 등은 어떤가? 이 세 가지를 중심으로 세상에서 크리스천의 정체성을 드러내는 대안을 찾아보자.

첫째, 회식자리에서 어떻게 크리스천다울 수 있을까? 이 문제는 우리나라 크리스천들의 세상살이 고민거리 중 첫 번째나 두 번째에 해당된다. 서양의 크리스천들에게는 음주가 거의 문제될 것이 없다. 유럽에서는 오순절교파 교회들이 크리스천의 음주를 금하고, 개혁파 교회에서는 일반적으로 음주를 허용하고 있다. 물론 서양의 음주문화와 우리나라의 음주문화는 차이가 있다. 서양 사람들은 우리나라 직장인들이 2차, 3차에 걸쳐 의식을 잃을 정도로 술 마시는 것을 이해하지 못한다. 원하지 않는데 억지로 술을 마시게 하는 일을 상상하지 못한다. 미국에서도 전에는 장로교파에서 주로 금했으나 요즘에는 침례교 쪽에서 주로 술을 금하고 있다.

문제는 요즘 사회에서도 걱정하면서 회식문화를 바꾸자고 캠페인을 하는 우리나라의 유별난 술 문화에 있다. 특히 자기 돈을 내고 술을 마시는 것이 아니라 회사 돈으로 공짜 술을 마시면서 코가 비뚤어지고 의식이 끊어져서 나중에 밝혀지면 얼굴도 들지 못하는 엉뚱한 짓도 서슴지 않고 저지르는 회식문화가 문제인 것이다.

여하튼 상명하복의 폐쇄적 직장문화 속에서 술자리를 통해서나 억압을 탈피하는 것으로 생각해 온 우리의 회식문화가 크리스천들에게는 매우 고민스럽다. 피하면 되지 않느냐고 소박한 반문을 할지 모르나 만약에 술자리를 피하려고 하면 우리는 세상 밖으로 나가야 할 것이다(고전 5:10). 점점 나아지기는 하겠으나 아마 앞으로도 오랫동안 이 술 문제는 우리 크리스천 직장인들을 괴롭히는 가장 심각한 고민거리의 지위를 누릴 것이다.

그러면 술자리에서 어떻게 행동해야 하는가? 예수님이 사역을 시작하실 때 포도주를 만드시고 사역을 마치면서 포도주를 제자들에게 돌리셨으니 사역을 술로 시작해 술로 끝내셨다는 농담이 있다. 성경에서 술 마시지 말라는 말이 없는데, 왜 우리 크리스천들이 술을 마시면 안 되는가? 그런 논쟁을 길게 이야기하고 싶지 않다. 우리나라의 회식문화 속에서 술자리야말로 크리스천의 정체성을 드러내기 좋은 장소라는 인식이 필요하다. 일터의 업무나 인간관계, 윤리문제 등에서 크리스천답게 행동하기 위해서는 더 많은 노력이 필요하다. 그런데 제한된 술자리에서 처신을 잘하면 크리스천으로 인정받기가 훨씬 쉽다는 말이다. 이런 측면에서 회식자리의 중요성을 명심하자.

하나님이 기뻐하시는 '회식사역'을 위하여!

우선 크리스천들이 일터 동료들의 회식자리에 참석하

지 않아서 스스로 격리되지 않는 것이 중요하다. 물론 룸살롱이나 단란주점과 같이 성적 일탈이나 뇌물 수수 등 공범을 만드는 밀실의 술자리는 피하려고 노력해야 한다. 하지만 기본적으로 참석해야 하는 정기회식 정도는 꼭 참석해야 한다는 것이다. 상사들이 술자리도 업무의 연장선상이라고 자주 말하지 않던가. 그 말을 일단 수긍하고 술자리의 본질, 즉 함께 축하하고 회포를 풀고 격려하고 서로를 알아가는 긍정적인 측면을 인정하고 노력해봐야 한다.

술자리에 참석해서 함께 술 마시며 그 분위기에 휩쓸려 대화하고 놀아재끼면 그것은 동화되는 것이다. 동화되지 말고 함께하되 구별되어야 한다. 다니엘이 뜻을 정하고 왕이 하사하는 음식과 포도주를 거절했던 것처럼(단 1:8) 자신의 상황에 맞는 크리스천다운 구별 비법을 갖고 있어야 한다. 물론 우리는 함께 술을 주거니 받거니 권하면서 기분을 맞춰주지 못하는 미안함을 정중하게 표현해야 한다.

하지만 술자리에서 술을 마셔야만 어울릴 수 있는 것은 아니다. '흑주'와 '백주'를 마시는 독특한 취향을 가진 사람도 얼마든지 술자리에서 함께 어울리며 관계를 돈독하게 할 수 있다는 점을 바로 우리 크리스천들이 보여줄 수 있어야 한다. 여기서 흑주와 백주는 콜라와 사이다를 말한다. 나의 경험이어서 자신 있게 말할 수 있는데, 이 두 가지 술을 앉은 자리에서 섞어 세 병을 마시면 술 취한 효과를 그대로 경험할 수 있다. 알코올 도수가 다른 두 술을 섞어 빨리 취하게 하는 폭탄주의 효과도 볼 수 있다. 혀도 꼬이고 눈도 풀어지며 얼굴도 벌게지고 화장실도 왔다 갔다 한다. 다음날에는 숙취도 있다. 한번 시도해보라.

결코 쉽지 않지만 술자리에서 크리스천다운 자세를 보이면서 구별되겠다고 결심하면 길이 열린다. 내 권리를 다 찾겠다는 자세가 아니라 희생하겠다는 마음으로 '착한 행실'(마 5:16)을 보여주려고 노력해야 한다. 그 착한 일이란 술자리에서 사람들을 즐겁게 해주는 분위기 메이커의 역할, 동료들의 상담자 역할을 해주는 것, 그리고 귀가를 돕는 일 정도가 아니겠는가?

부산에서 일하다가 거제도에 있는 한 조선회사에 경력사원으로 입사한 A과장은 회식자리에서 어떻게 술을 피할까 고민이 되어서 기도를 많이 했다고 한다. 자신을 환영하는 회식자리에서 사람들이 폭탄주를 만들어 첫 잔을 다 돌린 후 "원샷!"을 외치고 마신 후 머리 위에다 술잔을 털고 있었다고 한다. 그런데 자기 술잔에는 그냥 술이 있어서 엉겁결에 머리 위에서 술잔을 뒤집어 부었다고 한다. 술이 머리를 적시고 타고 내려 상의를 다 적셔 시원해지면서 정신이 번쩍 들었다. 자신을 환영하는 술자리에서 그런 무례를 저질렀으니 어쩌자는 것인가? 더구나 신입사원도 아니고 부서의 차석쯤 되는 사람이 이렇게 행동해서 어떻게 부서 사람들과 일하고 리더십을 보일 수 있단 말인가?

정신이 번쩍 든 A과장은 이후의 대응을 잘했다. 자기소개부터 장황하게 시작해서 마이크를 붙잡고 회식자리를 주도했다. 옷을 적신 알코올이 증발해 추웠지만(?) 속죄라도 하려는 듯 화려한 가무를 통해 술자리를 주도했다는 것이 아닌가. 그렇게 해서 자칫 왕따를 당할 뻔한 위기를 지혜롭게 넘겼다고 한다. 다음번 회식에서는 총무가 자연스럽게 음료수 두 병을 A과장 앞에 놓았다고 한다.

그렇다고 누구나 이렇게 술 한 잔을 머리에 뒤집어쓰면 문제가 해결되는 것은 아니다! 그러나 가능한 방법을 찾으면 얼마든지 하나님이 지혜를 주신다. 술도 안 마시고, 꿰다놓은 보릿자루처럼 구석에 앉아 있는 것이 아니라 술자리에서 적극적으로 돌아다니면서 사람들과 이야기를 나눠보라. 술잔도 채워주면서 힘들어하는 사람들의 이야기를 들어주다 보면 술자리의 상담자 역할을 우리 크리스천들이 할 수 있다. 적극적으로 들어주려고 하면 많은 사람과 친해질 수 있는 자리가 술자리이다. 그렇게 착한 섬김으로 봉사하다가 술자리가 파한 후에는 동료들을 집에 데려다줄 수 있지 않은가? 술 안 마신 사람은 나밖에 없으니 내가 대리운전을 하겠다고 적극적으로 나서서 봉사해주면 얼마나 좋아하겠는가? 역시 세상 물정 모르는 목사가 머릿속의 생각만 함부로 말하는 것인가? 이런 일이 어디 쉬운 일이겠는가!

한 교회 청년부에서 강의하면서 이렇게 대리운전 기사로 힘들게 봉사하며 동료들에게 인정받은 한 사람의 이야기를 해주었다. 지금은 일본 선교사로 사역하는 분인데, 신학교에 입학하기 전에 대기업에 다니면서 회식자리에 빠지지 않고 참석해 동료들과 놀아주고 집에까지 태워주었다고 한다. 그러니 술자리만 있다고 하면 모셔가려고 하는 인기 있는 회식 멤버였다는 것이다. 그런데 나를 신도림 전철역까지 태워주는 그 교회 청년부 간사님이 차 안에서 자신의 이야기를 해주었다.

그 간사님은 한 연구소에 다니는데 부서 사람들 중 술친구가 대여섯 명 있다고 했다. 그들과 함께 한 달에 한두 번은 꼭 회식자리에 가서 이야기 나누며 놀아주고, 한 차에 태워 동료들을 집에 데려다주고 돌아오면, 보통 새벽 두 시, 늦으면 네 시가 되는 때도 있다고 했다. 그렇지만 그것을 마다하지 않고 동료들을 위해 그렇게 희생하는 그 형제의 '착한 일'은 동료들에게 매우 인상적이었던 모양이다. 연말이면 그의 술친구들이 일 년 동안 함께 술자리에서 놀아주고 대리운전 기사 역할을 해주어 고맙다고 꽤 많은 금액의 백화점 상품권을 선물한다는 것이다. 그것을 받아서 부모님과 목사님께 선물하는 재미가 쏠쏠하다고 했다.

그의 이야기를 들으면서 그의 회사 동료들의 마음속을 한번 읽어보았다. '이 친구, 정말 괜찮은 크리스천이야. 교회에서도 청년부 간사인가 뭔가 하느라고 퇴근할 때마다 뛰어가던데, 우리를 챙겨주니 정말 고마워. 크리스천들이 이 친구 같기만 하다면 얼마나 좋을까!' 이런 생각을 하지 않을까? 그런데 아쉬운 것은 그 간사님은 곧 회사를 그만 두고 신학교에 갈 준비를 한다고 했다. 이렇게 믿음이 훌륭한 사람은 세상에 남아서 일터를 변화시켜야 하는데 말이다!

공범을 만드는 밀실에서는
더욱더 정신을 차리라

이렇게 회식자리에서 크리스천다운 정체성을 유지하는 것도 결코 쉬운 일이 아니다. 그런데 술자리는 '밀실'이라는 더 어려운 단계가 남아 있다. 밀실은 공범을 만드는 자리이다. 룸살롱이나 단란주점과 같은 곳에서는 성적 타락과 비윤리적인 일들이 자주 벌어진다. 그런 곳에 가서도 크리스천다울 수 있을까? 그런 자리는 최대한 피할 수 있어야 한다. 치열한 일터 현장의 이야기를 들어보면 그런 밀실에서 계약서를 쓰지 않으면 계약하지 않겠다고 고집을 피우는 거래처 사람도 있다고 한다. 술 접대가 필수 코스처럼 인식되는 관행이 있을 것이다. 하지만 피하기 위해 노력해야 한다. 일터사역을 오래 해온 한 분은 이런 점을 감안하여 회식자리에 대한 자신만의 규정을 이야기해 주었다. '여성들이 나오는 술자리'는 참석하지 않는다는 것이었다. 언제나 획일적으로 적용하기는 쉽지 않겠으나 나름대로 의미 있는 결단이 아닐 수 없다.

이런 상황에서 우리 크리스천들은 단호한 행동을 하지 않으면 피하기 힘든 상황에 빠질 수도 있다. 일본 출장을 자주 가던 직장인의 이야기를 들었다. 회사의 직원들과 함께 출장을 가서 일본 회사의 직원들이 대접하는 저녁식사를 마쳐 갈 무렵이었다고 한다. 다다미방의 문이 열리면서 대여섯 명의 여성들이 방 안으로 들어오는데 그 여성들이 옷을 하나도 입지 않은 채 걸어 들어오더라는 것이다.

만약 당신이라면 이런 상황에서 어떻게 대응하겠는가? 이분은 순간적으로 비명을 질렀다고 한다. 엄청나게 큰소리를 질러서 함께 식사하던 사람들도 놀라고 들어오던 여성들이 혼비백산하여 달아나게 했다. 그러고는 소지품도 챙기지 않고 그대로 식당을 나와 숙소로 돌아갔다고 한다. 직장인들이 이런 부류의 사람들을 가리켜 비난조로 말하는 전문용어가 있다! 바로 "또라이!"이다. 중요한 것은 이런 '크리스천 또라이' 덕분에 그 일본 회사의 접대문화가 바뀌었다는 것이다. 어떤 사람이 이분에게 이렇게 불평했다. 이분이 비명을 한 번 질러서 술자리 분위기를 망친 후에는 일본 회사에서 다시는 그런 '깜짝쇼'를 하지 않으니 책임지라고 말이다. 이분은 그런 일을 처음 겪었는데 한국 회사의 직원들이 출장을 가면 그렇게 일본 회사의 직원들이 그날의 '서프라이즈'를 준비해서 한국 직원들을 즐겁게 해주곤 했다는 것이다. 그 재미가 없어졌다고 책임지라고 말한 것이다.

크리스천 또라이가 이렇게 일터문화를 바꾼다. 한국 회사에서는 이분의 유별난 행동을 신입사원들도 알 정도로 소문이 났다고 한다. 이렇게 일터문화를 바꾸는 용기 있는 결단이 오늘 우리에게도 필요하다. 절체절명의 순간에 "아~악!" 비명을 지르자. 그렇게 해서라도 성적 유혹을 이겨낼 수 있어야 한다.

그분의 이야기를 들으면서 목회자로 살아가는 나에게 그런 '기회'가 오면 소리 한번 질러볼 텐데, 그런 일은 없을 것 같았다. 대신 걱정이 되었다. 성도들이 세상에서 살아가면서 그렇게 험하고 지저분한 일들도 경험해야 한다는 점이 안타까웠다. 그래서 내가 지은 일터 사람들의 기도문인 「직장인 축복 기도문」(브니엘 펴냄)에 "출장을 갈 때도 하나님의 사람답게 하소서"라는 제목의 기도문을 적어보았다. 우리 동료들이 출장을 가고, 특히 해외나 먼 곳으로 떠나기라도 하면 더욱 일탈을 많이 하지 않던가? 그런 풍조에 휩쓸리지 않아야 하겠고 영육 간의 순결함을 지켜야겠다. 이런 기도를 하며 우리 일터의 출장문화와 오락문화에 대한 대안을 마련할 수 있으면 좋겠다. 그 기도문의 한 부분을 옮겨본다.

〈 출장을 갈 때도 하나님의 사람답게 하소서 〉

······.
일상을 벗어나 출장을 가면 리듬이 깨지는 때가 있습니다.
출장 기간에도 마음이 풀어지지 않고
그곳에도 어김없이 계신 주님을 느끼게 하소서.
특히 장거리나 해외 출장을 갈 때면
일탈의 기회를 즐기는 동료들도 있습니다.
함께 행동하다 보니 엉뚱한 곳으로 몰려가기도 합니다.
하나님께, 가족에게 죄가 되는
부끄러운 행동을 하지 않도록 주님이 붙들어주소서.
간교한 여인에게 빠져 화살이 간을 뚫고
도수장으로 끌려가는 소와 같은 신세가 되지 않도록
주님이 저를 지켜주소서.

성적 유혹 앞에서는 요셉처럼 도망가게 하소서.
오락이나 방탕의 유혹 앞에서도 대응할 용기를 주소서.
죄를 짓지 않겠다고 분명하게 거절할 수 있게 도와주소서.
…….

술을 마시고 있더라도
결코 포기하지 말라

　　술을 마시던 분이 술을 끊기 위해 노력한 이야기도 들어보았다. 그분은 사회생활을 20여 년 하면서 그 기간만큼의 술친구들이 있었다고 한다. 교회에서 중직자이기도 했는데, 어느 날 하나님 앞에서 너무 죄송하여 기도하며 결심했다. 술을 끊어야겠다고 결심했지만 그동안 함께했던 술친구들을 어떻게 설득할 수 있을까 고민하다가 술자리에서 이런 내용의 양심선언을 했다고 한다. "제가 지금까지는 술 마시는 크리스천이었습니다. 이제부턴 술 안 마시는 크리스천이 되기로 결심했습니다. 여러분이 저를 좀 도와주십시오."
　그의 술친구들은 이분의 거룩한 선언에 담긴 충심을 읽었고, 결국 그 친구들로 인해서 그는 술을 완전히 끊을 수 있었다. 술 마시던 사람이 술자리에 가지 않으면 모를까 술자리에 가서 술을 마시지 않기는 정말 힘들다고 한다. 그런데 그는 동료들이 술을 주지 않아서 결국 그 어려움을 이겨내고 술을 끊을 수 있었다. 대신 술을 안 마시니 밥을 사라고 해서 동료들에게 사주는 밥값이 많이 드는 부작용이 있다고 한다. 그래도 그는 술을 끊게 해주고 계속해서 교제할 수 있도록 해준 그 동료들을 정말 고마워한다.

현재 혹시 술을 마시고 있더라도 이렇게 단호하게 결심하고 실행하면 술자리에서도 우리는 크리스천다울 수 있다. 만약 이렇게 할 용기가 정 없다고 해도 결코 포기하지 말라. 이직(移職)을 새로운 결심의 기회로 삼는 것도 좋다! 현재의 이 직장에서는 실패했지만 옮긴 직장에서 다니엘처럼 결심하고 첫 단추를 잘 꿰면 좋은 성과를 거둘 수도 있을 것이다.

다른 사람들에게 들은 이야기들을 쉽게 했지만 이런 일은 사실 굉장히 힘들다. 목회자들은 목회하느라 압박감에 지치고 힘든 것처럼 직업인들은 세상에서 회식문제만으로도 고민이 많다. 그러나 중요하기에 결코 포기할 수 없다. 그래서 회식은 사역이다! 하나님의 거룩한 일인 '사역'을 회식과 같은 단어와 합성하는 것이 불경하다고 생각하지 말라. 회식자리는 세상 속 그리스도인인 우리가 결코 포기해서는 안 될 사역지이다.

사실 돈 들여서 술 마시고 다음날 속 쓰려 고생하는 그 일을 왜 하는지 이해하기 힘들다는 사람들도 있다. 하지만 사람들이 너나없이 술자리의 분위기를 그렇게 좋아하는 이유를 짐작할 수는 있다. 사람들은 외롭기에 의사소통을 바라는 것이다. 누군가에게 이야기하고 싶기에 술기운을 핑계로라도 상사를 욕해보고, 하고 싶었던 말을 다 끄집어내며 추한 꼴을 다 보이는 것이다. 한 달이면 스무 날

이상을 하루 종일 마주대하는 직장 동료들이 서로를 잘 아는 것 같아도 사실은 너무나 모르는 부분이 많다. 그러니 회식자리에서 그들의 이야기를 들어주는 것이 의사소통을 가능하게 하는 중요한 '사역'일 수 있다.

물론 거듭 이야기하지만 힘이 드는 것이 사실이다. 한 직장인은 그렇게 회식에 참석하고 2차까지 가서 사역을 다 감당하고 동료들을 집에까지 다 태워주고 자기 집에 돌아오니 새벽 여섯 시였다고 한다. 그래서 샤워하고 출근했다는 것이다. 쉽지 않은 일이지만 이렇게 치열한 회식사역을 잘 해나갈 때 우리는 동료들을 알 수 있고, 그들과 의사소통하면서 결국 그들에게 전도할 기회도 잡을 수 있을 것이다. 그런 의미에서 나는 이 회식사역이 목회사역과 다른 것이 없다고 생각한다! 힘들지 않은 사역이 어디 있는가? 그렇지만 결코 포기하지 않고 우리 크리스천 직장인들이 이렇게 세상 속에서 치열한 회식사역을 감당해 나갈 때 우리는 하나님의 사람으로 분명하게 인정받을 수 있다. 술자리에서도 결코 흐트러지지 않는 멋진 크리스천 아무개!

주일성수, 적극적 대안으로 사수하라

우리 크리스천들의 트레이드마크인 주일성수를 통해서 정체성을 보여줄 수 있는 방법은 없을까 생각해보자. 한 회사에 새로 부임한 팀장이 부서 단합을 위해 토요일부터 일요일까지 1박 2일의 단합대회를 연다고 통보하자 고민하는 크리스천 형제가 있었다. 주일이면 교회에서 예배와 봉사와 섬김으로 하루 종일 지내는 것으로 알려진 B주임이었다. 새로 부임한 팀장님에게 처음부터 기선을 제압해야겠다는 생각으로 일요일에는 교회에 가야 하기 때문에 부서 단합대회에 참석하지 못하겠다고 이야기했다. 아마 모르긴 해도 좀 당돌하게 선언하듯이 말했을 것 같다. 그러자 화가 난 팀장이 "그러면 사표를 쓰라"고 호통을 쳤다. B주임은 홧김에 사표를 써내고 사무실을 나와버렸다.

이런 태도에 대해서 한마디로 평가하기는 힘들다. 크리스천으로 살아가면서 때론 손해를 감수하면서 결단해야 할 때도 있기 때문이다. 다니엘의 세 친구가 보여준 "그렇게 하지 아니하실지라도"(단 3:18)의 믿음이 있다. 다만 예배와 회사일 사이에 갈등이 있을 때 지나치게 율법적으로 행동하거나 감정적인 결정이 아니라 충분히 하나님의 뜻에 따르는 결단이었다면 하나님이 기뻐하실 것이다. 그러나 B주임과 같은 경우 얼마든지 좋은 분위기 속에서 이야기를 나눌 수 있는 여지도 있고, 더 겸손한 태도를 보일 수도 있었다는 아쉬움이 남는다.

과거 농경사회와 달리 24시간 365일 내내 쉬지 않고 사회활동이 계속되는 현대사회 속에서 주일성수는 점점 더 힘들어지고 있는 것이 사실이다. 그래서 비단 직장인들만의 문제는 아니지만 우리 모든 크리스천이 바람직한 대안을 찾고 성경적인 문화를 만들어내야 할 책임이 있다. 이 주일성수 문제를 풀기 위한 우선적인 원칙은 무엇일까? 율법적인 태도는 버리되 세상과 타협하려 하지 않고, 크리스천의 가치와 명분을 드러내는 균형이 필요하다. 주일성수는 하나님이 십계명을 통해 주신 성도의 의무이고 특권이지만, 반드시 져야 하는 율법적인 짐은 아니라는 인식을 해야 한다. 몸이 아플 경우에는 병원이나 집에서 혼자 예배를 드릴 수도 있다. 물론 위급한 상황이 생겼을 때도 빠뜨리지 말고 그에 적합하게 하나님을 경배하고 예배하는 나름의 방법을 모색해야 한다.

주일성수에 대한 신학적인 논란은 아직도 계속되고 있다. 중세교회의 안식일 엄수주의와 결별한 종교개혁자들의 사상은 후계자들에게 제대로 계승되지 못해서 주일예배를 마친 교인들이 놀이를 즐겼다고 한다. 그 시절에는 예배시간에 어깨에 매를 앉히고 있는 사람들도 있었다. 예배를 마치고 바로 사냥을 가기 위한 '준비'였다. 이후 개신교 정통주의 시대에는 엄격한 주일성수 관행이 다시 등장했다. 그래서 17세기에 청교도들은 종교개혁 이전 교회의 안식일 엄수주의보다 더 엄격한 경향으로 되돌아갔다. 우리나라 크리스천의 3분의 2가량을 차지하는 장로교 보수교단들의 신학이 이런 영향을 받았다. 이렇게 주일성수에 관해서는 아직도 신학적인 정립이 필요한 과정에 있다.

이런 상황을 감안하여 직장인들이 주일성수 문제를 통해 겪는 몇 가지 상황 속에서 바람직한 대안을 찾아보자. 주일성수를 통해 크리스천다움을 보여줄 수 있는 방법을 모색하는 것이다. 먼저 평소에는 주일에 예배드리고 쉬는 데 문제가 없지만 간혹 주일에 출근을 해야 하는 경우가 있다. 이때는 획일적인 대응보다 원칙에 따른 지혜로운 대응이 현명하다. 동료와 근무를 바꿀 수 있다면 그런 방법을 찾아볼 수 있다. 물론 그 사람에게는 적당한 보상을 해야 한다. 휴일에 쉬고 싶은 것은 누구나 마찬가지가 아니겠는가.

그런 여건도 쉽지 않아서 부득이 주일에 일해야 하는 상황이 생길 수 있다. 그런 때에는 그 책임을 피하지 말고 주일이라도 출근해서 근무에 성실히 임하는 것도 크리스천의 바람직한 모습이다. 물론 주일 이른 시간이나 밤에 드리는 예배에 참석하거나, 혹은 낮 시간에라도 양해를 구해 가까운 교회의 예배에 참석하려는 노력이 필요한 것은 당연하다.

이런 상황이 자주 생길 때에도 적절한 대안을 찾을 방법이 있으면 모색해야 한다. 무역회사에서 일하던 한 크리스천은 연중 몇 차례 꼭 해야만 하는 주일 근무 때문에 고민이 많았다. 주일에 부서의 전 직원이 출근해서 일하기 때문에 빠지기도 쉽지 않았고, 그렇다고 주일성수를 하지 않을 수도 없어 고민하며 기도했다고 한다. 그러다가 부서원들에게 제안을 했는데 주일 근무가 있을 때 교회에 갈 수 있도록 근무를 빼주면 주중 공휴일에 돌아가면서 서야 하는 당직 근무를 연중 혼자 다 맡겠다고 했다. 팀원들과 일종의 '거래'를 한 것이다. 무역회사였기에 주중에 있는 공휴일에는 언제나 당직을 서야 했는데 바로 그 휴일 근무를 모두 떠맡겠다고 자청했다.

물론 동료들의 열띤 호응을 얻었다. 하지만 그는 설날과 추석 연휴 등 당시에 보름이 넘는 주중 공휴일 당직을 혼자 다 감당해야 했다. 그것이 어디 쉬운 일이었겠는가? 그러나 그는 자신이 크리스천으로서 중요하게 여기는 가치가 무엇이고, 그런 희생이 있더라도 주일성수를 하는 모습을 동료들에게 보여준 것이다. 주일성수를 통해 크리스천의 정체성을 보여주었다. 이렇게 당연히 해야 하는 업무적인 측면에서는 희생하는 자세를 가지고 양해와 타협점을 찾아 주일성수를 모색하는 것이 좋겠다.

주일성수로 믿지 않는
동료들을 감동시키라

그러나 주일에 열리는 야유회나 단합대회 같은 경우는 일터의 고유 업무가 아니니 조정을 시도해 보거나 여의치 않으면 거부할 여지도 더 많다. 예를 들어 팀원들이 팀워크를 위해서 주일에 산행을 한다고 할 때 주일성수라는 자신의 상황을 제시하며 열외를 주장해 볼 수 있다. 물론 그때에도 정중하게 자신의 신앙과 형편을 대화로 납득시킬 필요가 있다. 그런 선택의 순간마다 "보라. 내가 너희를 보냄이 양을 이리 가운데로 보냄과 같도다. 그러므로 너희는 뱀같이 지혜롭고 비둘기같이 순결하라"(마 10:16)는 예수님의 말씀을 기억해야 한다. 위에서 언급한 B주임과는 달리 정중하지만 단호하게 자신의 입장을 잘 표현해서 양해를 얻어낼 수 있어야 한다.

주일에 있는 경조사, 그중 특히 결혼식이 문제인데, 부조금만 인편에 전달하는 방법도 통용되지만 그것만으로는 뭔가 부족하다. 또 특별한 관계를 고려할 때 꼭 참석해야 할 곳도 있다. 이런 상황에서 더욱 곤란한 상황을 겪지 않기 위해서는 평소에 좋은 대인관계를 유지하는 것이 우선 중요하다. 평소에도 관계가 원만하지 않은데 경조사에도 참석하지 않으면 더욱 관계가 멀어질 수 있다. 이른 시간에 있는 주일 1부 예배를 드리고 결혼식에 찾아가는 것도 한 방법이겠으나, 그렇게 하면 주일성수라는 크리스천의 남다른 가치를 그 사람에게 보여주기는 힘들다. 이런 상황에서 크리스천의 정체성을 보여주며 그 사람과 관계도 잘 유지하는 대안 한 가지를 소개한다.

일요일 열두 시, 혹은 한 시에 있는 결혼식이라면 주중(월-수요일 쯤)에 미리 찾아가서 축하해주는 방법이 좋은 대안이 될 수 있다. 나중에 축하한다고 하면 핑계밖에 안되지만 미리 가면 당사자에게 더욱 인상적으로 축하하는 것이다. 거리가 멀면 멀수록 효과가 좋다는 것을 나의 경험으로 확인할 수 있었다. 요즘 같이 바쁜 세상에 결혼식에 못 간다고 미리 가서 축하해주는 것은 의미 있는 배려이다. 그러니 이렇게 하면 인간관계도 챙기면서 크리스천에게 있어 주일에 드리는 예배가 얼마나 중요한 것인지 믿지 않는 상대방에게 알려주는 일거양득의 효과를 얻을 수 있다.

마지막으로 주일에도 계속 일을 하는 직종에 대해서 우리 크리스천들은 어떤 선택을 해야 하고, 또 그런 일을 하게 되었을 때 어떻게 일해야 하는가? 다원화사회의 특성상 주일에도 일해야 하는 직업들이 늘어간다. 공익직종 직업인들인 경찰관, 소방관, 군인, 운전기사, 의료인 등과 숙박업, 판매업 등 각종 서비스업 종사자들이 주일에도 근무해야 하는 경우가 많다. 크리스천들은 이런 직종은 아예 피해야 하는가? 만약 그렇다면 그 분야의 일터는 누가 변화시키고, 누가 그곳에 하나님 나라를 세워나가겠는가?

주일성수가 힘든 분야에도 크리스천들이 사명감을 가지고 가야 한다. 그런데 현실적인 어려움이 있다. 하나님을 섬기는 성도가 주일에 예배와 휴식을 하는 대신 일을 하는 것은 쉽지 않기 때문이다. 따라서 이런 직종의 일터에는 훈련받아 준비된 크리스천들이 선교사 마인드를 가지고 진출해야 한다. 타문화권, 특히 이슬람권이나 공산권에서 사역하는 선교사들은 주일에도 공식적으로 예배를 드리지 못하고, 가족과 침묵의 예배를 드려야 하는 스트레스도 견뎌야 한다. 이런 영적 희생을 감당하는 영성과 자신의 일도 제대로 하는 전문성을 갖추어서 주일에 일하는 분야의 일터에 파송받아야 한다. 교회가 해외선교사를 파송해놓고 기도하며 재정을 후원하듯 이런 특수 분야에 파송한 일터선교사들을 위해서도 기도하며 영적 도움을 주기 위해 노력하는 교회의 모습을 상상해본다. 꿈같은 이야기일 수도 있으나 일터사역을 제대로 하는 교회라면 생각해 볼 일이다.

실제적인 상황을 예로 들어보자. 백화점에 근무하는 경우 일요일 아침 출근해야 하는 시간은 여유 있을 테니 새벽예배나 1부 주일예배에 참석하는 것이다. 그리고 선교지에 파송된다는 심정으로 출근하여 주님께 하듯이(골 3:23) 고객들을 대하면서 일하는 것이다.

그리고 주일 외에 대체휴일로 쉬는 날을 자신만의 '주일'로 정하고 심신을 충분히 쉬면서 주일에 다하지 못한 활동을 시도할 수 있다. 교회나 다른 선교기관의 집회에도 참석해보고 성경공부나 봉사활동을 할 수도 있다.

주일에 근무해야 하는 상황에서도 함께 일하는 사람들에 대해 영적 관심을 갖는 것이 중요하다. 고린도에서 일하면서 전도하던 바울에게 환상 가운데 나타나신 주님이 바울을 위로하셨다. 고린도에 "내 백성이 많다"고 하시면서 사도 바울이 일하며 전도하는 것을 독려하셨다(행 18:10). 주일에 일하는 우리의 일터에도 주님이 택하신 백성들이 많다. 주일에 섬겨야 할 고객들을 주님을 대하듯 섬기며 선교사명을 다한다면 그 사람은 진정한 일터사역자이다. 이렇게 직장에서 주일을 지키기 위한 노력을 한다면 얼마든지 창조적 대안을 찾을 수 있다. 주일성수를 통해서도 우리는 크리스천다움을 세상 사람들에게 보여주어야 한다.

고사 자리에서도
크리스천다움을 드러내라

무속문화의 현장에서도 크리스천다움을 드러낼 수 있어야 한다. 이 시대의 문화현상을 한마디로 설명할 수 있는 '포스트모더니즘' 때문인지 부쩍 무속과 미신적 습속이 활개치고 있다. 일본의 한 전자업체를 방문했던 분이 전자 계기의 내부를 열어보았더니 거미줄처럼 연결된 복잡한 내부 배선 속에 조그만 부적이 붙어 있었다고 한다. 이것이 첨단과학시대를 사는 사람들의 딱한 모습이다. 첨단기술로 인공위성을 쏘아 올린 과학자들도 돼지머리를 앞에 놓고 고사를 지냈다는 웃지 못할 일이 있었다.

이렇게 인간의 한계를 극명하게 보여주는 시대에 우리 크리스천들은 어떤 자세를 가져야 할까? 소극적으로 대처하는 크리스천들은 그저 뒤에 서 있거나 신경 쓰지 않고 있을 수도 있겠으나, 임원이거나 직급이 높을 경우 앞에 서서 순번대로 절을 해야 하는 경우에는 난감하지 않을 수 없다. 그저 고사는 말 그대로 고사문화일 뿐이고 신앙과 관계된 문제가 아니라고 합리화하면서 마음은 주님께 드리고 몸만으로 절을 한다는 사람들도 꽤 있다!

그런 자세는 크리스천다운 정체를 드러내는 것이 아니고 명백한 잘못이다. 우상 숭배를 금지한 하나님의 말씀에 따라서 우리는 크리스천다운 대응자세를 보여주어야 한다. 그러면 어떻게 할 수 있겠는가? 때로 강하게 부딪혀서 하나님의 놀라운 은혜를 얻었다는 간증을 들을 수 있다. 절해야 하는 상황에서 사표를 쓸 각오를 하고 몰래 빠져나와 기도했다는 직장인이 있다. 행사 후에 사장님이 호출해서 정말 끝장이구나 생각하고 사표를 써서 들어갔더니 "장로들은 다 절하던데 화끈하게 절하지 않은 아무개 부장이 마음에 든다"고 교회도 나가지 않는 사장님이 칭찬을 하는 것이었다. 할렐루야! 다니엘 3장에서 볼 수 있는 다니엘과 세 친구의 경험을 그분은 한 것이다.

언제나 그런 방법만이 아니라 또 다른 대안도 생각할 수 있다. 사람들이 고사를 지내는 목적을 생각해보는 것이 대안모색의 시작이다. 그 방법은 우리 크리스천들이 수긍할 수 없다. 하지만 회사가 잘되고, 그 프로젝트가 잘되고, 그 기계가 고장 없이 잘 가동되기를 바라는 마음에는 그 일터에서 일하는 우리 크리스천 직장인들도 동의한다. 그러면 그렇게 고사의 목적에 충실하면서 크리스천답게 대안을 제시할 수 있는 방법을 찾아볼 수 있다.

회사에서 고사를 지낸다는 공지가 있으면 주관하는 부서(총무팀이나 비서실 등)에 직장선교회(신우회)의 명의로 공문을 보내보면 어떨까? "우리는 매주 모여서 회사의 발전과 회사의 사람들을 위해서 기도하는 기독신우회인데, 우리의 기도 제목이 아래와 같습니다. 또한 이번에 지내는 ○○목적을 위한 고사에서도 우리 크리스천들은 신우회의 이름으로 우리가 섬기는 하나님께 기도하기를 원하는데, 고사 자리 옆에 우리가 예배드리고 기도할 수 있는 자리를 마련해주시기 바랍니다"(참고사항으로 각 종교 성직자들이 차례로 종교의식을 집전하는 국장(國葬)을 참고하라고 하면 좋다). 이런 내용으로 보낸 공문을 받아본 윗사람들이 어떻게 반응할까? 아마도 웃기고 있다고(?) 코웃음을 칠 것이다.

경남 거제도에 있는 한 조선소와 대전에 있는 한 연구소에서 강의하면서 질문을 받고 대화하면서 동일하게 고사에 대한 신우회의 대응을 제안했다. 그 조선소에서는 주기적으로 사고예방과 안전기원 고사를 지내고 무당들까지 동원해 아예 굿판을 벌이는 상황이었고, 연구소에서는 동물실험을 많이 해서 1년에 1만 2천 마리나 동물들을 희생시키기에 정기적으로 회사에서 동물들의 영혼을 달래는 수혼제를 지낸다고 했다.

이럴 때 공문 형태로 회사 쪽에 제안해보는 것이다. 거절당하더라도 신우회의 존재를 드러내고 나름의 정체성을 드러내는 분명한 기회가 될 수 있다. 한 번 해서 되지 않더라도 두 번 세 번 계속해서 시도할 필요가 있다. 회사라는 조직의 특성상 윗사람들의 인적 구성이 바뀌든지 상황이 변하다 보면 이런 시도가 의외의 결실을 맺을 수도 있다. 이런 일은 그저 일터사역을 하는 목사의 머릿속에만 있던 '이론'인 줄 알았으나 실제로도 가능한 경우를 보았다.

2007년 여름, 한 교회 청년부의 여름수련회 특강을 갔는데 그 교회의 청년부 회장인 형제가 이야기해 주었다. 한 육류가공 유통회사에 다니는 형제인데 그 회사는 사장님의 지시로 연초에 회사 차원에서 고사를 지낸다고 했다. 그 행사를 주관하는 사람이 그 회사의 이사(크리스천!)인데 그분이 고사를 다 준비해주고는 한 사람을 세워 고사를 지내게 한다는 것이었다. 그리고 그분과 주임인 그 형제(20여 명 직원 중 크리스천임을 밝힌 두 사람!)가 함께 옆에서 기도를 드린다는 것이 아닌가! 그런 일이 해마다 연초에 반복되니 그 회사의 직원들은 고사를 지낼 때면 크리스천들도 함께 회사를 위해 기도하는 것이 당연한 줄 알고 있다고 했다. 이런 멋진 일이 실제 상황이라는 점 때문에 나는 매우 고무되었다. 이렇게 대안을 찾아서 시도해보라. 시도하다 보면 길이 열린다. 하나님이 세상 속에서 크리스천의 정체성을 유지하기 위해 노력하는 우리를 어여쁘게 보시고 은혜를 주신다.

또한 가장 바람직하고 궁극적인 대안으로 고사를 예배로 대체하는 적극적인 노력을 시도할 수 있다. 지금은 목사 안수를 받은 탤런트 임동진 씨가 간증한 이야기가 이 상황에 꼭 맞는다. 인기를 누렸던 TV드라마 〈대조영〉에서 양만춘 장군 역을 섭외 받았는데 고사를 지내니 와서 절도 하고 후배들을 격려해 달라는 부탁을 받았다. 그때 임동진 씨는 자신은 현재 준목이고, 곧 목사가 될 사람이니 고사 대신에 효과는 똑같으니 드라마도 잘되고 사고도 나지 않도록 하나님께 기도하며 예배를 드리자고 제안했다. 연예계나 스포츠계에서 고사를 지내지 않고 일을 시작하는 경우는 극히 드물다고 하는데, 스태프들이 의외로 임동진 씨의 제안을 받아들였다고 한다. 그래서 광고했더니 꽤 많은 사람이 모였다. 그날 갑옷 입고 수염 붙인 고구려 무사 복장을 한 사람들이 세트장에 모여서 드라마를 시작하는 예배를 드렸다는 것 아닌가. 고구려인들이 드린 국내 최초의 예배, 할렐루야!

인천에서 열리는 직장선교대학에서 강의하면서 이 이야기를 했더니 간사로 섬기는 장로님이 앞에 앉아 계시다가 눈물이 글썽글썽하시는 것이 아닌가. 놀라서 강의를 하다 말고 여쭈었다. 그랬더니 영등포 역사를 개축하는 일을 할 때에도 비슷한 일이 있었다고 그분이 강의 중에 즉석 간증을 하셨다. 큰 공사를 앞두고 고사를 지낸다고 하기에 역무과장인 장로님과 신우회가 주축이 되어 예배를 드리자고 강하게 제안을 했다. 안 된다는 것을 자꾸 이야기했더니 그러면 사고 나면 책임질 수 있느냐고 반문하기에 책임지겠다고 대답했다. 그래서 결국 고사를 지내는 대신 목사님을 모시고 예배를 드렸다. 물론 신우회는 열심히 기도했고 하나님의 은혜로 아무런 사고 없이 공사를 마칠 수 있었다. 할렐루야!

이렇게 쉽게 포기해버리지 않고 대안을 찾으면 일터의 고사문화나 미신문화에 대해서도 길을 찾을 수 있다. 하나님께 지혜를 구하면서 굳건한 믿음으로 하나님 백성들의 역사를 만들어낼 수 있기를 바란다. 이런 일을 통해서 크리스천 직장인들이 일터를 사랑하고 일터의 주역이 될 수 있다는 점을 사람들에게 분명하게 보여주어야 하지 않겠는가!

우리는 세상의 치열한 비즈니스 현장 속에서 의기소침해 질 수 있다. 크리스천으로서 결단하기가 쉽지 않은 상황으로 내몰릴 수도 있다. 그런 때에도 우리는 바람직한 방법이 아니라면 문제의식을 가지고 문제 제기를 할 수 있어야 한다. 격려되지 않고 구별되면서 본질에 충실한 대안(代案, alternative)을 만들어내야 한다. 그것이 아이디어 수준이고 어설퍼서 실패할 수도 있다. 하지만 그렇게 노력하다 보면 결국 그 문화를 대체할 수 있는 강력한 대안(對案, counter-measure)이 되어 예전의 일터문화를 바꿔 놓을 수도 있다. 이런 문화변혁의 주체가 되는 길이 바로 두 나라의 정체성을 가지고 크리스천다움을 보여주는 길이다.

일터문화에 대해 격리되는 자세는 안 된다.
함께하면서 구별되어야 한다.
함께하다 보면 동화되기 쉽지만 동화되지 말고
적응해야 한다. 이렇게 격리가 아닌 구별,
동화가 아닌 적응의 원칙으로 우리는
일터문화에 대한 대응전략을 세워야 한다.

함께 일하는 사람들이 결국 비즈니스의 성공을 좌우하는
중요한 요소임도 잊지 말아야 한다. 사생결단의 기도와
사람들을 통해 문제를 해결하고 또 그로 인해 네트워킹을
더욱 튼튼하게 형성할 때 우리는 세상에서 하나님이 우리에게
부여하신 귀한 사명을 완수할 수 있다.

일터에서
중재자와 중보자가
되라

I

Intercession (명사)

① 중재, 조정, 알선.
② 아무를 위한 기도(간청, 진정).

일터에서 **적극적인** **중재자**가 되라

일터에서 겪는 관계 문제, 결코 쉽지 않다

크리스천 직장인들이 일터에서 보여줄 두 번째 I영성은 중재와 조정, 그리고 중보기도의 의미로 사용되는 Intercession이다. 이것은 크리스천들에게 요구되는 책임이라고 할 수 있는데, 동시에 특권이기도 하다. 직장인들이 일을 하면서 겪는 많은 어려움 중 가장 힘든 것이 인간관계의 갈등 상황이다. 그런데 이런 상황을 조정할 수 있는 능력과 비법을 안다면 얼마나 감사한 일이겠는가!

정확한 통계를 내보지는 않았지만 직장인들이 요청해오는 상담의 절반 이상은 인간관계 문제로 인한 어려움이다. 또 관계문제 상담의 절반 이상은 직장상사로 인한 어려움이다. 회사를 그만 두는 사람들과 이야기를 나누다 보면 유학을 가거나 공부를 더 한다고 하기도 하고 나름의 개인적인 퇴사의 이유를 말한다. 하지만 이야기를 더 깊이 나누다 보면 관계 문제에서 어려움을 겪었기 때문인 것을 알 수 있다. 적어도 관계의 어려움이 퇴사의 한 요인이 되었던 것이다. 그중 윗사람과의 갈등이 퇴사의 가장 큰 이유인 것 같다.

직장생활을 오래 한 사람만 겪는 문제도 아니다. 입사한 지 1년을 막 넘겨 아직 신입사원 딱지를 떼지도 못한 A사원은 부서의 팀장으로 온 윗사람이 너무 괴롭힌다고 하소연을 했다. 공개적으로 모멸감을 주는 경우도 잦고, 무의미한 일거리를 반복시키기도 한다는 것이다. 아직 직장생활을 잘 모르고 능력이 부족해서 그런 것 아닌가 반문하니 함께 일하는 부서 사람들은 물론이고, 예전의 부서 사람들도 자기와 동일한 어려움을 호소한다고 하소연했다. '실적, 성과'를 입에 달고 살면서 아예 사람을 생각하지 않는 냉혈한이라고 혀를 내둘렀다. 모이면 서로 욕하기에 바쁘다면서. 다른 사람들도 힘들어하지만 자기만 유독 더 미워하는 것 같아서 꿈에서도 보일 정도라는 것이다. 힘들어서 사표를 써보기도 했다며 고민하기에 힘든 일 겪는다고 위로했지만 사실 A사원이 겪는 일은 직장사회에서 너무나 흔하지 않은가?

다니엘과 세 친구도 신입사원 시절에 윗사람의 횡포로 큰 고생을 했다. 그들은 유다의 또래 청년들과 함께 특별하게 발탁되어 3년간의 바벨론 궁중수업을 받은 후 느부갓네살 왕에게 발탁되어 궁중의 신하로 일하고 있었다. 그들이 일을 시작한 지 얼마 지나지 않았던 때였던 것 같다. 느부갓네살 왕이 다스린 지 2년 되는 해에 벌어진 일인데(단 2:1), 어느 날 아침 바벨론 궁궐에서 엄청난 일이 벌어졌다.

대제국을 다스리는 왕들은 번민이 많기에 꿈도 자주 꾸는지 애굽 왕 바로가 전에 그랬던 것처럼 느부갓네살 왕도 꿈을 꾸었다. 예사롭지 않은 꿈에 신의 계시가 있다고 생각한 왕은 신하들을 소집했다. 전날 밤에 꿈을 꾸었다고 말하면서 그의 신하들에게 그 꿈을 해석하라고 요구했다. 그런데 그 꿈의 내용을 말해주지 않았다. 왕은 신하들에게 꿈의 내용을 스스로 먼저 알아내고 난 후에 그 해석을 보이라고 요구했다. 마른하늘에 웬 날벼락이란 말인가?

왕의 신하들은 박수와 술객, 점쟁이, 갈대아 술사 등이었다. 지금부터 2500여 년 전의 고대사회에서 점성술, 마술, 술법, 고대 문서의 해독 등이 중요한 학문이었을 상황을 생각해보면 왕의 신하들의 면면이 이해된다. 그런데 그들 중 아무도 그 문제를 풀지 못했다. 신하들은 살 방법을 찾기 위해 왕에게 하소연했다. 왕이 아무리 권력자라고 해도 지금까지 그런 요구를 한 경우는 없었다면서, 왕이 요구하는 일은 신이 아닌 사람으로서는 해결할 수 없다고 하소연했다. 그러자 느부갓네살 왕은 크게 화를 내며 무능한 신하들은 다 죽이라고 명령했다. 그 신하들에게는 최대의 위기 상황이었고 너무나 큰 문제가 그들 앞에 놓여 있었다.

느부갓네살, 폭군은
폭군이되 현명한 폭군

　　　　　여기서 한 가지 짚고 넘어가야 한다. 느부갓네살 왕의
횡포에 대해서 어떻게 생각하는가? 느부갓네살의 이런 무리한 요구
는 그저 폭군의 모습일 뿐이었는가? 그가 왜 그런 무모하고 괴팍한
요구사항을 내걸고 신하들을 농락했을까? 화가 머리끝까지 난 왕은
신하들을 정말 죽일 생각이 있었다. 다니엘이 처형을 지시받은 근위
대장 아리옥을 붙들고 왜 그리 왕의 명령이 급한지 묻는 것을 보면
그저 신하들의 처형을 위협 수단으로 삼으려고 했던 것은 아닌 듯하
다(단 2:12-15).

　　물론 여기서 느부갓네살 왕에게 어떤 포석이 있었던 것은 우리
가 짐작할 수 있다. 나중에 다니엘이 꿈에 대해 왕에게 말하면서 "왕
이여 왕이 침상에서 장래 일을 생각하실 때에"(단 2:29)라고 말하는
것에 주목해 보아야 한다. 느부갓네살 왕은 미래에 대해 고민할 때
꾼 범상치 않은 꿈이 제국의 미래에 대한 신탁이라고 판단했다. 그
러니 만약에 꿈의 내용을 말해준다면 해몽 전문가들인 신하들이 어
떻게든 해석을 해낼 것이었다. 그런데 그 해몽이 옳은지 그른지 확
인할 수 있는 방법이 없지 않은가? 미래의 일이니 시간이 지나봐야
해석의 사실 여부가 확인될 것이었다. 왕은 나름대로 포석을 가지고
있었다. 만약 자신의 꿈을 제대로 해석할 영적 능력을 가진 신하라
면 꿈의 내용을 말해주지 않아도 꿈의 내용을 파악할 수 있을 것이

라고 생각했다. 그런 능력을 가졌다면 올바른 해석은 당연히 할 것이라고 판단한 것이다. 느부갓네살 왕은 폭군은 폭군이되 현명한 폭군이었다. 왕의 무리한 요구는 고도의 통치술이었다.

우리도 일터에서 이런 일을 경험할 수 있다. 일터에서 윗사람은 괜히 윗사람이 아니다. 어떤 경영자나 임원들은 평소에 별로 하는 일도 없는 듯하고, 전날 회식했다고 늦게 출근해서 신문이나 뒤적거리다가 사우나에 갔다 오고 어슬렁거리는 경우도 있을 것이다. 일터의 윗사람이 모두 그렇다는 뜻이 아니고, 또 그런 행동이 옳다는 뜻도 아니다. 그렇게 별로 하는 일 없어 보이는 윗사람들이 진가를 발휘해야만 하는 때가 있다. 회사가 위기에 봉착했을 때, 경험이 없고 해결방법을 몰라 직원들이 허둥거릴 때 임원들은 관록과 능력을 발휘하며 문제를 해결해낸다. 그래야 연봉 많이 받는 윗사람의 역할을 다하는 것이다. 또한 눈앞이 캄캄한 상황에서도 앞날을 내다보고 그 방향으로 사람들을 이끌어가야 능력 있는 경영자라고 할 수 있다.

또한 느부갓네살 왕의 신하들의 입장에서는 이렇게 생각할 수도 있었다. '야, 이거 왕이 우리를 확실하게 올가미에 옭아매려고 하는구나. 만약에 우리가 왕이 꾼 꿈의 내용을 이야기한다고 해도 왕이 아니라고 하면 그만 아닌가? 그러니 어떤 말을 해도 우리는 죽을 수밖에 없어. 여기서 우리가 밀리면 절대 안 된다!' 역사 속에서 왕과 정치적 줄다리기를 하면서도 밀리지 않은 신하들이 많았다. 우리나라의 왕조정치 역사를 보아도 왕들이 마음대로 한 경우가 그리 많지 않았다. 그렇게 신하들의 견제를 벗어나 정치하려던 왕들을 보통

'폭군'이라고 불렀다. 역사는 그들을 왕으로 인정하지도 않았다. 이런 측면에서 느부갓네살 왕의 신하들도 자신들의 살길을 모색했고, 결코 왕에게 굴복하려고 하지 않았다. 그야말로 파워게임 양상이었다.

일터선교사 다니엘의 '사명'

　　이런 절박한 상황 속에서 다니엘과 세 친구는 어려움을 겪었다. 그들은 왕 앞에 불려가서 왕의 이야기를 듣거나 대답을 할 수 있는 입장이 아니었다. 급박하게 돌아가는 궁궐의 상황을 잘 모르고 있다가 날벼락 같은 소식을 들어야 했다. 그가 일을 시작한 지 오래 되지 않은 '신입사원'이었기 때문이다. 신입사원 연수를 받고 있었던가, 업무파악을 위한 출장을 다녀왔던가, 제대로 정신도 못 차리고 있다가 입사 초기부터 호된 신고식을 치러야만 했다. 그런데 이것이 바로 다니엘의 사명이었다. 그가 풀어내야 할 숙제였다. 느부갓네살 왕의 신하가 된 이상 다니엘의 사명은 분명해서 왕이 꾸었던 꿈의 내용까지 알아내고 해석까지 하는 일을 해야 했다.

　우리 직장인들이 일하면서 겪는 골치 아픈 문제도 분명한 우리의 일이고 우리의 사명이다. 하기 수월한 일만이 아니라 어렵고 힘든 일도 제대로 해낼 수 있어야 한다. 물론 이 문제는 목숨이 걸린 심각한 문제였다. 다니엘 자신의 목숨만이 아니라 동료들은 물론이고, 바벨론 왕국 모든 신하의 목숨이 걸려 있는 중차대한 사명이었다.

다니엘은 왕의 근위대장 아리옥을 붙들고 자초지종을 들었다. 그런 쉽지 않은 일에 맞닥뜨렸을 때 다니엘은 느부갓네살 왕에게 직접 들어가서 자신이 그 문제를 해결하겠다면서 시간을 달라고 요구했다(단 2:16). 그러면 해결사를 자처했던 다니엘은 과연 그 사명을 완수할 능력이 있었는가? 이것이 문제이다. 그 문제는 내가 풀겠다고 호기 있게 덜컥 나섰는데 해결할 능력이 없다면 얼마나 큰 낭패인가? "예, 할 수 있습니다"라고 우렁차게 외쳐놓고, 막상 시켜보면 아무것도 못하는 군대의 '무데뽀' 신병들과 같다면 큰 문제 아닌가!

다니엘에게는 해결하기 어려운 일을 풀어낼 만한 자질이 있었다. 우선 다니엘은 명철하고 슬기로운 말로 근위대장 아리옥에게 질문했다(단 2:14). 다니엘이 보니 처형을 집행하는 근위대장 아리옥이 급히 나가고 있었다. 다니엘이 그를 붙잡고 이야기했다. 이때 어떤 태도를 가지고 말해야 하겠는가? 급하게 행동하는 상대와 같이 호들갑을 떨어야 하는가? 다니엘은 명철하고 슬기로운 말로 상대를 진정시키면서 질문했다. 이렇게 명철하고 슬기롭게 말하는 것은 말을 잘하는 것을 의미하지는 않는다. 말을 잘하는 것도 능력이지만 잘 말하는 것이 더욱 필요한 능력이다. 달변이 아니더라도 잘 말할 수 있다. 지혜로운 말은 기본적으로 태도의 문제이다. 태도는 우선 말로 나타나기 때문이다. 자초지종을 파악한 후 다니엘이 느부갓네살 왕에게 들어가서도 "시간을 주시면 왕에게 그 해석을 알려"(단 2:16) 드리겠다고 말하지 않는가?

다른 신하들은 왕이 꿈을 말해주면 해석하겠다는 주장을 끝까지 굽히지 않았다. 그러나 다니엘은 태도가 달랐다. "제겐 기회가 오지 않았습니다. 제게 기회를 주십시오. 그러면 반드시 왕의 요구에 응하겠습니다." 하나님이 주신 지혜와 능력에 긍정적인 태도까지 갖춘 다니엘은 다른 신하들과는 사뭇 달랐다.

중재와 중보기도가
다 필요한 상황

찰스 스탠리 목사의 아들 앤디 스탠리가 쓴 「다니엘의 편법」(두란노 펴냄)이라는 책을 보면 다니엘이 보여준 명철하고 슬기로운 말과 일련의 태도는 적절한 외교적 처신, 혹은 기지(奇智)와 재치(tact)라고 표현한다. 죽음의 위기 상황에서도 보여준 이런 외교적 접근이 무엇인가? 바로 중재(intercession)의 노력이다.

물론 다니엘은 인간적인 중재의 노력에만 문제 해결의 모든 것을 걸었던 것은 아니다. 그는 집에 돌아가서는 전혀 다른 태도로 친구들과 문제 해결을 모색했다. 바로 기도하는 것이었다. 죽기 살기로 하나님께 매달렸다(단 2:17-18). 그들이 살아남기 위해서는 하나님의 개입이 절실하게 필요했기 때문에 그들은 사생결단의 기도를 했고 서로를 위해 중보기도(intercession)를 했다.

앤디 스탠리 목사는 이 두 가지 중 하나가 있다고 나머지 하나가

불필요한 것이 아니라 동시에 두 가지가 다 필요하다고 강조한다. 믿음이 부족한 탓에 상세한 계획을 수립하는 것이 아니라는 이야기이다. 믿음 있는 사람이 잘 준비할 수 있다. 계획도 없이 무작정 직장상사의 책상 앞으로 걸어가 자신의 결심을 일방적으로 통보하는 것이 좋은 태도는 아니라는 뜻이다.

느헤미야도 그런 모습을 보여주었다. 그는 조국의 도성이 불타고 무너졌다는 안타까운 소식을 듣고 금식하면서 조국에 기여할 방법을 찾고 있었다. 그때 그의 얼굴에 근심하는 기색을 보고 아닥사스다 왕이 무슨 일인지를 물었다. 그러자 느헤미야는 자신이 직접 실행할 예루살렘 재건 기획안을 상세하게 왕 앞에서 브리핑했다(느 2:1-5). 그러자 왕은 아끼는 측근 신하였으나 제국의 한 부분에 대한 일이었기에 느헤미야의 계획을 수긍하고 언제 돌아올 수 있는지 물었다. 그때 느헤미야는 기한을 정하고, 총독들에게 내리는 왕의 공식 조서를 요청하여 필요한 목재와 자재를 확보했고, 왕은 군대장관과 마병을 보내 호위하게 했다(느 2:6-9).

느헤미야는 조국의 피폐함을 들었던 때부터 약 4개월 동안 기도하였고, 왕이 물었을 때 하나님께 묵도하며 도움을 구하는 믿음을 보여주었다. 거기에 덧붙여 일을 혼자서 할 수 있는 것이 아니기에 관련된 일들을 치밀하게 준비하여 일이 제대로 성취되도록 하였다. 기도와 행함은 이렇게 문제를 해결하는 길에 함께 가는 동반자이다.

다시 다니엘의 이야기로 돌아와 스트레스에 대한 대처라는 측면에서도 다니엘은 다른 고참 신하들과 달랐다. 신하들은 윗사람으로 인한 스트레스에 어떻게 대응했는가? 사실상 느부갓네살 왕의 무모한 요구에 대해 신하들이 꿈을 알려달라고 한 것은 무리한 대응은 아니었다(단 2:4). 그런데 그 대답을 듣고 왕이 버럭 화를 냈다. 만약 꿈의 내용을 밝히고 해석을 하지 못하면 신하들을 죽이고 집안을 박살내겠다고 위협했다. 그런데 이때 신하들이 첫 번째 했던 대답과 똑같은 대답을 한 것은 잘못이었다(단 2:7). 처음에 대답할 때는 "왕이여 만수무강 하옵소서"라고 인사라도 하더니, 두 번째 대답에서는 "왕은 꿈을 종들에게 이르소서. 그리하시면 우리가 해석하여 드리겠나이다"라고 첫 번째 대답과 동일한 내용으로 대답하면서 나름대로 답답함과 억울함을 호소했다.

더구나 왕이 거짓 해석을 꾸며 시간을 끌려 한다고 더욱 몰아붙이자 신하들은 논리적인 설명을 한답시고 왕의 무모함을 꼬집었다. "어떤 크고 권력 있는 왕이라도 이런 것으로 박수에게나 술객에게나 갈대아인들에게 물은 자가 없었나이다"(단 2:10). 느부갓네살 왕을 가리켜 '역사상 유례없는 별종'이라는 식으로 왕의 자존심을 긁은 것이 아닌가. 가만히 들어보면 느부갓네살이 세상에서 가장 무모한 왕이라는 뜻이다. 그들의 말은 논리적으로 맞았을지 모르지만 권력의 속성을 잘 모르는 어리석은 대답이었다. 윗사람으로 인해 스트레스를 잔뜩 받는다고 그들도 윗사람의 자존심을 상하게 하여 결국 상하관계를 복잡하고 힘들게 만들었다.

그에 앞서 신하들은 왕이 요구하는 꿈의 내용을 알아내는 문제에 대해서 모든 지혜자의 의견을 구하지도 않았다. 의사소통이 제대로 되고 현안을 해결하기 위한 위기대처시스템이 작동되었다면, 다니엘이 그때 그 문제의 해결을 자처하고 나섰을 것이다. 당시 바벨론 궁궐은 전형적인 닫힌 조직으로 경직된 의사소통 구조를 가지고 있었다.

일터의 권력 관계를
멋지게 중재하라

　　　　　이런 복잡하고 어려운 상황 가운데서도 다니엘은 지혜롭게 상황을 수습해 나갔다. 윗사람이 화가 나 있을 때는 그 화를 잠재우기 위해 노력해야 한다. 함께 화내거나 합리성을 따지고 있으면 안 된다. 다윗이 잔칫날 음식을 나눠주지 않는 부자 나발의 홀대에 화가 나서 모든 남자를 죽이겠다고 무장하고 떠났을 때 아비가일이 보여준 태도가 있다. 그 여인은 자기 남편이 어리석음을 잘 알고 있었기에 다윗의 화를 누그러뜨리기 위해서 선물을 싸들고 찾아갔다. 그리고 엎드려 얼굴을 땅에 대고 절하면서 무죄한 피를 흘리고 보복하지 말라고 다윗에게 간청했다. 결국 다윗은 아비가일의 지혜로운 말에 감동하여 복수를 멈추었다. 다윗이 말했다. "오늘 너를 보내어 나를 영접하게 하신 이스라엘의 하나님 여호와를 찬송할지로다. 또 네 지혜를 칭찬할지며 또 네게 복이 있을지로다. 오늘 내가 피를 흘릴 것과 친히 복수하는 것을 네가 막았느니라"(삼상 25:32-33).

강효석 외 몇 사람이 지은 「배움」(국일미디어 펴냄)이라는 책이 있다. 성균관대학교와 MIT공대가 함께하는 MBA과정을 함께 공부하는 사람들이 쓴 책인데, 삼성에 근무하는 임동연 과장의 이야기가 윗사람과의 관계에 대해 도움을 준다. 상급자는 불합리한 것을 알면서도 부당한 지시를 내릴 때가 있다고 한다. 그런 때 어떻게 하면 좋은가? 그런 때 상사의 지시가 얼마나 비합리적이고 부당한지 마치 웅변하듯이 열광적으로 이야기하는 사람들이 있다고 한다. 그들은 능력 없고 비합리적인 상사, 또는 자신과 맞지 않는 상사를 만나서 자신이 가지고 있는 능력을 제대로 발휘하지 못한다고 분개한다. 그런데 그런 태도는 안타까운 모습이다.

상사가 아랫사람만큼 일을 못하고 업무에 대해 몰라서 그런 지시를 내리는 것은 아니기 때문이다. 가끔은 상식 이하의 요구를 하는 상사들도 있지만 대개 큰 그림을 보지 못하는 후배 사원들의 투정인 경우도 많았다고 한다. 그러니 상사의 지시라면 존중하고 따르는 것이 우선이라고 그는 말한다. 상사의 능력과 경험은 오랜 세월을 통해 쌓아온 농축된 지식이기에 우선 상사를 신뢰하는 마음으로 바라봐야 한다. 아랫사람이 볼 때 불합리하다고 느끼는 부분에는 분명 미처 보지 못한 다른 면이 있다. 실제로 지시를 받고 그것을 이행할 때는 이해할 수 없었지만 시간이 지나고 일이 진행되는 과정을 보면서 저절로 고개가 끄덕여지게 되는 경우가 많은 것을 그는 경험했다고 한다. 물론 상사도 자신의 지시가 정당한 것인지 아닌지 늘 반성하고 다른 대안도 생각해봐야 상호간의 믿음이 생길 수 있지만,

아랫사람의 바람직한 태도가 정말 중요하다고 그는 강조했다. 구구절절이 옳은 이야기였다.

한편 다니엘이 죽게 된 신하들을 대신해 문제를 풀어보겠다고 나선 행동에는 또 다른 의미가 담겨 있었다. 다니엘이 들어와 자기가 문제를 풀겠다고 했을 때 느부갓네살 왕의 얼굴에 회심의 미소가 피어올랐을 것이다. 신하들을 모두 처형하라는 명령이 느부갓네살의 정치적인 엄포이고 노림수였다면 근위대장의 앞을 막아선 다니엘은 정치적 희생양을 자처하고 나선 셈이 아닌가. 느부갓네살 왕의 입장에서는 애송이 신하였던 다니엘이 그 문제를 풀어주면 그야말로 금상첨화이고 만약 풀지 못한다고 하더라도 전혀 나쁠 것이 없었다. 고참 신하들 몇을 본보기로 죽이는 대신에 '신입사원' 다니엘만 처형해도 느부갓네살 왕은 자기가 의도한 정치적인 효과를 백 퍼센트 이상 거두는 것 아니었겠는가? 그런 빌미를 다니엘이 제공하는 것이기도 했다. 여하튼 다니엘의 사명은 결코 호락호락한 것이 아니었다. 그러면 도대체 다니엘에게는 어떤 믿는 구석이 있었던 것인가?

풀리지 않는 문제를
합심기도로 풀어낸 사람들

"

일터선교사 다니엘의
'사생결단의 기도'

다니엘이 바벨론 궁의 모든 지혜자가 풀지 못한 문제
를 목숨 걸고 풀겠다고 장담한 배경은 어떤 것이었을까? 어떤 자신
감이 그로 하여금 목숨을 건 모험을 감행하게 했을까? 다니엘은 곧
장 퇴근해서 그의 '집으로' 돌아갔다. 다니엘은 일터에서 풀지 못한
문제를 그가 살던 집으로 가지고 가서 해결하려고 했다. 회사에서
못다 한 일거리를 집으로 싸들고 가서 가족들을 괴롭히려는 것이었
던가? 아니다. 다니엘은 그의 친구들인 하나냐와 미사엘과 아사랴
가 있는 집, 즉 기숙사로 돌아갔다.

거기서 다니엘은 자신이 책임지게 된 일을 그의 기도 동지들 앞

에 기도제목으로 내놓았다. 그리고 그 문제를 하나님께 기도했다. 하나님께 간절히 매달린 그들의 기도는 이랬다. "하늘에 계신 하나님, 하나님이 감추어 알려주시지 않은 문제에 대해 우리를 불쌍히 여겨주소서. 우리가 바벨론의 다른 신하들과 함께 죽지 않도록 인도해주소서"(단 2:18 참조). 처절하지 않은가? 그들이 했던 기도는 죽음 앞에서 간절할 수밖에 없는 기도였다. 사람을 살리고 죽이는 일의 주관자이신 하나님께 사생결단의 기도를 드렸던 것이다. "저희를 죽이시겠거든 가만히 계셔도 좋지만 살리시겠거든 느부갓네살 왕의 꿈에 대해 알려주옵소서!"

다니엘이 일터에서 겪는 문제를 해결하는 방법을 보면서 생각할 수 있다. 기도가 이렇게 일터에서 생기는 문제를 해결하는 방법일 수 있단 말인가! 한마디로 말하면 기도만 한다고 문제가 해결되는 것은 아니지만 기도를 통해 해결되기 힘든 문제를 풀어낼 수도 있다. 물론 흔하지 않은 일처리 방법인데 낮에 회사에서 생긴 문제를 밤에 집에 가서 해결할 수 있다는 것이다. 그런 사람들을 '그리스도인'이라고 한다. 늘 일터의 업무 속에 파묻혀 지내는 사람들 중에는 해결되지 않는 일을 고민하느라 헛고생만 하는 사람들도 있다. 괜히 남아서 야근하느라 전기요금 많이 나오고, 화장실 수도요금 많이 나오게 하지 말고 집으로 가는 것도 괜찮은 방법이다.

집으로 돌아가서 무엇을 하는가? 기도하면서 하나님께 그 문제를 맡기는 것이다. 이런 방법으로 일하는 크리스천이라면 정말 세상의 부러움이 되지 않겠는가? 일터에서 생기는 모든 문제를 기도하는 방법으로만 해결할 수 있다는 이야기가 아니다. 그러나 이렇게 기도하면서 문제를 해결하는 방법도 있다. 크리스천이라면 이렇게 기도하면서 일하여 하나님께 영광을 돌릴 수 있다.

내가 예배를 인도하며 섬겼던 SK하이닉스반도체 아미단지 기독신우회의 한 형제가 모임 중에 간증하는 것을 들었다. 기획 관련 부서로 옮기게 되었는데, 그 부서의 상사가 매사에 정확하고 까다롭기로 유명한 분이었다. 심혈을 기울여 기획안을 작성해도 번번이 이렇게밖에 못하느냐는 핀잔을 들었다. 정말 낙심되고 안타까운 심정으로 기도할 수밖에 없었다. 새벽기도회에 가서 간절히 기도하고 일찍 출근했는데, 한 아이디어가 떠올라서 1시간 반 만에 급히 프레젠테이션을 준비했다. 그 기획안을 제출했더니 드디어 합격을 했다. 정말 놀랍게도 짧은 시간에 그렇게 고민하던 기획안을 작성할 수 있었던 것은 하나님의 지혜가 아니고는 설명할 수 없었다는 간증에 신우회원들이 은혜를 받았다.

또한 그 몇 주 후에는 매주 수요일 점심시간에 신우회 기도회를 인도하는 시간에 그 형제의 장모님이 위독하시다는 연락을 받고 급히 가면서 신우회원들에게 중보기도해 줄 것을 부탁했다. 신우회원들은 간절히 기도했고 하나님의 은혜로 장모님이 위기를 넘기고 중환자실에 계시다가 일반 병실로 옮기셨다는 간증도 했다. 이렇게 풀리지 않는 일터의 문제나 인생의 어려움을 기도하면서 풀어낼 수 있다. 그런 사람들을 '그리스도인'이라고 한다.

당신이 기도하러 가는 '집으로' 는 어디인가?

다니엘이 그랬던 것처럼 '집으로' 가는 것이 중요하다. 그래서 유명한 영화 〈집으로〉가 있었던 것인가? 우리도 집으로 가면 된다. 다니엘이 집으로 간 이유는 무엇인가? 그곳에 그의 기도 동지들이 있었기 때문이다. 주어진 사명, 목숨이 걸려 있는 중요한 문제를 함께 기도할 사람들이 집에 있었기에 다니엘은 집으로 갔다. 그러면 오늘 당신의 '집으로' 는 어디인가? 일터의 문제를 함께 풀어내며 사명을 이뤄나갈 직장선교회(기독신우회) 모임이 아니겠는가? 일터의 문제를 함께 기도해 줄 사람들이 있는 교회의 셀로, 구역으로, 속회로, 전도회로, 청년부로 우리도 갈 수 있다. 혼자 풀어낼 수 없는 문제를 함께 손잡고 풀어줄 남편과 아내가 있는, 그야말로 집으로 가도 좋다. 온 가족이 가정예배를 드리며 세상에서 풀지 못한 그 문제를 함께 기도해 줄 수 있다.

〈한겨레〉 신문의 창간 멤버였던 박노성 장로님이 제작국장 시절, 신문사가 전산제작을 시작했을 무렵에 겪은 일이다. 윤전기의 컴퓨터에 갑자기 이상이 생겼다. 신문이 한쪽은 시커멓게 한쪽은 하얗게 나왔다. 고장 난 이유를 아는 사람이 아무도 없으니 회사가 발칵 뒤집혔다. 사장님도 나오고 직원들도 나와서 지켜보았지만 대책이 없었다. 그런데 그때 갑자기 박노성 국장이 전산실로 들어가서 컴퓨터를 감싸 안고 큰소리로 기도하기 시작했다. 아무런 방법이 없으니 기도가 더욱 간절할 수밖에 없었다. 그 모습을 지켜본 직원들이 수군거렸다. "박 국장 완전히 돌아버렸구먼"이라는 소리도 들렸다.

박 국장이 안수기도를 마치고 컴퓨터의 전원을 다시 넣으니 신문이 언제 그랬느냐는 듯이 깨끗하게 나왔다. 부리나케 신문을 찍어서 당시 서부역으로 보냈는데, 지방판을 실어 보내는 열차가 막 떠나기 직전이었다고 한다. 그때 박 국장은 예수님을 안 믿는 직원들도 "할렐루야!"를 외치는 소리를 듣고, 하나님께 너무 감사해서 캐비닛 뒤에서 눈물의 감사기도를 드렸다고 한다. 쉽게 일어나지 않는 일이지만 때로 기도는 일터에서 이런 놀라운 일도 일어나게 한다.

다니엘과 세 친구의 사생결단의 기도에 응답하신 하나님은 밤에 환상을 통해 느부갓네살 왕이 꾸었던 꿈을 다니엘에게 그대로 다시 보여주셨다. 멋진 우리 하나님은 '꿈을 찍는 사진사' 이시던가. 다니엘은 하나님이 보여주신 환상을 통해서 느부갓네살의 꿈을 해석했다. 하나님은 느부갓네살의 꿈에 대한 해석을 통해서 세계 역사의 흐름에 대한 비전을 보여주셨다. 앞으로 하나님이 주관하시는 세상이 어떻게 전개될지 알려주셨던 것이다. 그리고 다니엘 자신의 인생이 바벨론 궁궐에서 새로운 전기를 마련하는 계기도 준비하게 되었다.

느부갓네살 왕은 자기가 밤에 혼자 꾸었던 꿈의 내용을 마치 함께 본 것처럼 이야기하고 해석하는 다니엘의 능력에 놀라움을 금치 못했다. 왕이 다니엘 앞에 엎드려 절을 했다고 한다(단 2:46). 세상에서 직업을 가지고 살아가면서 느부갓네살 왕처럼 다니엘과 같은 탁월한 능력을 가진 아랫사람을 만나는 것은 복이 아닐 수 없다. 다니엘과 같은 직원이 있다면 안아주고 절이라도 하고 싶은 심정이 될 것이다. 느부갓네살 왕의 행동이 전혀 과잉행동처럼 보이지 않는다. 왕은 다니엘에게 감사의 뜻을 표하고 약속한 예물을 다 주었다. 그러고는 하나님의 이름을 이렇게 찬송했다. "너희 하나님은 참으로 모든 신들의 신이시요 모든 왕의 주재시로다. 네가 능히 이 은밀한 것을 나타내었으니 네 하나님은 또 은밀한 것을 나타내시는 이시로다"(단 2:47). 할렐루야!

다니엘이 하나님이 주신 능력을 가지고 사생결단의 기도를 하면서 사명을 완수하니, 이렇게 하나님을 믿지 않는 이방의 왕도 하나님을 찬양했다. 다니엘이 했던 일이야말로 예수님이 말씀하신 "착한 행실"(마 5:16)이었다. "이같이 너희 빛이 사람 앞에 비치게 하여 그들로 너희 착한 행실을 보고 하늘에 계신 너희 아버지께 영광을 돌리게 하라." 일터에서 아랫사람이 똑똑하고 일 잘하면 윗사람이 그 사람 앞에 엎드려 절을 하고 싶은 심정이 될 것이고, 결국 그 일은 개인의 영광이 아니라 하나님의 영광을 드러내는 일이 된다.

그 일이 있은 후 왕은 다니엘을 바벨론 온 나라를 다스리는 총리로 삼았다. 그런데 이게 무슨 벼락출세인가? 다니엘의 나이가 20대였거나 많아봐야 30대였을 텐데, 당시 세계최대 최강제국의 총리가 되다니!

일터선교사 다니엘의
'사람들', 영적 인맥

      그런데 일터를 변화시킨 일터선교사 다니엘의 이야기가 여기서 끝나지 않는다. 느부갓네살은 다니엘에게 바벨론 모든 지방을 다스리고 바벨론의 모든 지혜자의 어른이 되는 지위를 주었다. 그때 다니엘이 느부갓네살 왕에게 몇몇 인물을 추천했다. 다니엘은 자기의 친구들인 하나냐와 미사엘, 아사랴를 중요한 자리에 천거했다. 왕이 허락했고, 세 친구는 지방의 고위관리가 되어 일했으며, 다니엘은 왕궁에서 총리 일을 맡아 하게 되었다.

    다니엘이 자기와 함께하던 사람들을 추천한 것은 일종의 '코드 인사'라는 평가를 받을 수 있다. 만약 오늘날의 인사청문회를 했다면 다니엘의 세 친구는 어떤 평가를 받았을까? 꿈을 알아내고 해석한 다니엘이 총리 자리에 오른 것도 파격 인사이긴 했지만, 그의 친구들을 하루아침에 고위 관직에 앉히는 것은 엄청난 낙하산 인사나 정실인사(情實人事)가 아니었는가 말이다.

    전에 한 모임에서 강의할 때 이런 인사가 어떤 것인가 질문하자 공직에서 일하는 한 분이 정확한 답변을 했다. "포상 인사!" 그렇다. 다니엘은 불공정한 인사 추천을 했던 것이 아니다. 그의 세 친구는 다니엘이 꿈을 해석할 때 결정적으로 함께 기도하여 해결했던 사람들이니 공로가 분명했다. 정당한 포상 인사였다는 말이다.

    사실 따지고 보면 느부갓네살 왕의 신하들은 할 말이 없었다. 그들은 왕의 요구에 응하지 못해 모두 죽게 된 상황에서 그 젊은 새내기 네 명으로 인해 겨우 목숨을 부지할 수 있었다. 그러니 그들은 낙하산이니 정실이니 따지기 전에 다니엘과 세 친구에게 깊이 감사해야 할 판이었다.

전에 요셉이 감옥에서 외출 나온 그날에 갑자기 애굽 제국의 총리가 되었을 때도 마찬가지였다. 칠 년 풍년과 칠 년 흉년으로 바로의 꿈을 해석하면서 '7풍7흉 대비 애굽 발전 프로젝트'를 제시했을 때 애굽 왕 바로나 신하들은 모두 좋게 여겼다고 한다(창 41:37). 바로의 신하들의 입장에서 생각해보자. 자기들은 해석하지 못한 바로의 꿈을 요셉이 해석하고 시키지도 않은 대비책까지 완벽하게 제시했으니 요셉은 그들이 했어야 할 일을 해준 것이 아닌가? 속으로는 배가 아팠을지 몰라도 이방인으로 3년이나 감옥생활을 한 전과자요, 서른 살 애송이에 불과한 요셉의 총리 임명에 대해서 불만을 제기할 수 없었다. 당연한 포상 인사였기 때문이다.

험한 세상의 비즈니스 현장에서 일하며 혼자 버틸 수 있는 독불장군은 없다. 나와 마음이 통하고 비전이 같은 사람과 함께 교류하며 일해야 하고, 공동체의 비전을 성취할 수 있어야 한다. 직장생활을 할 때나 자기 사업을 할 때나 중요한 직책에 마음이 통하는 사람들을 앉히는 일은 당연하다.

한 나라의 정치에 있어 한쪽 경향으로 치우친 코드 인사는 우려의 대상이지만, 일을 하면서 핵심인력과 마음이 맞지 않으면 감정의 소모도 많고 실행력도 떨어진다. 크리스천의 입장에서 이것은 또한 영적 네트워킹이기도 하다. 함께 기도하면서 어려움을 풀 수 있고 비전을 함께 논의할 수 있는 동료들이라야 진정한 영적 우정을 나눌 수 있다. 다니엘과 세 친구가 바로 그런 관계였다. 이 세 친구가 신앙의 커다란 위기를 믿음으로 통과하기도 하면서(단 3장) 다니엘과 더불어 오랜 세월을 바벨론 정치현장에서 일했다.

그래서 정치적인 역량을 모았고, 결국 다니엘은 하나님의 통치를 당시 세계최대 최강제국을 통해 세상에 구현하는 역사를 이루었다. 그래서 유다 백성들의 귀환을 돕는 구체적인 일도 할 수 있었다. 다니엘서가 다니엘의 승승장구하는 출세에 대해서 설명하면서 이렇게 함께 정치현장에 있었던 친구들의 이야기를 기록한 것을 주목해야 한다.

바벨론 느부갓네살 왕의 시대와 메데 바사 제국의 다리오 왕, 그리고 고레스 왕의 시대까지 다니엘은 총리와 같은 유력한 지위를 가지고 있었다. 특히 페르시아 제국의 고레스 왕 원년까지는 다니엘이 정권에 확실한 영향력을 행사했다(단 1:21). 바로 그 해에 유다 백성들의 포로 귀환이 선포되었다. 고레스 왕이 조서를 내려서 포로가 되었던 히브리인들은 유다로 돌아가라고 했는데, 그 일에 다니엘이 직간접적으로 많은 영향을 미쳤다는 이야기이다(단 6:28). 일터선교사 다니엘의 '사람들', 그의 영적 네트워킹이 이런 놀라운 일을 가능하게 했다.

일터 현장에서 고군분투하며 일하다 보면 어렵고 힘든 문제가 생긴다. 당신도 그런 문제를 가지고 있는가? 그러나 문제가 있는 것이 문제는 아니다. 문제를 문제로 인식하지 못하는 태도가 문제이다. 또한 문제를 제대로 해결할 의지가 없고 무능함이 문제이니, 문제를 해결할 의지를 가지고 크리스천 직업인의 역량을 키워나가야 한다. 쉽게 풀리지 않는 문제를 하나님께 기도하면서 노력하는 것이 문제 해결의 한 방법일 수 있음을 꼭 기억하자.

그리고 함께 일하는 사람들이 결국 비즈니스의 성공을 좌우하는 중요한 요소임도 잊지 말아야 한다. '사생결단의 기도'와 '사람들'을 통해 문제를 해결하고, 또 그로 인해 네트워킹을 더욱 튼튼하게 형성할 때 우리는 세상에서 하나님이 우리에게 부여하신 귀한 '사명'을 완수할 수 있다.

일터선교사의 작전코드 '#444'를 아는가? 444는 장례식장 전화 국번이 아니고 일터선교사의 작전코드를 말한다. "사명-사생결단의 기도-사람들." 바로 이 '사사사'를 통해서 일터에 크리스천 공동체를 굳건히 세울 수 있다.

오늘날에도 세상 일터의 오너와 상사들은 "너는 내 사람이다" 라고
큰소리치면서 스스로 일터의 주인임을 강조한다.
거기서 우리 크리스천 직장인들은 실제로 일터를 주관하시는 분이 누구인지
보여줄 수 있다. 일터를 주관하시는 주인이신 하나님의 깃발을
높이 올리기 위해서 우리는 하나님의 형상을 닮은
크리스천 직장인의 이미지를 당당하게 보여주어야 한다.

크리스천 직장인의
이미지를
당당하게 드러내라

I

Image (명사)

① 상(像), 모습, 모양, 꼴.
② 꼭 닮음, 꼭 닮은 사람.
③ 형상, 이미지.

뭔가 다른 영적 티를
내며 일하는 크리스천

종교적 티를 내지 말고
영적 티를 내라

크리스천 직장인이 추구해야 할 세 번째 I영성은 Image이다. 이미지의 시대인 현대사회에서 우리 크리스천들이 이미지를 바람직하게 구축하는 것은 매우 중요하다. 작고하신 김인수 교수님이 크고 작은 몇몇 기업을 대상으로 설문조사 한 자료를 「관계-성숙한 그리스도인에 이르는 8가지」(최주희 지음, 죠이선교회출판부 펴냄)라는 책에서 보았다.

설문조사를 해 봤더니 직장인들의 근무 태도에 영향을 주는 요인들이 있었다고 한다. 연령, 성별, 학력, 출신지역 등이었다. 그런데 기독교 신앙은 근무 태도에 전혀 영향을 안 미친다는 결과가 나왔다. 크리스천들이나 넌크리스천들이나 일하는 태도에 아무런 차이가 없었다는 뜻이다. 그렇다면 크리스천들이 직장에서 하는 일을 주께 하듯이 하려는 의지가 없고, 그런 모습이 행동으로 나타나지도 않았다는 것인가? 오히려 기독교인들의 특성이 뭐냐고 안 믿는 사람들에게 질문했더니 많은 사람이 한마디로 '얌체'라고 답했다니 안타깝다.

일터에서 크리스천들이 더러 얌체 짓을 하기도 하는 모양이다. 희생하고 양보해야 할 부분에서 자기의 권리는 다 찾고 정작 의무로 해야 할 일은 빠지려고 한다면 '얌체'라고 비난받을 수 있다. 세상 사람들이 기독교와 크리스천들을 비난하고 몰아대는 경향도 있지만 우리가 반성해야 할 부분도 분명히 있다. 그동안 우리 크리스천들이 세상 속에서는 크리스천의 역할을 다하지 못했던 것이다. 세상 속에서 소금이어야 하는데 교회 안에서 서로 소금 뿌리고 있었다는 말이다. 교회 안에서만 소금이 되다 보니 지나치게 짠 크리스천이 되었다. 종교성이 잔뜩 부풀려진 기형적인 모습이 아닐 수 없다. 그러니 정작 빛과 소금이 필요한 세상에서는 맥을 못 출 수밖에 없지 않았는가?

우리가 세상에서 분명하게 우리의 이미지를 드러내 보여줄 수 있어야 하는데 그러지 못한 것, 이것이 문제이다. 크리스천들이 종교적 티만 내느라고 진정한 영성을 보여주지 못한 것이다. 물론 우리가 크리스천으로 티내는 것을 두려워하면 안 된다. 크리스천 직장인들 중에는 직장에서 '비밀 그리스도인'으로 지내는 사람들이 꽤 많다. 1세기를 살던 우리의 신앙 선배들은 박해를 피해 물고기 암호를 그리면서 미로 같은 지하무덤을 헤매고 다녔다. 그들은 자랑스러운 '비밀 그리스도인'이었는데, 21세기에는 예수 믿는 것이 밝혀지면 행동에 제약을 받고 불편하다고 숨기고 사는 딱한 비밀 그리스도인들이 제법 있다. 물론 직장에서 안 믿는 사람들과 전혀 구별되지 않고 할 것 다 하는데 예수 믿는다고 광고하고 다닐 수는 없다는 볼멘소리를 들을 수 있다. 그러니 직장에서 3년이 지나고 나서 예수 믿는 것을 발각당하는 비밀 그리스도인도 있다. "어, 부장님도 교회에 나가셨어요?" 알고 보니 그렇게 놀랐던 아무개 대리도 교회에 나가는 사람이었다는 것이 아닌가. 예수 믿는 사람이라는 비밀을 영업기밀보다 더 꽁꽁 감추고 다녔으니 딱하지 않을 수 없다.

예전에 직장사역연합의 대표 방선기 목사님이 자기는 구내식당에서 점심식사를 할 때 식사기도를 하지 않는다고 말하는 크리스천을 만난 적이 있었다. 왜 그러느냐고 물었더니 만약 식사기도를 하면 예수 믿는 것이 동료들에게 드러날 것인데, 일하다가 혹시 실수라도 해서 잘못을 하면 자기 때문에 하나님의 영광이 가려질 것이라고 했다. 그 말이 자꾸 기억이 난 방 목사님이 기도시간에 하나님께 여쭈어 보았다고 한다. 그랬더니 하나님이 생각 속으로 이런 응답을 해주셨다! "야야, 내 영광 그만 생각하라고 해라. 내가 걔한테는 영광 안 받아도 좋으니까 밥 먹을 때 그냥 기도하고 먹으라고 그래라."

뭘 그리 복잡하게 생각하는가? 일하면서 실수하지 않는 직장인이 어디 있는가? 식사기도를 하는 간단한 일조차 제대로 티내지 못한다면 어떤 대단한 모습으로 크리스천의 티를 내려는 것인가? 다니엘처럼 사자 굴에라도 들어갔다가 살아나오고, 그의 친구들처럼 풀무불에 들어갔다 살아나오는 이적으로 크리스천의 티를 내려는 가? 그런 놀라운 성령의 역사를 통해 티를 내는 것은 고사하고 겨우 종교적 티만 내고 있다면 부작용이 많다. 일터에서 일과시간에 성경을 보고, 수시로 기도하고 전화하면서 주로 사용하는 호칭이 '집사님, 장로님'이라면 직장에서 크리스천의 이미지에 먹칠하는 것이다. 세상 사람들은 소수 크리스천들의 그런 모습을 비웃으면서 크리스천들은 본래 그렇다고 매도하기도 한다.

우리가 어딜 가서나 당연히 크리스천인데, 일터에서 생활하다 보면 우리가 크리스천임이 감춰지지 않는다. 그것을 어떻게 억지로 감출 수 있는가? 억지로 감추지는 말라. 우리가 창피하거나 귀찮거나 어떤 다른 이유로 우리의 일터에서 예수 믿는 것을 못 드러내면 예수님이 슬퍼하신다.

입장을 바꿔놓고 한번 생각해보라. 내가 나의 딸과 함께 집 근처에 있는 한 쇼핑몰에 갔다고 가정해보자. 거기서 딸의 학교친구를 만났는데, 그 친구가 "어, 소정이구나. 근데 네 옆에 있는 분은 누구니?"라고 물어보았다. 그때 마침 휴가 중이어서 반바지 차림에 수염도 기르고 샌들을 신고 간 애비 모습이 창피했는지, 딸이 "으응, 그냥 좀 아는 아저씨야"라고 대답했다고 해보자. 만약 그랬다면 그런 대접을 받은 애비의 기분이 어떻겠는가? 아마 두고두고 석 달 열흘은 나의 딸을 구박할 것이다.

꼭 그런 꼴 아닌가? 우리가 일터에서나 세상에서 예수 믿는 티 안내고 감추고 살면 우리 주님이 이웃 아저씨로 무시당한 아버지의 기분을 느끼신다. 우리는 예수 믿는 티를 내야 한다. 종교적 티가 아닌 영적 티를 내야 한다. 다니엘은 이방의 제국에서 정치인으로 일했으면서도 자신의 하루 일정 속에 기도시간을 세 번 넣어서 하나님을 믿는 사람이라고 티 내는 것을 두려워하지 않았다. 기도 금령이 내려진 것을 알았으면서도 목숨 걸고 그런 용기를 보였다(단 6:10).

이렇게 티 내는 모습이 바로 크리스천의 이미지를 드러내는 것이다. 물론 다니엘은 하나님을 믿는 사람의 티를 냈지만, 업무 규정을 어기는 것이었거나 책잡힐 만한 일을 한 것이 아니었다. 만약 그랬다면 다니엘을 고발하기 위해서 혈안이 되어 있던 정적들이 그 호재를 그냥 넘기지 않았을 것이다. 아마도 다니엘이 기도한 시간은 아침·점심·저녁 식사시간인 것으로 보이고, 그 시간에 다니엘이 관저로 돌아가 기도한 것으로 보는 것이 자연스럽다.

바벨론 궁궐에서
하나님의 대사(大使)였던 다니엘

다니엘이 그의 일터에서 하나님의 사람으로서 이미지를 드러낸 것은 일관된 삶의 특징이었다. 그가 당당하게 하나님의 사람으로 드러났던 다니엘 4장의 사건을 살펴보자.

이 사건은 주전 605년에 즉위하여 562년까지 긴 기간 통치했던 느부갓네살 왕의 치세 기간 마지막에 왕이 앓았던 7년간의 치명적인 질병과 연관된 내용이다. 왕은 병을 앓다가 정신이 돌아와 다시 왕위를 회복했는데, 그때 깨달은 하나님의 능력에 대해 조서를 통해 밝히고 있다. 물론 그가 지금까지 굵직한 사건만으로도 두 번이나(2장의 신상에 관한 꿈 해석사건과 3장의 풀무불 생환사건) 하나님의 능력에 대해 직접 체험했지만 하나님만을 섬기는 절대적 의미의 신자는 아니었다.

이 시기는 바벨론 제국에 특별한 일이 없는 평화기였는데 하나님은 꿈을 통해 그에게 두려움을 주셨다(단 4:5). 이번에도 바벨론의 신하들 중 아무도 그 꿈을 해석하지 못했고 결국 다니엘이 해석했다. 그런데 느부갓네살 왕은 다니엘만이 자기가 꾼 꿈을 해석할 줄 알았으면서도 다니엘을 부르는 호칭에서부터 치리자의 은근한 교만을 보여주고 있다. 그는 다니엘을 가리켜 "그는 내 신의 이름을 따라 벨드사살이라 이름한 자요"라고 표현하거나 그에게 "거룩한 신들의 영이 있는 자"라고 말하고 있다(단 4:8). 자신이 바벨론 제국의 주관자인데 신하들 중에서 조금 더 능력 있는 신하가 바로 다니엘이라는 허장성세였다. 이런 상황에서 다니엘은 하나님을 믿는 사람의 이미지를 분명하게 드러냈다.

꿈을 해석하는 과정에서 다니엘은 딜레마를 경험했다. 다니엘은 하나님의 대리인이었고, 동시에 느부갓네살 왕의 신하였기 때문이다. 왕의 신하로서 왕에게 기쁨을 주는 해석을 해주기 원했으나 느부갓네살 왕에게 매우 좋지 않은 해몽 내용 때문이었다.

견고하여 하늘에 닿으며 온갖 새들이 가지에 깃들이는 나무는 바로 온갖 권세와 영화를 누리는 느부갓네살 왕과 바벨론 왕국을 가리키는 것이었다(단 4:20-22). 그러나 한 순찰자, 거룩한 자가 내려와 나무를 베고 그루터기를 남기는 것은 바로 느부갓네살 왕의 미래에 대한 예언이었다. 바벨론을 하나님이 다스리는 줄 깨닫지 못하는 왕이 7년간 들짐승과 같이 들에서 지내는 병에 걸려 하나님을 깨닫게 된다는 해석이었다.

왕의 꿈에 담긴 해석의 내용을 가감 없이 모두 이야기한 다니엘의 태도에서 우리가 배워야 할 것이 있다. 모든 사실을 다 이야기한 후에 다니엘은 이렇게 말하고 있다. "그런즉 왕이여 내가 아뢰는 것을 받으시고 공의를 행함으로 죄를 사하고 가난한 자를 긍휼히 여김으로 죄악을 사하소서. 그리하시면 왕의 평안함이 혹시 장구하리이다"(단 4:27). 단호하게 하나님의 뜻을 전하면서도 단서를 달고 있다. 왕이 태도를 바꾸어 하나님을 인정한다면 하나님의 계획이 바뀔 수 있다는 가능성을 제시하며 왕에게 회개를 촉구했다.

이렇게 다니엘은 그의 일터에서 선지자의 사명을 다했다. 우리가 세상을 대하는 자세가 바로 이래야 한다. 직장생활을 하면서 오래된 비리를 알게 되거나 회사의 미래나 여러 가지 문제에 대해 하나님의 분명한 뜻을 알게 될 때, 특히 그것이 부정적인 내용이라면 다니엘처럼 고민할 수 있다. 그러나 진정 그들을 사랑한다면 그 사실에 대해 분명하게 지적하면서 경고할 수 있어야 한다. 돌이켜 회개하여 하나님의 용서를 받을 수 있는 길을 제시할 수 있다. 이런 다니엘의 태도가 그의 일터에서 남다르게 일하는 크리스천의 이미지였다.

결국 다니엘의 회개 권유를 받아들이지 않았던 느부갓네살 왕은 1년 후 다니엘이 예언한 희귀한 질병에 걸렸다. 왕은 7년 동안 왕궁에서 쫓겨나 생활했는데, 소처럼 풀을 먹으며 머리털이 독수리 털과 같이 변하고 손톱이 새의 발톱같이 변하는 가운데 험한 세월을 보냈다. 다니엘의 예언대로 7년이 지난 후 다시 느부갓네살이 왕위에 복귀했다. 정치마당의 현실로 판단하면 불가능해 보이는 일이었으나 하나님이 보여주신 꿈과 예언대로 왕위에 복귀했다. 느부갓네살 왕은 자기가 마치 바벨론의 역사를 주관하는 줄 착각하며 행동했으나 호된 경험을 하고 나서 결국 하나님을 찬양할 수밖에 없었다(단 4:37).

바벨론 왕국에서 제왕적 권력을 가진 사람은 느부갓네살 왕이었지만 왕국을 실제로 주도하는 사람은 다니엘이었다. 다니엘은 바벨론에 주재하던 하나님의 전권대사(全權大使)였다. 하나님이 다스리시는 바벨론을 움직이게 하는 실세 리더였다. 마찬가지로 오늘 우리도 우리가 속한 일터에 주재하는 하나님의 대사 역할을 해야 한다. 하나님의 대리인으로서 하나님의 뜻을 세상에 알리는 중요한 역할을 할 수 있다.

당당하게 죄를 지적하는
선지자의 이미지

이런 당당한 모습은 바벨론 왕국이 망해갈 무렵인 벨사살 왕 때에도 다니엘의 독특한 이미지로 유감없이 드러났다. BC 562년에 느부갓네살 왕이 죽은 후 그의 아들 에윌므로닥이 2년간 바벨론을 통치했다. 그러나 에윌므로닥의 매형인 네르갈사레셀 장군이 처남을 죽이고 왕위에 올랐고, 4년 뒤에는 그의 아들이 왕위를 계승했다. 그러나 9개월 후 나보니더스가 반란을 일으켜 BC 556년부터 16여 년 동안 바벨론을 통치했다. 벨사살은 나보니더스의 아들로 당시 섭정통치를 하던 왕이었다. 나보니더스는 주로 해외원정을 나갔고, 벨사살은 수도를 방어하며 통치하고 있었다. 고레스가 지휘하는 신흥 메대 바사의 군대가 나보니더스의 군대를 무찌르고 수도를 향해 진군할 때에도 벨사살 왕은 사태를 온전히 파악하지 못하고 있었다. 그가 수비하던 바벨론 궁이 천혜의 요새였고 막강한 방어진지를 구축하고 있었기 때문이었다.

벨사살 왕은 60여 년 전 느부갓네살 왕이 예루살렘 성전에서 약탈해온 금은 그릇으로 술을 마셨다. 그들은 그렇게 하나님을 조롱하면서 자신들의 신을 찬양했다. 그 와중에 벽에 사람의 손가락이 나타나서 알지 못할 글자를 쓰는 것을 보고 사람들은 혼비백산했다. 역시 이번에도 그 글자를 해독할 수 있는 사람은 아무도 없었다(단 5:1-9).

오늘날 우리의 일터나 세상도 이 바벨론 궁궐과 같이 흥청거린다. 건전한 가치나 미덕보다는 성공과 사치와 방탕을 목표로 경쟁하는 듯한 인상을 준다. 이런 세상 속에서 과연 다니엘은 어떻게 크리스천 직업인의 이미지를 드러냈는가? 잔치 자리에서 들려온 위급한 소식을 들은 태후가 느부갓네살 왕 때 오랫동안 총리로 일했던 다니엘을 추천했다. 그래서 아마도 당시에 정치 최일선에서 물러나 있었거나 은퇴했던 것으로 보이는 다니엘이 벨사살 왕 앞으로 불려왔다.

다니엘은 부와 성공을 좇는 모리배 정치인들과 달리 훌륭한 인격을 지니고 있어서 글자를 해석하면 많은 상금을 주고 총리로 삼겠다는 제안을 물리쳤다. 글자는 분명하게 해석하되 상금은 왕이 가지고, 총리 자리는 다른 사람에게 주라고 했다. 그 후 다니엘은 하나님이 쓰신 벽의 글자를 정확히 해석하여 조금도 흐트러짐 없는 자세로 왕에게 해석을 알려주었다(단 5:13-24). 이런 분명하고 당당한 자세가 오늘 우리 직장인들이 일터에서 가져야 할 크리스천 이미지이다. 당당하게 자신의 능력을 발휘하여 사람들에게 인정받을 뿐만 아니라 훌륭한 인격도 갖추고 있어서 존경받는 모습이다.

다니엘은 글자를 해독하기 전에 벨사살 왕에게 바벨론의 역사를 회고하도록 하였다. 느부갓네살 왕의 오랜 권세가 하나님이 주신 것인데, 그가 하나님의 능력을 인정하지 않고 교만해졌을 때 왕위를 빼앗기고 들짐승처럼 지냈음을 상기시켰다. 하나님은 인간 나라의 통치자들에게 권세를 주기도 하고 빼앗기도 하심을 분명하게 말하였다(단 5:20-21). 이렇게 다니엘은 벨사살 왕을 책망했다. 방탕한 술자리로 하나님을 모독하고 이방 신상들을 찬양한 우상 숭배를 질

책하였다(단 5:23). 그리고 다니엘은 "하나님이 이미 왕의 나라의 시대를 세어서 끝나게 하셨고(메네 메네), 왕이 저울에 달려서 부족하였고(데겔), 왕의 나라가 나뉘어 메대와 바사 사람에게 준 바 되었다(베레스)"는 문자의 해석을 왕에게 알렸다(단 5:26-28).

이전에 다니엘이 느부갓네살 왕에게 당당하게 하나님의 뜻을 전했던 것처럼 벨사살 왕에게도 서슴없이 하나님의 뜻을 전하는 모습을 보라. 하나님의 정확한 안목으로 역사를 분석하고 평가하면서 당대 최고의 권력을 가진 통치자를 야단치고 있다. 다니엘이야말로 선지자 중의 선지자였다. 이렇게 하나님의 권위를 가지고 당당하게 세상과 일터의 사람들을 지적할 수 있는 선지자의 이미지가 오늘 우리 크리스천 직장인들에게도 필요하다.

오늘날에도 세상 일터의 오너와 상사들은 "너는 내 사람이다"라고 큰소리치면서 스스로 일터의 주인임을 강조한다. 거기서 우리 크리스천 직장인들은 실제로 일터를 주관하시는 분이 누구인지 보여줄 수 있다. 일터를 주관하시는 주인이신 하나님의 깃발을 높이 올리기 위해 우리는 하나님의 형상을 닮은 크리스천 직장인의 이미지를 당당하게 보여주어야 한다.

능력과 경력을 갖춰야 하고, 하나님의 사람으로서 세상을 바라보는 안목과 영력도 가져야 하며, 훌륭한 인격도 가져야 한다. 이런 이미지를 보여줄 때 우리는 방탕한 세상과 흥청거리는 일터에서 당당하게 상황을 진단하고 구체적으로 나아갈 방향을 제시하여, 결국 세상을 변화시킬 수 있다.

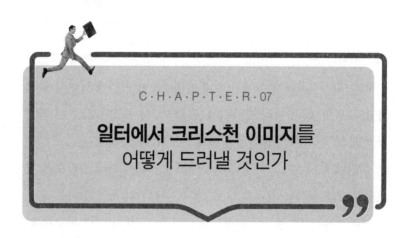

일터에서 크리스천 이미지를
어떻게 드러낼 것인가

풍랑으로 세상이 고통받을 때
책임을 다하라

　　아직도 끝나지 않은 세계 경제의 위기로 많은 사람이 힘든 삶을 살고 있다. 하긴 호황이고 살기 편한 때는 언제였는지 별로 기억나지 않지만, 우리는 "캄캄한 밤 사나운 바람 불 때~"라는 찬송이 적합한 시기를 살고 있다. 호들갑을 떨 필요도 없지만 위기의식을 애써 감출 필요도 없다. 세상이 흔들려서 죽겠다고 아우성일 때 우리 크리스천들은 무엇을 하고 있는가? 세상에 진정한 리더가 없는 시대, 정치인도 경제인도 문화인도 리더의 역할을 하지 못하는 때에 우리가 가지고 있는 자세는 무엇인가? "이 세상에 지도자가 없다. 이 세상이 망해가는구나!" 그렇게 한탄하고 한쪽 구석에 쭈그리고 앉아서 세상이 망해가는 것을 지켜보겠는가? "걱정이란 말은 내 사전엔 없다! 천하태평, 나 하나 살고 보자!"고 외치던 요나의 모습으로 살아서야 크리스천이라고 할 수 없을 것이다. 성경에 보면 풍랑이 일어났을 때 쩔쩔매던 사람들도 있다. 예수님의 제자들이었는데 그들은 예수님을 모시고 항해하는 사람들답지 못했다. 그들이 풍랑을 만난 것은 틀림없지만 그 배에는 세상의 창조주이신 하나님의 아들 예수님이 타고 계시지 않았던가!

풍랑을 만났을 때 진정 책임 있는 모습을 보인 한 사람이 있다. 우리가 위기의 시절에 크리스천 이미지를 생각해 볼 수 있는 사람이다. 그는 사도 바울이었다. 바울은 죄수의 몸으로 로마로 호송되고 있었으나 그의 권유를 물리친 무리한 출항으로 배는 지중해 한가운데서 풍랑을 만났다. 그 상황에서 바울은 자기 말을 듣지 않았던 사람들이 처한 위기에 대해 나 몰라라 하지 않았다. 그때 바울이 나섰다. 풍랑이 몰아치는 바다에서 사람들은 모두 좌절하고 쓰러져 있을 때 바울은 미래를 보았다. 하나님이 보낸 천사를 통해서 그들의 미래가 어떻게 되는지 알고 있었다. 그는 풍랑 몰아치는 바다 위에서 리더였다. 세상을 이끌어가는 참된 리더는 세상이 죽어가고 있을 때 살려내는 사람이다. 우리 크리스천의 이미지가 바로 이런 모습이다.

그들이 바울의 예언대로 파선한 배를 버리고 헤엄쳐서 도착한 섬이 바로 멜리데였다. 그곳에는 원주민들이 살고 있었다. 이곳에서 있었던 사건을 사도행전 28장이 자세하게 기록하고 있다. 이 섬에서 활동하는 바울의 모습을 통해 세상 속에서 살아가는 그리스도인의 이미지가 어떠해야 하는지 메시지를 발견할 수 있다. 그는 어떻게 크리스천의 이미지를 드러내었는가?

바울은 나무 한 묶음을 거두어 모닥불에 넣었다(행 28:3). 원주민들이 바닷물에 다 젖어 뭍으로 올라온 죄수들에게 호의를 베풀어 피워준 불이었다. 그런데 바울이 나서서 나무를 한 묶음이나 해 와서 불길을 돋우었다. 그 안에 뱀이 들어 있는 것도 모를 정도로 꽤 많은 양의 나무였던 것 같다. 이런 바울의 행동은 무엇을 말해주는가? 사실 그것은 바울에게 있어서 귀찮은 일이었다. 원주민들이 하는 일이니 하지 않아도 되었다. 더구나 바울은 나이도 많은 사람이었고 유라굴로 광풍을 만났을 때 그 배 안의 모든 사람을 다 살려냈다. 죄수이긴 했으되 일종의 '스타 죄수'였다.

그런데도 바울이 이렇게 솔선해서 귀찮은 일을 했다면 바울은 여기서 '착한 일'을 한 것이다(마 5:16). 우리가 일터에서 바울처럼 이렇게 착한 일을 해보자는 것이다. 우리가 일터에서 솔선수범해서 착한 일을 할 때 사람들은 인정해준다. 하지 않아도 되는 일, 가만히 있어도 누가 뭐라고 하지 않는 그런 일을 해야 한다. 사람들이 이렇게 조롱할 수도 있다. "야, 저 사람 쇼하네! 예수 믿어서 그런지 쇼맨십이 강해!" 우리가 하는 행동이 정말 착한 일인가, 아니면 쇼맨십인가 확인할 수 있는 방법이 있긴 하다. 3박 4일간 하는가, 아니면 1년이 지나도 계속 하는가 확인해보면 된다.

바울이 이런 행동을 한 것은 단발적인 선행이 아니었다. 사람들이 추워서 떨 때 불을 피워 돌봐주는 것은 사람들을 귀하게 여기는 그의 관심 때문이었는데, 바울의 삶에 있어 일관된 모습이었다. 유라굴로 광풍을 견디는 배 위에서도 바울은 사람들이 음식을 먹도록 권면했다. 그 사람들을 하나라도 잃지 않기 위해서 다른 짐을 바다에 던지더라도 인명을 살리기 위해 노력하는 사람 중심의 가치관을 이미 보여주었다(행 27:33-36). 바울은 사람을 생각하는 사람이었다. 우리 그리스도인들은 사람을 우선적으로 생각해야 한다. 그런데 사람을 생각하지 않는 사람이 의외로 많다. 사람을 생각하지 않는 기업도 많다. 사람을 생각하지 않는 교회도 많이 있다. 그렇게 되면 안 되는데 그런 잘못을 저지르니 안타깝다.

사람에 따라 성격은 차이가 좀 나도 사람을 생각하는 따뜻한 인격은 누구나 가지고 있어야 한다. 일하는 유형에도 일 중심이거나 사람 중심인 차이가 있지만, 일 중심인 사람도 사람을 먼저 생각하는 따뜻함을 갖추어야 한다. 바울은 대표적인 일 중심 타입이었다. 그런데도 사람을 생각했다는 것이 중요하다. 그것이 생활 속에서 인격과 신앙으로 나타나게 된다. 우리의 기업이나 심지어 교회를 보더라도 대부분의 성장과 부흥은 지도자의 강력한 카리스마의 결과인 경우가 많다. 그 과정에서 사람을 희생하는 경우가 많은데 이것은 문제가 아닐 수 없다. 성장과 부흥을 기대하고 노력해야 하지만 사람을 희생한다면 설령 그렇게 부흥해도 곤란해진다.

그런데 이렇게 사람을 생각하면서 착한 일을 하다가 어려움을 당할 수도 있다. 괜한 고생을 할 수도 있다. 어떻게 예수 믿는 사람이 저런 일을 당할 수가 있냐고 혀를 차는 소리를 들을 수도 있다.

바울이 그랬다. 나무를 불에 넣는데 나뭇단 사이에 있던 독사가 바울의 손을 물었다. 통속적인 사상으로 볼 때 바울이 선행을 하다가 당한 불행은 세상의 인과응보 사상을 분명하게 보여주는 것이었다. 원주민들이 말한다. "진실로 이 사람은 살인한 자로다. 바다에서는 구조를 받았으나 공의가 그를 살지 못하게 함이로다"(행 28:4). 유명한 사극 영화의 명대사 같지 않은가?

우리도 때로 선행을 하면서 어려움을 겪을 수도 있다. 그러나 그렇더라도 우리는 선행을 계속해야 한다. 세상 속에서 우리의 크리스천 이미지는 어려움이 있다고 쉽게 포기하지 않고 계속 노력할 때 드러난다. 마침내 "야, 이 사람 정말 예수 믿는 사람이네!"라고 사람들이 감탄할 수 있도록 조금 더 노력해야 한다. 어려움을 극복하면서 착한 행실을 계속 해낼 때 세상 사람들은 우리가 크리스천인 것을 결국 알게 될 것이다. 아직도 크리스천들이 있기에 "세상이 내일 끝나지는 않겠다"고 사람들은 안심하게 된다.

하나님이 베푸시는 놀라운
영적 능력을 발휘하라

바울의 선행이 가져온 위기는 크리스천의 이미지를 보여주는 두 번째 요소를 유발했다. 그것은 하나님의 이적을 체험하는 일이었다. 바울은 독사에 물렸는데 그 뱀을 털어 불에 떨어뜨

려버리고는 멀쩡했다. 이 일은 예수님이 승천하실 때 말씀하신 예언을 직접적으로 이룬 것이기도 하다. "뱀을 집어올리며 무슨 독을 마실지라도 해를 받지 아니하며 병든 사람에게 손을 얹은즉 나으리라"(막 16:18).

그리스도인이 일으키는 이적에 대한 한 가지 이해를 나는 이렇게 표현하고 싶다. '하나님이 함께하셔서 크리스천의 이미지를 강력하게 드러낼 수 있는 기회.' 이 일은 오늘 우리 시대에도 얼마든지 있을 수 있고, 우리도 하나님의 강력한 능력을 통해 우리의 크리스천 이미지를 드러낼 수 있어야 한다. 병자가 낫고, 불가능한 일이 덜컥 이루어지고, 평상적이던 일이 급전직하 비상사태로 돌변해서 사람을 놀라게 할 수 있다. 이런 일이 크리스천 이미지를 보여줄 수 있다. 이런 일이 사흘 걸러 한 번씩 있기는 힘들지만 우리가 성령 충만해서 살아가다 보면 우리도 이런 놀라운 이적을 경험할 수 있다.

이 사건이 있은 후 바울은 열병과 이질에 걸린 추장의 아버지를 안수기도해서 낫게 했다(행 28:8). 이런 경험을 해본 적이 있는가? 지금도 성령의 충만함을 통해 이런 일이 일어나고 있다. 이런 강력한 이미지를 드러내는 이적을 볼 때 세상 사람들은 크리스천들을 다르게 본다. 다르게 볼 수밖에 없다. 그러면 우리의 삶 속에서 일어나는 이런 이적을 어떻게 이해해야 하는가? 나는 이적이 우리의 삶 속에서 신유의 은사나 이적을 일으키는 영적 은사만을 말한다고 이해하지는 않는다. 일터에서 보다 현실적인 일들 가운데 우리의 일상생활에서 일어날 수 있는 이적도 얼마든지 있다.

이랜드그룹의 박성수 회장은 지금껏 30년이 넘게 회사를 경영하면서 기도의 체험을 많이 한 분이다. IMF로 어렵던 시절, 회사가 부도 위기에 처하자 주거래 은행이 박성수 회장에게 피신을 권유했다고 한다. 그러나 그렇게 하지 않았고 중역들과 함께 금식하며 여러 날 하나님께 간구했다. 기도하는 것 외에는 다른 방법이 없었기에 믿음을 가지고 합심해서 하나님께 기도했다. 그런데 그 주간에 부도가 나기 직전 외국인 투자자가 5천만 불을 투자하기로 하여 심각한 재정적 어려움을 극복할 수 있었다고 한다. 전적으로 하나님이 행하신 기적이었다. 이후 한 건의 투자가 더 들어와 완전히 회사가 회생할 수 있었다.

크리스천들은 이런 기적 같은 일을 종종 체험한다. 자신들이 문제를 해결하기 위해 노력해본 것이 있다면 "내가 열심히 해서 가능했다"는 말이라도 할 수 있을 텐데, 기도밖에 한 것이 없으니 전적으로 하나님이 하신 일임을 고백할 수밖에 없는 것이다. 치열한 일터 현장에서 이렇게 기도할 대상이 있고, 기도로 심각한 어려움을 해결할 수 있다는 사실은 매우 큰 복이며 동시에 특권이 아닐 수 없다.

일상 속에서 착한 일로
크리스천 이미지를 드러내라

영화 〈사랑의 블랙홀〉(Groundhog Day, 1993, 해롤드 래미스)

감독)은 개봉관에서 상영되지는 않았지만 매우 좋은 영화이다. '나는 왜 이리 매일 같은 일만 반복하며 살아야 하나?'라고 푸념해 본 경험이 있는 사람들에게 좋은 답을 주는 영화이다.

TV방송국의 기상 통보관인 필은 해마다 2월 2일이면 성촉절(聖燭節, Candlemas) 취재를 하러 펜실베이니아 주의 소도시인 펑수타니까지 가는 것이 못마땅했다. 두더지에게 "그림자를 봤냐?"고 물어서 봤다고 하면 여섯 주 뒤에나 겨울이 끝나고, 못 봤다고 하면 봄이 가까이 왔다고 하는 미신 같은 일을 방송하는 것이 따분하고 권태로웠다.

그래서 그 해 2월 2일에도 성촉절 아침 일곱 시쯤의 생방송을 위해 아침 여섯 시에 일어나 취재 장소로 나간 필은 그저 대충 방송을 마치고 서둘러 돌아가려고 했다. 그런데 눈이 많이 내려 마을을 떠날 수가 없었다. 꼼짝없이 하루를 더 묵어야 했는데 문제가 생겼다.

다음날 아침에도 똑같이 여섯 시에 라디오 시계가 울리고 같은 음악이 들렸다. 문을 나서자 만나는 사람도 똑같고, 길에서 만난 거지와 고등학교 동창인 보험 영업사원도 동일하게 만났다. 물웅덩이에 한쪽 발이 빠지는 것도 똑같고, 공원에 가니 어제처럼 성촉절 축제를 하고 있는 것이었다. 또다시 그 지겨운 아침 방송을 해야 하는 것이다.

그렇게 지겨운 날이 계속 반복된다. 필은 만나는 사람들에게 짜증을 내고 방송도 엉망으로 내보내고 술을 마시며 푸념하기도 한다. 반복되는 날이 계속되면서 그 도시에 있는 사람들이 하는 일을 다

외우기도 하여 현금 호송차에서 돈을 도둑질하기도 한다. 하도 화가 나서 아침마다 라디오 시계를 부수기도 하고, 봄을 알려준다는 두더지 호송차를 납치해 달아나기도 하고, 자살을 시도하기도 한다. 하지만 언제나 깨어보면 그날 2월 2일 아침이었다.

그 와중에도 필은 평소에 관심이 있었던 PD 리타에게 관심을 보였다가 뺨을 수없이 맞았다. 그런데 그 지루한 날이 학습효과를 가져다주었다. 드디어 진정으로 한 사람을 사랑하는 것이 무엇인지 깨닫게 된다. 조건이나 보상을 바라는 것이 아니라 마음을 다해 사랑하는 것이 무엇인지 깨닫고 리타에게 진심으로 사랑을 고백한다. 그러자 세상의 주인인 듯 교만하던 필이 겸손해졌다.

바로 이 사랑이 필의 지겨운 삶에 변화를 가져 왔다. 사랑을 고백하니 필이 사람을 대하는 태도가 달라졌다. 그래서 지겹게 만나는 사람들에게도 반갑게 인사하고 피아노를 열심히 배우기도 한다. 얼마나 많은 날이 지나갔는지 나중에는 훌륭하게 재즈곡을 연주한다. 매일 만나는 걸인 노인에게도 찾아가서 인사하고 죽어가는 그에게 인공호흡을 시도하며, 결국 따뜻하게 떠나보낸다. 보험중개인 동창생에게는 보험을 전부 들어주고, 아이가 나무에서 떨어지려하자 시간 맞추어 가서 구해준다. 할머니들이 탄 차의 펑크 난 타이어를 수리해주기도 한다. 음식이 목에 걸린 응급환자도 살려준다.

중요한 것은 성촉절 아침 방송을 하는 필의 멘트가 바뀌었다는 것이다. "안톤 체홉은 추운 겨울을 절망의 계절로 묘사했지만 겨울도 인생의 한부분입니다. 지금 이곳 평수타니 시민들과 함께 봄을 기다리는 제 마음은 그 어느 때보다도 따뜻하고 행복합니다."

이렇게 달라진 필이 리타에게 이렇게 고백한다. "내일이 어떻게 되든 난 오늘 행복하오." 성경 구절이 절로 떠오른다. "그러므로 내일 일을 위하여 염려하지 말라. 내일 일은 내일이 염려할 것이요 한 날의 괴로움은 그 날로 족하니라"(마 6:34). 필은 그야말로 일상의 시간인 '크로노스'에서 하나님의 뜻과 섭리가 담긴 결단의 시간인 '카이로스'를 경험한 것이다. 오늘과 내일에 대한 고백이 가능하게 하는 단서인 "그런즉 너희는 먼저 그의 나라와 그의 의를 구하라. 그리하면 이 모든 것을 너희에게 더하시리라"(마 6:33)는 구절도 생각난다. 우리 크리스천들에게는 필의 깨달음이 바로 이런 우리 인생의 전제에 대한 수긍으로 이해되어야 한다.

필이 하루의 일상에 감사하면서 일하는 자세를 바꾸자 드디어 내일이 왔다. 아침에 눈을 떠 창문을 여니 아름다운 눈이 펑수타니 거리를 온통 뒤덮었다. 그렇게도 고대하던 날, 2월 3일이 되었다. 기나긴 하루가 그렇게 끝난 것이다.

그런데 이 영화 속의 필이 펑수타니에서 보낸 날은 며칠이나 될까? 영화 속에서는 30여 일인데, 한 인터넷 사이트에서 계산한 것을 보았다. 그랬더니 무려 33년 358일 320분이었다! 어떻게 이런 계산이 가능할까? 필은 카드를 그릇에 던져 넣는 일을 6개월 간 연습해서 원하는 대로 집어넣고, 재즈 피아노 연주를 수준급으로 한다. 얼음 조각을 멋지게 만들 수 있게 되었고, 식당에서 그릇 깨지는 소리가 나는 순간도 정확히 계산할 정도였다. 그렇게 오래 지냈다는 것이다.

이 34년 쯤 되는 시간은 우리 직업인들이 평생 일하는 시간과 비슷하지 않은가? 중요한 의미가 함축되어 있다. 오늘 우리는 우리에게 주어진 시간, 권태롭게 반복하는 듯한 날에 대한 의미를 되새겨야 한다. 생각의 변화를 가져와야 한다. 반복되는 일상을 감사하는 마음 자세로 착한 일을 하며 살면 그것이 바로 복된 인생이라는 것이다. 이런 생각의 변화, 성경적인 직업관을 이해함으로써 우리는 삶의 변화를 가져올 수 있다. 이런 삶이 바로 일터선교사의 멋진 이미지를 드러내준다.

용기를 내면
전도의 기회도 생긴다

우리가 일터에서 크리스천의 이미지를 드러내는 경험을 하기 위해서는 용기가 필요하다. 하나님의 능력을 전적으로 의지하면서 성령에 충만할 때 일터에서도 이적을 체험하는 은혜를 누릴 수 있다. 이런 영적 능력의 체험은 두 가지를 가능하게 한다. 하나는 전도이다. 멜리데 섬에서 추장의 아버지가 고침을 받았다는 소문이 나자 섬의 다른 병자들이 와서 바울에게 고침을 받았다(행 28:9). 기록은 하지 않았지만 수많은 사람이 고침을 받았을 텐데 자연스럽게 바울은 그들에게 복음을 전했을 것이다. 전도를 가능하게 했던 요인

하나가 바로 바울이 행한 이적이었다.

또 하나의 유익은 바울의 능력을 본 멜리데 섬 사람들이 죄수들에게 대단히 융숭한 대접을 했다는 것이다(행 28:10). 바울의 영적 능력으로 인해 그들이 감화를 받았기 때문이다. 바울이 가진 영적 능력은 이렇게 사람들에게 실제적인 유익을 가져다주었다. 세상 사람들이 우리 크리스천들로 인해 덕을 본다면 왜 우리를 미워하겠는가? 우리가 지닌 영성으로 인해 우리의 주변 사람들이 복을 받게 하는 이런 일이 바로 전도이다. 예전에 요셉이 이렇게 어딜 가서나 복의 근원이 되지 않았는가(창 39:5,23). 우리로 인해 많은 사람이 복을 받을 때 우리는 세상과 일터에서 진정한 크리스천의 이미지를 드러낼 수 있다.

소설 「이반 데니소비치, 수용소의 하루」(민음사 펴냄)에서 알렉산드르 솔제니친이 멋진 크리스천의 이미지를 보여주고 있다. 소설은 이반 데니소비치 슈호프가 겪은 하루의 일에 대해서 다루고 있는데, 슈호프가 수용소 안에서 만난 한 멋진 크리스천의 모습을 보여준다. 그는 바로 침례교도 알료쉬카이다. 알료쉬카는 침례교도로 그리스정교를 믿지 않는다는 신앙적 이유로 25년 형을 언도받고 수감되었다. 그는 기도로 하루를 시작하고, 수첩에 적은 복음서를 종종 소리 내며 읽어서 전도하려는 열정을 가진 사람이다. 그런데 단순한 종교적 티만 내는 것이 아니라 진정한 크리스천의 모습을 보여준다. 슈호프는 알료쉬카에게서 크리스천의 이미지를 보았다.

이 알료쉬카는 영창에 가지 않은 것을 감사한다면서 하나님께 기도하는 슈호프의 말을 놓치지 않고 하나님을 향한 영혼의 관심을 일깨운다. 영혼에 관한 기도를 드려야 한다고 슈호프를 설득하는 알료쉬카는 자유를 원하는 기도를 드려서는 안 된다면서 이렇게 말한다. "뭣 때문에 당신은 자유를 원하는 거죠? 만일 자유의 몸이 된다면, 당신의 마지막 남은 믿음마저도 잃어버리게 될 거예요. 감옥에 있다는 것을 즐거워하셔야 해요! 그래도 이곳에선 자신의 영혼에 대한 생각을 할 수 있으니까요. '여러분이 어찌하여 울어 내 마음을 상하게 하느냐? 나는 주 예수의 이름을 위하여 결박당할 뿐 아니라 예루살렘에서 죽을 것도 각오하였노라!'라고 하신 말씀을 우린 명심해야 해요."

그러자 슈호프는 생각한다. '알료쉬카가 거짓말하는 것은 아니다. 그의 목소리와 눈을 바라보면 정말로 그는 감옥에 있는 것을 즐거워하고 있는 것처럼 여겨진다.' 그런데 솔제니친 수용소생활을 하면서 알료쉬카의 모델이라고 할 수 있는 사람을 만난 사건이 있었다.

보리스 콘펠드 박사는 러시아에 살던 유대인 의사였다. 그는 "스탈린도 신이 아닌 인간이었다"라고 말한 죄목으로 체포되어 강제 노동수용소에 수감되었다. 의사로서 그는 죄수들이 병원에서 죽지 않고 노동력을 제공하게 하는 임무를 완수해야 했다. 그는 죄수가 건강하든 아니든 간에 웬만하면 의료카드에 건강하다고 적어 죄수들을 작업장으로 보내도록 압력을 받고 있었다. 그의 치료는 기계적이고 형식적으로 변해 갔고 갈등하고 있었다. 그러던 어느 날, 동료 죄수에게 전도를 받았다. 그가 예수님을 만나게 된 그날부터 자신이 복음에 빚진 자임을 깨닫고 환자들을 정성을 다해 치료하기 시작한다. 수용소 사람들을 몹시도 괴롭히던 간수가 다쳐서 의무실에 왔는데, 순간적으로 그는 혈관 봉합수술을 대충 해서 아무도 모르게 그를 죽이려는 유혹을 받았다. 하지만 이내 기도한 후 마음을 고쳐먹었다. 그는 약품을 낭비하고 환자들에게 관대하다고 수용소 측의 경고를 몇 번씩 받았다.

그런데도 콘펠드는 대장암에 걸린 젊은 죄수를 수술해주었다. 콘펠드는 또 한 번 수용소의 경고를 무시하고 그를 살렸다. 그의 소생이 확실해진 어느 날, 치료받던 그 환자가 이렇게 하면 당신의 생명이 위험한데 왜 이렇게 치료해 주었느냐고 물었다. 콘펠드는 이렇게 말했다. "괜찮아요. 당신과 나를 살리기 위해 이미 죽으신 분이 있으니까요." "그가 누굽니까?"라고 묻는 환자의 귀에 "그의 이름은 예수 그리스도"라고 콘펠드 박사는 속삭였다.

얼마 지나지 않아서 불의를 고발하여 간호사들과도 갈등을 겪었던 콘펠드 박사가 죽임을 당했다. 간수에게 그 소식을 전해들은 젊은 죄수가 소리쳤다. "보리스, 이제는 내 차례입니다. 이제는 내가 그 사랑을, 그 생명을 전하겠습니다." 이 젊은 죄수의 이름이 바로 나중에 노벨상 수상작가가 된 알렉산드르 솔제니친이었다.

우리 크리스천의 믿음은 우리의 직장과 삶의 터전에서 이렇게 착한 일과 영적 능력으로 나타나야 한다. 세상 속의 크리스천들은 어떻게 착한 일을 할까 고민하며 결심해야 한다. 그리고 영적 능력을 나타낼 수 있도록 성령 충만해야 한다. 세상에서 용기 있는 크리스천으로 살아가기 위해서는 위험도 감수할 수 있어야 한다. 그러면 우리는 복음을 전할 기회를 얻을 수 있고, 실제로 일터에서 효과적으로 복음을 전할 수도 있다. 이것이 일터에서 당당하게 드러내는 크리스천 직장인의 이미지이다.

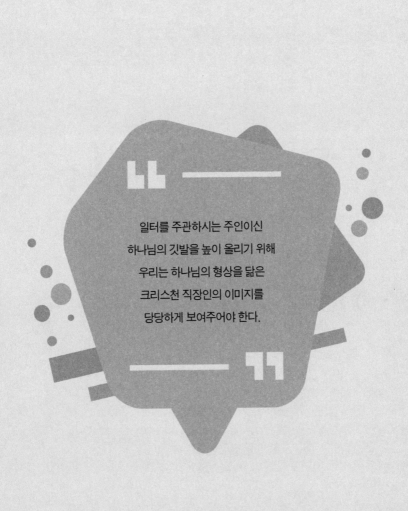

일터를 주관하시는 주인이신
하나님의 깃발을 높이 올리기 위해
우리는 하나님의 형상을 닮은
크리스천 직장인의 이미지를
당당하게 보여주어야 한다.

세상 속 일터에서 우리 크리스천 직업인들 한 사람 한 사람이
바로 서서 영향력을 행사하기 위해 노력해야 한다. 어떤 일을 하든지
어떤 지위에 있든지 인정받는 사람이 될 때 그 사람이야말로
진정한 영향력을 행사하는 사람이다.
그러면 세상의 일터에서도 하나님의 영광이 드러나는
놀라운 역사를 체험할 수 있다. 이 사실을 분명히 기억하자.

업무 능력을
통해 영향력을
발휘하라

I

Influence (명사)

① 영향(력), 작용 ; 감화(력).
② 세력, 사람을 좌우하는 힘 ; 설득력.
③ 영향력이 있는 사람, 세력가, 유력자.

결코 호락호락하지 않은
일터 환경 속에서

크리스천 직장인의 네 번째 I영성은 Influence, 영향력이다. 사람들은 자신이 영향을 받는 사람에게 설득된다. 「영향력」(리더스북 펴냄)이라는 책을 쓴 크리스 와이드너는 이렇게 말한다. "영향력은 보통 '사람들이 하는 일의 기술'을 흔히 의미하는데, 그 능력은 전부 사람들과 연관되어 있다." 그래서 영향력 있는 사람이 되려면 무엇보다 인간 심리를 제대로 이해해야 한다. 미국 건국 초기에 활동했던 토머스 제퍼슨은 "사람들 사이에는 천부적인 귀족이 있다. 그 근거는 미덕과 재능이다"라고 말했다. 여기서 말하는 미덕과 재능은 인격과 기술이라고 말할 수 있다. 흔히 사람들은 기술만 있으면 영향력을 미칠 수 있을 것이라고 생각하는데, 궁극적으로는 우리가 하는 일이나 비즈니스 분야의 관건은 신뢰 관계이다. 직장 안에서 업무는 늘 관계와 연관되어 있는 것을 경험으로 알 수 있다.

다니엘이 그의 일터에서 보여준 영향력도 탁월한 능력과 인간관계가 연결되어 나타났다. 다니엘의 일터 속 영향력을 확인해보자. 느부갓네살 왕이 바벨론을 통치할 때 39년 동안이나 총리생활을 했던 다니엘이 느부갓네살 왕 사후에도 계속 승승장구한 것 같지는 않다. 정치 일선에서 물러났던 때도 있었다. 바벨론 제국이 망할 무렵인 벨사살 왕 때 잠깐 등장했으나 이후 새로 수립된 제국에서도 계속 영향력을 발휘할지는 미지수였다. 그런데 놀랍게도 다니엘은 메데 바사 제국 다리오 왕 때도 화려하게 부활하여 영향력을 계속 유지하였다. 그의 정치 역정에서 가장 왕성하게 영향력을 발휘했던 시기가 바로 그때였다.

다니엘서 5장 마지막 부분과 6장 앞부분의 정치적 상황을 정리해보자. 바벨론 왕 느부갓네살이 죽자 왕족끼리 물고 물리는 쿠데타가 연속해 일어났다. 혼란스러운 상황이 이어지다가 벨사살 왕을 끝으로 바벨론 제국이 망하고 메데-바사로 나라가 바뀌었다. 세계사속에서 메디아-페르시아라는 나라이다. 다리오라고 하는 왕이 그나라의 초대 왕으로 등극했다.

메데 바사 제국은 이집트에서부터 시작하여 팔레스타인, 터키, 그리스의 일부, 중앙아시아의 아랄 해를 거쳐 인도의 인더스 강까지 이르는 엄청나게 넓은 영토를 차지했다. 그 넓은 제국을 다스리기 위해 다리오 왕은 영토를 120개의 도로 나누고 각 도를 책임지는 고위 관리들을 두었다. 그리고 총리 셋을 두어서, 아마도 한 총리가 40개 가량의 도를 관할하는 정치 형태를 유지했던 듯하다. 이런 정치 형태 는 권력을 세 총리에게 위임한 것이었다. 이런 체제라면 총리들을 감 독하는 행정부의 수반 역할을 왕 자신이 해야 했다. 그것이 쉽지 않 았는지 다리오 왕은 정치 형태의 변화를 모색하는 일종의 정치개혁 을 구상했다. 그래서 세 총리들 중 한 총리를 수석총리로 삼으려 했 고, 그 인물로 다니엘을 낙점하고 있었다.

하지만 다리오 왕이 다니엘을 총리로 세우기 힘든 요인은 몇 가 지 있었다. 일단 그가 망한 바벨론 왕국에서 오랜 기간 총리로 재직 했던 사람이고, 본토인인 갈대아 사람이 아니라 이방인이었다는 점 이다. 또한 나이도 많았다. 다니엘이 포로로 잡혀온 때를 15세로 보 더라도 이때 다니엘의 나이는 81세였다. 그러니 건강상의 우려도 그 를 신생왕국의 수석총리로 삼는 데 부정적으로 작용했을 요인이다.

그러나 다리오 왕의 입장에서 다니엘을 수석총리로 삼으려는 긍 정적인 명분도 분명했다. 우선 그는 경륜이 풍부한 총리였다. 느부 갓네살 왕 2년에 총리에 오른 다니엘이 수십 년간 제국의 총리로 일 한 경륜은 새로운 제국의 기반을 잡는 일에 크고 유용하게 활용될 수 있을 것이 분명했다. 그런데 문제가 생겼다. 다른 두 총리와 그들 의 관할 아래 있던 고관들이 가만히 있으려고 하지 않았다. 예상할 수 있는 일이었는데, 이런 상황에서 어떻게 다니엘이 그의 영향력을 발휘했는지 살펴보자.

그들은 다니엘을 책잡기 위해서 무척 애썼다. 털면 먼지 안 날 사람이 없다는데, 뒤지면 혐의가 나올 줄 알고 노력했으나 결국 다니엘의 허물을 전혀 찾지 못했다. 나중에는 다니엘이 율법을 지키며 살았기에 늘 기도한다는 사실을 발견하고 왕을 설득해 새로운 금령을 만들었다. 한 달 동안 왕 외에 다른 어떤 신이나 사람에게 기도하는 사람이 있다면 그를 사자 굴에 넣어 처형한다는 금령이었다. 하지만 그 조서에 어인이 분명하게 찍혀 있는 것을 잘 알고 있던 다니엘은 보란 듯이 기도했다. 그래서 결국 사자 굴에 들어가 처형당할 상황에 처했다.

아랫사람이 사표를 냈는데 윗사람이 붙잡는 이유는?

다니엘 6장이 밝히고 있는 다니엘의 처형사건의 배경을 볼 때 다리오 왕이 이상한 행동을 한다는 점에 주목해야 한다. 신하 한 사람이 국법을 어겨서 처형당하게 되었는데, 다리오 왕은 왕의 체통도 잊고 정신없이 왔다 갔다 하며 허둥대고 있다. 세계 최대제국을 건국한 태조의 모습이라고 할 수 없는 행동을 한다. 다니엘을 살려보려고 애쓰면서 처형을 최대한 미루었다. 신하들이 독촉하자 어쩔 수 없이 다니엘을 사자 굴에 집어넣고도 노심초사했다. 밤에 잠을 한잠도 안 자고 이튿날 새벽에 급히 사자 굴로 가서 다니엘이 살았는지 확인했다. 가만히 생각해보라. 다리오 왕이 무엇이 그렇게 아쉬워서 이렇게 과잉행동을 하는가? 왜 다리오 왕이 국법을 보란 듯이 어겨 처형당하는 한 신하를 살리려고 이토록 노력했을까?

혹시 다니엘과 다리오가 같은 '다' 씨라서 그랬는가? '다' 씨는 왕족의 성이 아닌가! 이스라엘의 유명한 왕, 이스라엘 왕조를 실질적으로 시작한 '다윗'을 보라! 다니엘도 왕족이었을 가능성도 있다 (단 1:3). 내가 다니엘 6장을 본문으로 해서 교회의 헌신예배에서 설교를 하면서 이렇게 이야기하면 성도들이 한바탕 웃는다. 그런데 성씨가 분명하여 이름과 함께 늘 불리는 우리 문화와는 달리 이름만 주로 불리는 히브리 문화의 특성에 대한 이해가 없으면 나의 유머가 간혹 오해를 불러일으킨다. 예배를 마치고 다과를 나눌 때 정말 다니엘과 다리오가 같은 다 씨였느냐고 묻는 분들이 간혹 있다.

혹시 아직도 '다' 씨가 있는 줄 아는 사람이 있을까봐 분명하게 말하는데, 다니엘과 다리오 왕은 오늘 우리 시대에 사회생활을 할 때 도움 되는 '연'(緣)이 없었다. 두 사람은 혈연관계도 아니었고, 학연도, 지연도 없었다. 다니엘은 바벨론 왕국시절 변방에 있는 작은 나라 유다에서 볼모로 잡아온 유대인이고, 다리오 왕은 본토박이 갈대아인이었다. 그런데도 다리오 왕이 아랫사람 다니엘을 살리려고 그렇게도 노력했던 이유는 무엇인가?

다니엘서를 일터의 관점으로 읽으면 분명하게 이해된다. 다리오 왕이 다니엘을 살려보려고 그렇게 허둥댔던 이유는 다니엘이 능력 있는 사람이었기 때문이다. 절대적으로 신임하는 사람, 없어서는 안 되는 사람이었기 때문에 어떻게 하든지 그를 살려보고 싶었다는 말이다. 그가 일하는 모습에 대해서 성경은 이렇게 말한다. "다니엘은 마음이 민첩하여 총리들과 고관들 위에 뛰어나므로"(단 6:3). 다니엘은 탁월한 능력을 가진 사람이었다. 그리고 그의 정적들이 은밀하게 요원들을 동원시켜서 치밀하게 사찰을 했는데도 전혀 잘못을 찾을 수 없는 사람이었다.

다니엘이 그의 일터에서 보여준 업무에는 전혀 빈틈이 없었다(단 6:4). 그가 하던 일이란 각 도의 책임자들이 보고하는 직무를 관할하는 것이었는데, 조세 등의 재정적인 문제가 많은 부분을 차지했다. 그가 하는 일은 "왕에게 손해가 없게 하려 함"이라고 분명하게 밝히고 있다(단 6:2). 많은 재정을 쥐락펴락하는 일이었는데도 다니엘은 결코 흠 없이 일했다는 말이다. 다리오 왕은 이런 다니엘을 믿었고, 그 성실성과 능력을 필요로 했던 것이다. 그러니 다리오 왕은 다니엘이 죽는 것을 어떻게든 막아보고 싶었다. 다른 어떤 이유가 다리오 왕의 허둥거림을 설명해 줄 수 있겠는가?

새 나라를 건국한 다리오 왕에게 있어서 가장 급한 일은 제국을 재정비하는 일이었다. 그 일을 하기 위해서는 능력과 아울러 경륜을 갖춘 신하가 필요했다. 다니엘이 가장 적합한 인물이었다. 그러면 다리오 왕은 다니엘을 어느 정도 신임했을까? 그 증거를 확인할 수 있는가?

다니엘처럼 윗사람에게
확실한 신임을 받기 위하여

처형을 시행한 다음 날 새벽에 다리오 왕이 다니엘을 집어넣은 사자 굴로 득달같이 달려가 보니 다니엘이 살아 있었다. 그래서 왕은 다니엘을 사자 굴에서 꺼내주었다. 이후에 다리오 왕은 다니엘을 모함했던 사람들을 처형했다. 왕은 다니엘을 '참소한 사람들'을 가족들과 함께 끌어와 처형했다고 하는데, 다니엘을 참소한 사람들을 가리켜 성경은 "총리들과 고관들"(단 6:4)이라고 표현한다. 그러니 세 총리 중에서 다니엘을 뺀 '총리들'이니 두 명의 총리는 틀림없이 죽었다. 고관들 120명 중에서 다니엘에게 속한 40명을 제외한 80명이 전부 죽지는 않았겠지만, 아마도 핵심적으로 가담한 '고관들' 중 최소한 두 명 이상('고관들')은 틀림없이 죽었다.

그런데 우리는 보통 이 상황에 대해서 그리 깊이 생각하지 않는다. 다니엘 이야기를 하도 많이 들어서 이런 일은 너무도 당연하다고 생각한다. 인과응보요, 하나님의 사람이 믿음으로 승리하는 놀라운 역사라고 생각한다. 그런데 다니엘이 활동하던 일터는 정치현장이었다. 다리오 왕의 입장에서 생각해보라. 그 큰 나라를 다스리는데, 80개의 도를 다스리던 고관들 중 핵심적인 사람들 다수와 그들을 관할하던 두 명의 총리를 하루아침에 처형했다. 그리고 나머지 사람들도 정치적 입지를 잃었을 것이다. 그렇다면 국가 행정의 공백을 어떻게 메우며 국방의 위기를 어떻게 해결하려고 했던가? 당시

고대사회에서는 지역의 정치 책임자가 국방의 의무도 동시에 담당하지 않았겠는가? 그러니 만약 이 사실을 알고 외적이 침입한다면 아프리카의 이집트부터 인도에까지 이르는 긴 국경선을 가진 나라를 어떻게 방어하려고 했을까?

두 총리와 고관들을 처형하면 이런 위기가 올 것을 예측 못할 정도로 다리오가 치기 어린 사람이었는가? 혹시 아버지 덕에 정권을 잡은 20대 애송이거나 정치라고는 모르는 30대 젊은이였을까? 아니었다. 다니엘 5장 31절은 다리오가 정권을 잡았을 때 그의 나이가 62세였다고 밝혀준다. 그는 노련한 정치인이자 군사전문가였고, 말에 올라 칼 한 자루 들고 대평원을 헤집고 다니며 적의 목을 무수히 베던 용맹한 장수였다. 그리고 당시 세계 최대제국의 군주로 군림하고 있었다. 그런데도 다리오 왕이 이렇게 상식 이하의 행동을 했다면 무언가 뜻이 있었을 것이다.

여기서 우리는 정치개혁을 단행하려고 하는 다리오 왕의 두 가지 포석을 읽을 수 있다. 첫째, 어차피 그의 신하들이 두 세력으로 갈라져 싸우는 당파 싸움이 일어났다. 다리오 왕은 두 세력이 화해하지 못한다면 한 세력을 제거하는 것이 현명하다고 판단했다. 그 상황에서 다리오 왕은 소수이고 이방인인 다니엘을 선택했고, 다수이고 본토박이인 신하들을 제거했다. 살벌한 정치현장이었다.

그리고 둘째 이유는 다리오 왕이 다니엘을 그 정도로 믿었다는 것이다. 우리에게는 이 두 번째 이유가 중요하다. 다리오 왕이 다니엘을 어느 정도로 믿었는가 하면 두 총리와 그 휘하 고관들을 하루

아침에 처형해도 제국 행정력의 공백과 국방의 위기를 충분히 메울 수 있는 사람으로 다니엘을 인정했다는 것이다. 참으로 대단한 신임이 아닌가! 모함하던 신하들을 다니엘 대신 처형한 다리오 왕의 머릿속에는 이런 계산이 들어 있었을 것이다.

직장에서 일하는 당신이라면 윗사람에게 이런 신임을 받아본 적이 있는가? 자신을 돌아보아야 한다. 평소에 별로 살갑게 대해주지도 않고 나를 알아주지도 않는 줄 알았던 우리 부서 팀장이, 어느 날 옆 부서의 팀장과 대화하고 있는 것을 우연히 듣게 되었는데 나를 굉장히 신임하고 있었다면 기분이 어떨까? 나에게는 잘 표현하지 않았지만 날 믿어주는 상사의 마음을 알았을 때 눈물이 솟아날 것 같던 경험이 있는가? 다니엘이 바로 그런 신임을 받던 사람이었다. 우리도 일터에서 윗사람에게 신임을 받아야 한다. 이것이 임기응변에 탁월하거나 아부를 잘하거나, 아니면 뇌물 공세를 통해서 가능하지 않다는 것을 잘 알지 않는가. 다른 어떤 것이 아니라 내가 일하는 일터에서 존재하는 첫 번째 이유, 나의 업무와 관련된 나의 능력을 말하는 것이다.

우리는 윗사람에게 신임을 받아야 한다. 일터에서나 교회에서도, 가정에서나 학교에서도 우리는 윗사람들에게 신임을 받아야 한다. 특히 크리스천 직장인으로서 우리는 우리가 하는 일에 충실해야 한다. 우리의 직업은 호구지책이 아니다. 우리의 일터는 우리의 신앙이 궁극적으로 나타나야 할 삶의 현장이고, 그곳이 바로 흩어진 교회이자 하나님의 사역지이다. 그곳에서 우리가 하나님의 사역을 제대로 감당하기 위해서는 내가 해야 하는 일의 업무능력을 향상시켜 프로페셔널리즘을 갖추어야 한다. 그렇게 되기 위해서 과연 무엇을 해야 할까 잠시 고민해보라. 직장인으로서 내가 나를 떳떳하게 보여줄 수 있는 전문성이 무엇인지 찾아내 그 일로 윗사람의 신임을 얻어야 한다. 이것이 우리가 일터에서 발휘할 영향력이다.

크리스천 직장인,
승진과 성공도 남다르게

"

크리스천 직장인의 능력이란?

존 맥스웰과 스티븐 그레이브스, 그리고 토머스 에딩턴이 함께 쓴 「Life@Work : 크리스천이 직장에서 승리하는 법」(국제제자훈련원 펴냄)에 보면 능력에 대해서 잘 설명해주고 있다. 전통적인 능력이란 '전문지식'이나 '숙련도'를 의미하는데, 그 속성상 경쟁이라는 파괴적인 무기로 변하는 단점이 있다. 그러면 세상이 추구하는 능력과 우리 크리스천이 추구하는 능력에 어떤 유사점과 차이점이 있을까?

다윗의 맞상대였던 블레셋의 골리앗이 뻐겼던 능력이 바로 세상의 능력이다. 그는 전쟁터에서 거드름을 피웠는데 그의 능력은 한 사람은 승자가 되고 다른 한 사람은 패자가 되는 것으로 판가름이 났다. 그러면 성경이 말하는 뛰어난 능력은 무엇인가? 그것은 바로 하나님이 본래 창조하신 '숙련'을 의미한다. 건강하지 못한 경쟁의 도구가 아니라 다른 사람의 행복을 위한 무기이다. 골리앗처럼 싸우지 않고, 하나님의 소명을 열정적으로 추구하는 다윗처럼 싸우는 것이다.

그러면 다윗은 어떻게 이런 능력을 발휘했는가? 목동이었던 다윗이 자기가 늘 사용하던 도구를 가지고 적국의 거인 장수를 쓰러뜨렸는데, 당시 상황은 다윗에게 유리했는가? 결코 아니다. 그에게 상당히 불리했다. 막상 싸움이 시작되었을 때 다윗은 한자리에서 정확하게 조준해서 돌을 던질 수도 없었다. 달려갈 수밖에 없었다. 아마도 골리앗이 갑자기 앞으로 달려 나왔거나 적진에서 화살이 날아와서 다윗이 그 자리에 서서 편하게 돌을 던질 수 없었을 것이다. 그러니 달려가면서 조준하기는 쉽지 않았다. 그런데 다윗이 여기서 능력을 발휘하여 한방에 골리앗의 이마를 맞혔고, 그 돌이 골리앗의 머리뼈를 뚫고 뇌 속에 박혔다(삼상 17:49).

이렇게 불리한 여건 가운데서도 다윗이 승리할 수 있었던 이유는 무엇이었는가? 존 맥스웰이 말하기를 다윗은 하나님의 성령에 감동받은 사람이었기 때문이다. 골리앗과 다윗이 가진 능력의 차이는 바로 이것이었다. 사무엘 선지자가 머리에 기름을 부은 이후로 다윗은 하나님의 영에게 크게 감동되었다(삼상 16:13). 성막을 지었던 브살렐과 오홀리압, 사사기에 나오는 옷니엘과 삼손, 기드온, 대제국의 총리를 지냈던 요셉과 다니엘 같은 사람들에게 하나님의 영이 함께했다고 성경이 기록할 때 묘사하는 표현과 같다. 그들의 정치적 능력과 물건을 만드는 기술과 같은 직업적 능력은 바로 하나님의 성령이 부여해주시는 능력으로 인한 것이었다.

그러니 우리도 하나님의 성령이 우리와 함께하시도록 기도하면서 능력을 발휘해야 한다. 하나님은 우리를 통해서 일하실 목적으로 우리에게 성령을 주셨다. 성령은 우리와 늘 함께하신다. 그분은 우리의 능력을 다른 방법으로는 도저히 도달할 수 없는 곳까지 끌어올리기를 원하신다. 우리는 그분을 신뢰해야 한다.

사실 우리 예수님이야말로 이 세상에 사시면서, 아마도 20년 가까이 일하시면서 일터의 영성을 보여주셨던 분이다. 일하시는 예수님의 모습을 상상해 보았는가? 그분이 일을 어떻게 하셨을까? 영화 〈패션 오브 크라이스트〉(The Passion of the Christ, 2004)에서 멜 깁슨 감독은 예수님이 일하면서 보여주셨을 것 같은 창의성을 멋지게 그려내고 있다. 예수님이 십자가를 지시는 과정의 처절한 고통의 장면들 사이사이에 마리아가 회상하는 몇 장면이 나오는데, 그중 하나가 일하시던 예수님을 마리아가 회상하는 장면이다.

예수님이 몇 사람이 앉아 식사를 할 수 있는 식탁을 만들고 계셨다. 어머니 마리아가 가까이 가서 보니 전에 본 적이 없는 식탁이었다. 누가 이런 식탁을 쓰느냐고 묻자 예수님은 부자들이 쓰는 것이라고 하셨다. 마리아는 그 사람들은 서서 밥을 먹느냐고 묻자 예수님은 아직 만들지는 않았는데 의자에 앉아서 식사하기 때문에 테이블이 높다고 대답하고는 의자에 앉아 식사하는 자세를 취해보신다.

예수님을 따라 어머니 마리아도 의자에 앉아서 식사하는 자세를 취한다. 그 모습을 보고 예수님이 활짝 웃으신다.

유대인들은 바닥에 앉고 몸을 길게 기울여서 식사하기에 식탁이 높을 필요가 없다. 그러나 아마도 로마문화의 영향을 받은 사람들이 신식생활을 추구하느라 그런 식탁을 주문했을 수도 있다. 혹은 예수님이 '팔레스타인 전국목수협회 갈릴리지부' 같은 모임에 가서 가구산업의 새로운 트렌드에 대한 지식을 얻으셨는지도 모르겠다. 물론 전적으로 나의 상상이다. 여하튼 예수님이 목수 일을 하실 때 창의성을 가지고 일하셨을 것이라는 상상을 이 영화는 잘 보여주고 있다.

대패질을 하시는 예수님의 모습을 상상하며 무엇을 느끼는가? 예수님의 직업을 표현하는 '목수'라는 단어는 그리스어로 '테크톤'인데, 이 직업은 배나 집을 설계하고 건축하는 프로젝트를 수행하는 전문가를 가리키는 용어이다. 예수님은 전문성을 가지고 하는 그의 일에 집중하고 즐겁게 일하셨을 것이다. 아버지와 함께 만든 문짝을 배달하러 가시기도 했을 것이다. 납품한 물건을 석 달쯤 쓰다가 잘못되었다고 반품하겠다고 하는 고객에게 예수님은 어떻게 대응하셨을까? 물건대금을 제때에 받지 못해 고생하시지는 않았을까? 일이 밀렸을 때는 야근도 하셨을 것이고, 외주도 주며 납품 기한을 맞추느라 애쓰셨을 것이다. 그 모든 과정의 일을 예수님은 성실하게 감당하셨을 것이다.

실천신학자 폴 스티븐스 박사가 그의 책 「하나님의 사업을 꿈꾸는 CEO」(IVP 펴냄)에서 캐나다 요크셔의 한 시골교회를 소개한다. 그 교회는 세상에서 성도들이 가지고 있는 직업이 영적인 일이고 하나님의 교회에도 중요한 일이라는 사실을 잘 입증했다. 그 교회는 한 교인을 기념하여 9만 달러를 들여서 스테인드글라스를 제작했다. 그 교인은 1836년 근처의 한 동네에서 태어난 토머스 크레퍼였는데, 그의 직업은 배관공이었다. 그 교회는 화장실 변기의 윤곽이 멋지게 새겨진 스테인드글라스를 통해 그 교인의 업적을 기렸다. 토머스 크레퍼는 수세식 변기를 발명한 사람이었다.

인터넷으로 홈페이지를 확인해 보니 스테인드글라스에 그려진 화장실 변기의 이미지가 크지도 않은 실루엣이어서 좀 실망스럽긴 했다. 하지만 세상 속에서 자신의 직업적 능력으로 사람들의 복지에 크게 기여한 하나님의 사람을 기념한 의도는 매우 고무적이다. 그 지역의 한 신문이 이 교회의 스테인드글라스에 얽힌 일을 취재해서 보도하였다. 토머스 크레퍼에게 하나님이 주신 창조성과 지혜로 지금까지 수십억 명의 세상 사람들이 혜택을 보았고, 앞으로도 그런 편의를 누릴 것이라는 점이 바로 그 교회가 스테인드글라스 속에 변기 모양의 작은 실루엣을 넣은 의도라고 설명했다.

이렇게 우리가 하는 일은 대단히 중요하다. 사람들이 의미 있게 평가하지도 않고 중요하게 여기지 않는 일이라 하더라도 영향력을 발휘하여 일하면 하나님이 창조하신 세상을 아름답게 세워나갈 수 있다. 이 사실을 명심하면서 우리의 일을 감당해 나가야 하겠다.

일터에서 당신은 다윗처럼 골리앗과 맞닥뜨리고 있는가? 역대하

16장 9절을 보면 "여호와의 눈은 온 땅을 두루 감찰하사 전심으로 자기에게 향하는 자를 위하여 능력을 베푸시나니"라고 선지자 하나니가 아사 왕에게 말하고 있다. 하나님을 향한 열정과 신실함을 보시고 하나님이 우리에게도 직업적 능력을 베풀어주실 것을 기대하자.

승진에 연연하지 않고
직장생활을 할 수 있을까?

다니엘은 일을 하면서 윗사람 다리오 왕과의 관계에서 큰 신임을 받아 영향력을 행사했다. 이제 우리가 살펴봐야 할 다니엘의 인간관계는 그가 직장동료와 가졌던 관계이다. 다니엘이 보여준 그의 동료와 아랫사람들과의 관계에서 특히 오늘 우리 시대 사람들이 추구하는 승진과 성공에 대해 배울 수 있다.

다니엘은 함께 일하던 동료들의 의도를 잘 알고 있었다. 자신의 기도습관을 이용해 왕을 부추겨 기도를 금하는 조서를 내렸다. 다니엘은 이미 다리오 왕이 내린 조서에 왕의 도장이 찍힌 것을 알고 있었다(단 6:10). 그것이 어떤 효력을 가진 것인지도 알고 있었고, 왜 자기가 그런 인생의 위기를 겪고 있는지, 또 그를 걸어 넘어뜨리려는 자들의 목적이 무엇인지도 다 알고 있었다.

그뿐만 아니라 다니엘은 자신이 현재 서 있는 자리가 어디이고, 닥쳐온 한 달간의 위기만 잘 넘긴다면 어떤 행운이 자기에게 돌아올

지도 알고 있었다. 그 대제국의 총리 자리가 어떤 자리인지 이미 그는 경험해 보아서 너무도 잘 알고 있었다. 고기도 먹어본 사람이 맛을 알듯이 권력의 힘과 혜택을 맛본 사람은 그 맛을 잊지 못한다.

그러나 다니엘은 이전에 늘 하던 대로 하루 세 번 기도하기를 쉬지 않았다. 어떻게 이럴 수 있었을까? 사실 다니엘은 충분히 피할 수 있었다. 장소만이라도 바꿀 수 있었다. 아니면 예루살렘으로 향해 열린 창문을 닫고 기도할 수도 있었다. 그렇게 했다면 대제국의 실권 1인자인 사람의 집에 누가 겁 없이 들어가서 증거를 잡겠는가? 그런데 다니엘은 그렇게 하지 않았다. 왕의 금령에도 아랑곳하지 않은 다니엘은 늘 하던 대로 하루 세 번, 같은 장소에서 창문을 열어놓고 기도했다.

다니엘이 이렇게 할 수 있었던 이유는 어디에 있다고 생각하는가? 나는 다니엘이 마음을 비웠기 때문이라고 생각한다. 그 모든 권력과 영화를 누릴 욕심이 다니엘에게는 없었다. 우리 주님의 영성도 비움에서 시작되지 않았는가? 사도 바울은 말한다. "그는 근본 하나님의 본체시나 하나님과 동등됨을 취할 것으로 여기지 아니하시고 오히려 자기를 비워 종의 형체를 가지사 사람들과 같이 되셨고"(빌 2:6-7). 이렇게 마음을 비우는 자세가 하나님이신 예수님이 이 땅에 오신 성육신의 영성이다. 다니엘이 승진을 눈앞에 둔 상황에서 의연하게 그 기회를 포기할 수 있었던 것은 자기가 얻을 최고의 자리, 명예와 돈이 보장되었다고 사람들이 선망하는 그 자리에 연연하지 않고 마음을 비웠기 때문이다. 그는 세상의 지위에 연연하지 않았다.

우리의 직장이나 사람 사이의 관계가 있는 곳에서 갈등이 생기는 중요한 원인은 무엇인가? 자리와 서열을 놓고 싸우는 것이다. 진급을 놓고 동료와 은밀하게 다투어야 하고, 따지고 보면 아무것도 아닌 일을 가지고 은근히 암투를 벌이느라 고민하고 갈등이 쌓여가는 것이 아닌가? 교회생활에서도 비슷한 일이 벌어진다. 한 부모 밑의 형제들 사이에서도 이런 다툼으로 갈등이 생긴다. 우리 모두 다니엘에게서 한 수 배우는 게 어떻겠는가?

아마도 다니엘은 자기에게 덧씌워질 올가미의 정체를 파악했을 무렵, 자기가 계속 기도하면 어떻게 될지 예상했을 즈음에 이렇게 독백했을 것이다. "내가 혈혈단신 이곳 타국에 와서 올랐던 모든 지위와 명예, 그것 모두 다 하나님이 은혜로 주신 것이지! 그것을 거두어 가시면 다시 하나님 것을 찾아가시는 것이 아닌가!" 그런 심정으로 다니엘은 의연하게 대처했다. 그렇다면 오늘 이 시대를 살아가는 크리스천 직장인들은 이렇게 다니엘처럼 승진을 포기해야만 하는 것인가? 성경은 과연 승진에 대해서 어떻게 가르쳐주는가?

신입사원 시절 힘들고 어려울 때 서로 의지했던 한 동기 직원에게 배신감을 느낀다고 하소연하는 B과장이 있었다. 함께 입사해서 주임과 대리를 거쳐 과장 승진까지 함께했고, 10년이 넘은 둘의 우정에 별 문제가 없었다고 한다. 그런데 차장 승진을 앞두고 그 동료가 달라졌다. B과장 자신도 승진하고 싶은 마음이 굴뚝같은데 그 친구도 마찬가지 아니겠는가 생각해보면 이해가 되었다. 그런데 그가 이곳저곳 손을 쓰고, 또 B과장을 험담하고 다닌다는 이야기를 듣다 보면 화가 치밀어 올랐다. 그 동료는 B과장이 크리스천이라는 점까지 걸고넘어지면서 모함하기도 했다. 그래서 더욱 약이 올라 그냥 양보해버리지 않고 B과장 자신이 승진해서 그의 코를 납작하게 해주고 싶다고 말했다.

만약 이런 상황이라면 우리는 나의 승진이 걸린 문제에 대해 어떻게 대처해야 하는가? 물론 성경은 승진문제에 대해 흑백논리 식으로 가르치지는 않는다. 세상 속에서 영향력을 미치고 살아야 할 크리스천에게 있어 승진은 하나님의 영광을 드러내는 기회일 수 있다. 하지만 세상 속에서 구별된 삶을 살아야 하기에 우리는 승진에 대한 세상의 가치관과는 뭔가 다른 크리스천의 안목을 가지고 있어야 한다. 그래야 승진과 성공에 대해서도 제대로 처신할 수 있다.

크리스천의 승진과 성공, 남다른 방법이 있다

달란트 비유(마 25:14-30)를 보면 다섯 달란트 받은 종과 두 달란트 받은 종이 맡은 일에 충성해서 승진한 것이라고 볼 수 있다. 하지만 한 달란트를 받은 종은 주인에 대한 불만이 있어서 맡은 일을 소홀히 했으므로 승진은커녕 해고를 당했다. 따라서 우리 크리스천들은 승진에 대한 긍정적인 동기부여를 해야 한다. 다니엘처럼 성실하고 탁월하게 자신의 업무를 해내면서 능력을 발휘하여 승진하기 위해 노력할 수 있다.

또한 승진은 직장 내에서 선한 영향력을 확대시키는 좋은 계기가 된다. 높은 지위에 오르면 오를수록 책임이 늘어나지 않겠는가? 권력을 남용하는 것이 아니라 일터에서 선한 영향력을 확대할 수 있다. 우리 크리스천들이 윗자리에 올라 선하게 리더십을 발휘하면 우리 일터문화도 변화시킬 수 있다. 그래서 나는 능력을 발휘하여 영향력을 미치는 크리스천들이 많아지기를 기도한다. 우리 크리스천들이 많이 승진해야 우리 일터에 하나님 나라가 임하는 일이 수월하게 이루어진다.

하지만 승진이 사탄의 유혹이 될 수도 있다. 다니엘이 승진을 거부한 것도 바로 이런 이유 때문이었다. 예전에 바벨론 궁궐에서 일을 시작할 때 음식을 거절하며 유혹을 이겨냈듯이 다니엘은 한 달간의 기도 금령도 사탄의 유혹으로 본 것이다. 다니엘의 세 친구가 풀무불 속에 들어가 죽을지라도 왕의 신상 앞에 절할 수 없었던 것처럼 다니엘은 신앙의 순수함을 지키기 위해 승진을 포기했다. 우리의 승진에도 이런 요인이 있을 수 있다. 승진에 관련된 이런 유혹은 물리쳐 이겨야 한다.

아울러 우리 크리스천들은 승진을 위해 노력하는 한편, 승진을 초월하는 자세도 필요하다. 하나님의 판단이 아닌 이상 세상의 판단은 언제나 공정하지는 않다. 평가 자체가 부정확하기도 하고 의도적으로 편파적인 승진이 자행되기도 한다. 그럴 때면 푸념과 불평이 튀어나온다. 그러나 우리 크리스천들은 하나님 앞에서 영원히 왕 노릇할 천국상급을 기대하면서 그 고통을 이겨낼 수 있어야 한다.

이런 원칙을 가지고 우리는 승진 당락의 현장에서 가슴 졸이며 지내야 한다. 우리가 겪는 어려움은 위의 B과장의 승진 다툼의 경우처럼 일종의 네거티브 전략까지 동원하여 치사하게 자신의 승진을 모색하는 사람들이 있어서 속상한 것이다. 위의 B과장의 경우라면 누가 승진하든 두 사람의 관계가 틀어질 것이 분명하기에 더욱 문제가 아닐 수 없다.

이런 상황에서 우리 크리스천들은 승진도 크리스천답게 해야 한다. 승진문제에서도 크리스천다운 대안을 제시해보는 것이다. 승진과 관련해 마음을 비우는 구체적인 자세는 이런 것이라고 본다. 우리는 다른 사람들이 보통 사용하는 방법대로 승진하려고 하지 말아야 한다는 것이다. 능력이 탁월하고 인간관계가 원만하며 리더십을 갖추고 있어서 누가 보아도 승진할 수밖에 없는 사람으로 인정받아 승진한다면 너무도 당연하다. 그런 승진을 일부러 피할 필요는 없지만, B과장이 그의 동료와 똑같은 방법으로 맞대응하지 않는 것이 바로 크리스천의 자세이다.

명절에 부모님께 하는 선물은 그렇게 하지도 않으면서 상사에게 수십만 원짜리 선물 보내기를 하지 않는 것이다. 선물이 문제가 아니라 승진을 위해 공공연하게 뇌물이 오가기도 하는 것이 현실 아닌가? 승진 경쟁자를 깎아내리기 위해 갖은 권모술수를 다 쓰는 것, 그렇게 못된 방법으로 유치한 이익을 보려고 하는 상대방의 행동으로 내가 손해를 입어 승진을 못하더라도 우리는 낙망하지 말아야 한다. 그런 사람을 크리스천이라 하고, 그런 자세가 바로 현대사회 속의 순교이기 때문이다.

직장인 모임에서 한 자매님이 간증을 했다. 평소에 친언니 이상으로 가깝게 지내며 전도하려던 선배 언니와 본의 아니게 승진 경쟁을 하게 되었다. 그런데 승진 발표가 났는데 두 사람 중에 자신이 덜컥(?) 승진을 해버렸다. 전혀 생각하지도 못한 승진으로 둘의 관계가 서먹해졌다. 전도하려고 함께 성경공부를 하려던 것도 시작하기 힘들었다. 고민하던 그 자매는 상사를 찾아가 승진을 양보하고 싶다고 말했다. 하지만 승진은 이미 회사 차원에서 결정된 것이고, 직장에서 승진은 양보의 문제가 아니라는 대답을 들었다.

하지만 계속 고민하던 자매는 일단 승진은 감사히 받고, 대신 직급이 높아지면서 이동해야 할 자리에 그 선배 언니를 추천했다. 그 자리는 그 회사에서 일하는 사람이라면 누구나 원하는 요직이었고 회사도 인화차원에서 그 제안은 수용해주었다. 그 일을 계기로 그 선배와 관계가 나빠지지 않고 성경공부도 시작할 수 있게 되었다고 한다. 승진을 양보하다니, 정말 멋진 크리스천의 자세가 아닐 수 없다!

입사가 늦은 후배가 먼저 승진했을 때의 심정을 고백한 사람도 있다. 처음에는 견디기 힘들었다고 한다. 남부럽지 않은 대학을 나와서 누구보다도 성실히 일했다. 자신은 능력도 있다고 생각했기에 심한 모멸감으로 당장이라도 회사를 그만 두고 싶었다. 하지만 마음을 추스르고 기도하는 중에 참고 기다리라는 하나님의 뜻을 깨닫고 그 상황을 극복할 수 있었다. 승진 탈락을 통해서 '그동안 나 중심적

으로 일해 온 것은 아닌가?' '주어진 일에 급급했지 문제를 해결하려
는 주인의식을 가졌던가?' '승진을 원하는 만큼 영적 수준도 높아지
기를 소망했는가?' 등을 돌아보는 계기가 되었다고 한다. 사실 승진
한 사람이 있는가 하면 더 많은 사람이 승진에서 누락되는 것이 현
실인데, 그런 상황 속에서도 우리는 하나님이 나 자신을 향해 가지
고 계신 뜻을 찾기 위해 노력해야 할 것이다.

크리스천 직장인은 승진을 해서도 선한 영향력을 미칠 수 있다.
한 회사에서 있었던 일이다. 그 회사의 구내식당에 임원들이 종종
식사하러 왔는데 보통 임원들이 식사할 때면 비서들이 함께 와서 음
식을 타다주곤 했다. 그런데 그 회사에 부사장님이 새로 부임해 오
면서 변화가 일어났다. 그 부사장님은 얼마나 겸손한지 복도에서 직
원들과 마주칠 때 허리를 굽혀 먼저 인사를 했다고 한다. 점심시간
에는 직접 식판을 들고 직원들과 똑같이 줄을 서서 음식을 타다가
직원들의 식탁에 앉아 함께 점심식사를 했다. 사소한 일일 수도 있
지만 그 작은 행동이 신선하게 느껴졌는데, 알고 보니 부사장님이
크리스천이었고 그런 모습이 직원들 사이에서도 화제가 되었다. 그
런데 재미있는 것은 부사장님이 직접 음식을 타다가 식사를 하니까
그전에 비서들이 타다주는 식사를 하던 다른 임원들이 할 수 없이
직접 줄을 서서 음식을 받아 식사할 수밖에 없게 된 것이다. 그 부사
장님은 하루아침에 구내식당의 문화를 바꿔버렸는데, 이것이 바로
선한 영향력 아닌가!

영향력이 하나님의 영광을
공식적으로 드러나게 한다

다니엘이 그의 일터에서 영향력을 발휘하여 사자 굴에서 살아나온 사건은 놀라운 결과를 가져왔다. 메대 바사 제국의 120개 도에 다리오 왕은 다음과 같이 조서를 내렸다. "내 나라 관할 아래에 있는 사람들은 다 다니엘의 하나님 앞에서 떨며 두려워할지니 그는 살아 계시는 하나님이시요 영원히 변하지 않으실 이시며 그의 나라는 멸망하지 아니할 것이요 그의 권세는 무궁할 것이며 그는 구원도 하시며 건져내기도 하시며 하늘에서든지 땅에서든지 이적과 기사를 행하시는 이로서 다니엘을 구원하여 사자의 입에서 벗어나게 하셨음이라"(단 6:26-27).

마치 이전에 느부갓네살 왕이 하나님의 놀라운 역사를 체험하면서 하나님을 인정하는 조서를 내렸던 장면을 연상시킨다(단 4:1-3). 하나님의 사람 다니엘이 세상에서 인정받을 때 하나님의 능력이 공적인 경로를 통해 이렇게 널리 드러날 수 있었다. 오늘날에도 우리 크리스천들이 세상과 일터에서 바로 서면 하나님의 영광이 이렇게 공식적으로 드러날 수 있다. 어떤 직업을 가지고 일하든 간에 우리 크리스천들이 영향력을 행사하면 사람들이 우리가 일하는 모습을 보고 역시 크리스천은 다르다고 놀랄 것이고, 우리 역시 입을 열어 하나님의 영광을 드러낼 수 있다.

연말이면 연예계의 시상식에서 수상하는 연예인들 중에 많은 사람이 하나님을 언급하는 것을 볼 수 있다. 공익성을 강조하는 서양에서는 좀처럼 보기 힘든 일이고, 우리나라에서도 공식석상에서 종교에 관한 언급을 하는 것을 비난하는 사람들도 있다. 하지만 하나님을 믿는 사람들이 그렇게 상을 받으면서 하나님께 영광을 돌리고 감사하는 모습을 보이는 것은 멋진 일이 아닐 수 없다. 신앙이 우리 삶의 한부분인데 꽁꽁 감출 이유가 무엇인가? 가끔 부처님께 감사한다는 수상자의 이야기를 들을 수도 있으나 많은 수상자가 하나님을 언급하는 것을 보면 뿌듯하다.

세상 속의 일터에서 우리 크리스천 직업인들 한 사람 한 사람이 직업인으로 바로 서야 한다. 그래서 선한 영향력을 보일 수 있어야 한다. 어떤 일을 하든지, 어떤 지위에 있든지 간에 일터에서 능력과 성실함으로 인정받는 사람이 될 때 그 사람이야말로 진정한 영향력을 행사하는 사람이다. 그러면 세상의 일터에서도 하나님의 영광이 널리 선포되는 놀라운 역사를 우리도 체험할 수 있다. 다니엘의 선한 영향력을 배우자. 일터에서 영향력을 발휘할 수 없으면 절대로 일터사역자가 될 수 없음을 분명히 기억하자.

불의한 일터현장에서 크리스천답게 일하는 새로운 대안을
우리 자신이 만들어가는 노력이 필요하다.
문제의식을 가지고 세상 속에서 하나님의 자녀다운
정직함과 온전함을 보여주겠다고 결심하고 노력하면
우리 일터의 분위기를 바꿀 수 있다.

탁월한
윤리 기준으로
정직함을
드러내라

I

Integrity (명사)

① 성실, 정직, 고결함, 청렴.
② 완전, 무결, 보전 ; 본래의 모습.

크리스천다운 신실함으로
일터에서 승부를 걸라

"

신실함을 저버리며
일하는 사람들 가운데서…

크리스천 직장인의 다섯 번째 I영성은 Integrity이다. '정직, 고결, 성실, 완전, 흠 없음, 완전하고 일치된 상태' 등을 의미하는 이 단어는 솔직함이나 정직함을 넘어서는 인격적 완성의 의미를 담고 있다. 단순히 남이 볼 때 일을 열심히 하는 것만이 아니라 누구에게도 부끄러움이 없도록 주께 하듯이 일하는 모습(골 3:23)이 바로 이 온전함(integrity)이다. 기독교 서적에서 번역을 할 때는 '정직, 온전함, 신실함, 고결함' 등으로 상황에 맞게 번역한다.

「즐거운 월요일 신나는 일주일」(Loving Monday, CUP 펴냄)의 저자 존 D. 베케트가 「Mastering Monday : A Guide to Integrating

Faith and Work」라는 책을 출간한 후 〈Christianity Today〉와 인터뷰를 한 자료가 소개되었다(2007년 2월호).

존 베케트는 일터사역이 비교적 활발하다는 미국에서도 아직 극히 적은 목회자들이 세상의 일을 소명으로 가르친다고 안타까워했다. 그러면서 크리스천 사업가들이 사업상의 스캔들에 연루되어 있는 당시의 현안에 대해 지적했다. 엔론사의 케네스 레이 회장의 가장 큰 문제는 그가 일의 세계와 신앙의 세계를 분리한 것이라고 말한다. 엔론사가 핵심 가치로 내건 모토 중에는 '온전함(Integrity), 탁월함, 개개인에 대한 깊은 존중' 등이 포함되었다. 그런데 그는 결국 정직하지 못했고 온전함을 저버렸다.

미국의 격주간 경제지 〈포춘〉이 2001년에 매출 기준으로 발표한 기업 순위에서 월마트, 엑손모빌, GM, 포드에 이어 5위(연매출 800억 불)를 차지한 기업이 엔론사였다. 그런데 분식회계, 주가조작, 내부자거래, 탈세, 회계법인과 증권회사의 공모 등 다양한 방법으로 막대한 부채를 은닉하고 이익을 부풀린 것이 드러났다. 결국 케네스 레이 회장과 케프리 스킬링 전 CEO 등 임직원 30여 명이 기소되었다. 그 일로 4천 명 이상이 직장을 잃었고 회계법인도 문을 닫았다. 사원들은 퇴직금을 받지 못했고 자살자도 생겼다. 인적·심리적·사회적·경제적으로 심각한 악영향을 끼쳤던 것이다.

기업들이 핵심 가치를 내세우면서 그 안에 윤리나 정직, 신뢰를 포함시키지만 일터 조직구조 안에서 그 원리가 실천되지 않으면 말짱 도루묵이 되고 만다. 과연 성공이 무엇인가 반문하면서 존 베케트는 주님을 영화롭게 하는 성공의 산을 통과할 수 있지만 그 산에는 실패의 골짜기들이 여럿 있을 수 있다고 말한다. "중요한 것은 그 실패들도 주님의 방법을 따르는 것이라면 여전히 주님을 제대로 섬기는 것이고, 그것이 바로 성공과 다르지 않다는 것이다."

다니엘처럼 윤리적 측면에서
탁월함을 드러내라

다니엘은 업무와 인간관계에 있어서도 탁월한 영향력을 발휘한 것을 이미 우리가 살펴보았다. 다니엘이 보여준 또 하나의 탁월함이 바로 윤리적인 면에서 고지를 점령했다는 것이다. 사실 직장인으로 살아가면서 탁월한 능력을 발휘하여 인정받는 것은 당연한 일이지만 우리는 그렇게 되기 위해서 평생 노력해야 한다. 앞장에서 영향력에 대해 길게 이야기했지만 하루아침에 이루어내기가 쉽지 않다.

사실 따지고 보면 우리 크리스천들은 교회에 나가지 않는 우리 일터의 동료들과 비교할 때 불리한 점이 많다. 우리 동료들이 주말에 충분히 쉬거나 자기계발을 하고 있을 때 우리는 교회에서 예배드리고 봉사하고 섬기느라고 힘들지 않은가? 예배드리는 자가 얻는 평강과 주님이 주시는 위로를 부인하는 것이 아니지만, 월요일에 출근할 때 피곤함을 느끼는 크리스천들이 의외로 많다. 평일에도 교회에 자주 가야하고 공휴일에도 교회 모임이 많다.

그래서 크리스천들은 새로운 영화나 공연, 책 등의 문화생활의 경험이 넌크리스천들보다 적다. 우리 크리스천들은 극장에 가서 영화 볼 시간도 별로 없다. 분주한 직장생활, 가정생활, 교회생활을 감당해야 하다 보니 절대적으로 시간이 부족하기 때문이다. 그러니 우리는 시간을 더욱 아끼고 몰입해서 자기계발을 하고 능력을 얻기 위해 노력해야 한다. 그런 평생 숙제를 염두에 두고 Integrity라는 또하나의 영역에서 우리는 탁월함을 추구해야 한다.

다니엘은 그의 일터에서 정직함을 보여주었다. 특히 그의 탁월한 윤리기준은 돈 문제와 관련된 것이었다. 다리오 왕이 총리들에게 요구한 업무는 고관들, 즉 120개의 도로 나눈 각 도의 책임자들을 관리하는 것이었다. 그 고관들이 총리에게 직무를 보고하게 하여 왕에게 손해가 없게 하려 했다고 한다(단 6:2). 이것은 주로 재정적인 책임을 의미한다. 조세와 관계된 문제가 중요한 업무인 행정적 일처리를 말하는 것이다. 이렇게 정직성과 온전함이 특별하게 요구되는 일에 있어서 다니엘은 탁월함을 보여주었다.

그것을 다니엘 6장 4절이 단적으로 표현해준다. "이에 총리들과 고관들이 국사에 대하여 다니엘을 고발할 근거를 찾고자 하였으나 아무 근거, 아무 허물도 찾지 못하였으니 이는 그가 충성되어 아무 그릇됨도 없고 아무 허물도 없음이었더라." 다니엘의 정적들이 다니엘을 고발하여 정치생명을 끊어버리기 위해 노력하는 과정과 결과를 이 구절이 잘 보여준다. 그의 정적들은 치밀하게 사찰을 했다. 얼마나 열심히 부정과 관계된 다니엘의 혐의를 찾으려고 노력했는지 "고발할 근거, 근거, 허물, 그릇됨, 허물" 이렇게 다섯 차례나 단어를 바꾸면서 강조하여 표현하고 있다.

그의 정적들은 다니엘에게서 고발할 건수를 찾으려고 노력했다. 예전 정권에서 오랫동안 총리생활을 했던 그 모든 기록을 뒤지면서 다니엘이 수석총리에 적합하지 않은 사람이라는 증거를 찾으려고 했을 것이다. 털면 먼지 안 날 사람이 없다고 하지 않는가? 그런데 다니엘은 털어도 먼지 안 나는 사람이었다. 낙담이 가득 담긴 그들의 탄식을 들어보라. "이 다니엘은 그 하나님의 율법에서 근거를 찾지 못하면 그를 고발할 수 없으리라"(단 6:5).

그들이 뭔가 알긴 알았다. 다니엘의 고결한 삶이 바로 율법을 근거로 살아가는 삶의 방식에 기초한다는 사실을 그들도 알았다. 그래서 길고 치밀한 사찰의 결론으로 다니엘의 삶의 근거인 '율법'을 책잡아야겠다고 생각했다. 그런데 이 결정은 사실 고육지책이었다. 정적들은 다니엘이 날마다 세 번씩 기도하는 신앙습관이 있는 것을 알고 왕에게 들어갔다. 아마도 개국 초기에 왕권을 강화시킬 수 있는 정책을 입안하였다고 왕을 부추기고 설득했을 것이다. 한 달 동안 왕 외의 어떤 신이나 사람에게 기도하지 못하게 하는 금령을 내리고, 어기면 사자 굴에 넣도록 하는 조서를 왕이 내려서 시행하도록 했다.

그런데 당시 메데 바사 제국에서 왕의 조서가 효력을 발휘하기 위해서는 180일의 시행 준비기간이 필요했다. 영토가 아프리카의 이집트에서 인도의 인더스 강에까지 이를 만큼 광활한 메데 바사 제국의 지리적 조건으로 인해 파발들이 각 지역으로 달려가고, 그 민족의 언어로 번역하여 일정기간 고지하는 시간이 필요했다. 그들은 다니엘을 하루빨리 처형하고 싶어서 조바심이 나는 상황에서도 6개월 동안이나 기다리면서 다니엘에게서 흠도 아닌 흠을 찾으려고 하였다. 참 눈물이 날만큼 처절한 광경인데, 다니엘이 이 정도로 그의 일터에서 신실함과 정직함과 온전함을 보여주었다. 놀랍지 않은가!

윤리경영의 시대에 꼭 필요한
직장인의 영성, 정직!

다니엘은 그의 일터에서 윤리적으로 고지를 점령했다. 이것이 귀하다. 오늘 우리가 다니엘의 이 정직함과 신실함의 영성을 배워야 한다. 미국 비즈니스계에서는 1990년대 10년 동안 윤리경영의 붐이 한차례 허리케인처럼 휩쓸고 지나갔다. 그래도 보란 듯이 엔론 스캔들과 같은 엄청난 사건이 터지는 것을 보면 미국이라는 나라도 아직 멀은 것 같다. 오히려 윤리경영을 표방하기 전인 1982년에 있었던 한 사건이 더욱 의미 있는 윤리경영의 표본을 보여준다.

이른바 '타이레놀 사건'이다. 타이레놀 제조업체 존슨&존슨사는 1982년 9월에 한 정체불명의 사내가 타이레놀 캡슐에 청산가리를 넣어 7명의 사망자가 발생한 사건이 났을 때 매우 어려운 결정에 직면했다. 타이레놀의 위험이 전국적인지 증거가 나올 때까지 기다릴 것인가, 아니면 막대한 손실을 감수하고 모든 제품을 즉각 회수할 것인가 고민할 수밖에 없었다. 이때 CEO 제임스 버크는 위기관리에 있어서 사람을 우선하는 윤리적 판단의 표본을 보여주었다.

버크는 "고객에 대한 책임이 최우선이다"라는 회사의 신조에 따라 즉시 위기대응전략팀을 구성하고 살인마에게 10만 달러의 현상금을 걸었다. 언론매체들을 통해 발 빠르게 타이레놀 캡슐을 모두 알약으로 바꾸어준다고 홍보하고 고객들에게 응급상황이 발생했을 경우 즉각 의사들과 연결될 수 있도록 했다. 고객의 모든 질문은 무료전화로 상담받을 수 있게 조치했다. 회사는 제품포장을 새로 디자인하여 유통과정에서 이물질을 주입할 수 없게 조치했고, 결국 전국에서 3천1백만 개의 캡슐을 회수했다. 3개월 동안의 마치 전쟁과도 같은 단호하고 신속한 조치가 결국 회사를 구했고, 소비자들은 엄청난 인명사건이 발생했음에도 타이레놀을 전보다 더 신뢰하게 되었다. 이것이 바로 윤리경영 아니겠는가? 윤리경영은 구호만으로 가능한 것이 아니다.

우리나라도 2000년대 들어서 기업들이 윤리경영을 이야기하기 시작했고 '기업윤리선언'을 하는 기업들도 늘어가고 있다. 물론 윤리선언만 한다고 하루아침에 윤리경영이 뿌리내리기는 힘들다. 부단한 노력이 필요하다. 여하튼 기업활동을 하는 기업인들이나 비즈니스 현장에서 일하는 직업인들이 이제 '정직'이라는 가치를 중요하게 여기고 있다는 사실은 바람직하고도 중요하다.

「GOD is my CEO」(래리 줄리언 지음, 명진출판사 펴냄)라는 책의 추천사를 쓴 가톨릭대학교 이동현 교수의 글을 보니 이웃나라 일본에서는 우유저장탱크 청소를 소홀히 해서 1만 5천 명이 식중독에 걸리게 한 유키지루시 유업사건도 있었고, 자동차의 결함을 알고도 숨겨온 미쓰비시 자동차, 원자력발전소 부품 균열을 은폐한 도쿄전력 등 일본을 대표하는 대기업들이 성실과 정직이라는 경영의 중요한 가치를 흔들었다고 한다. 2010년의 대규모 도요타자동차 리콜사태도 품질이라는 가치를 포기하고 성과에 치중한 비윤리적 행태 때문임을 보여주었다. 사람들이 워낙 정직해서 고속도로 휴게소에서도 자동차의 문을 잠그지 않는다는 일본인들도 별 수 없는가 보다!

그러나 남의 이야기만이 아니다. 우리나라도 진보나 보수를 가리지 않고 들어서는 정권마다 각종 비리로 시끄럽다. 겪어내야 할 진통이긴 하다. 우리 사회가 정말 정직함으로 승부하는 사회가 될 때까지 아픔이 있어도 감내해야 한다. 기업이나 정부기관의 정직만이 문제가 아니라 그 조직 속에서 일하는 사람들이 사소한 일에서 거짓된 관행과 타성으로 정직을 실천하지 못한다면 우리 기업과 국가의 정직성은 그만큼 멀어질 것이다. 이런 윤리경영이 제대로 뿌리내리게 하기 위해서도 우리 크리스천들의 노력이 필요하다.

나는 윤리경영을 처음 시작한 사람들이 마음속에서 도덕심이 끓어올라 감격하면서 윤리경영의 원리를 만들어냈다고 생각하지는 않는다. 글로벌시대에 5년 후, 10년 후에도 계속해서 비즈니스를 할 수 있기 위해서는 믿음과 신뢰와 정직이 기반되지 않고는 안 될 것이라는 절박감에서 윤리경영이 시작되지 않았을까 상상해본다. 어찌 되었든 현실이 그 방향으로 흘러가고 있는 상황에서 우리 크리스천 직장인들에게는 이 상황이 큰 기회가 아닐 수 없다. '정직함'이라고 하면 바로 우리 크리스천들의 대명사가 아닌가? 우리가 그런 평가를 받아야 한다. 이 부분이 부족하다면 애쓰고 노력해서 정직성을 바로 세워야 한다.

내가 일터사역을 시작하게 된 계기는 〈코리아헤럴드 · 내외경제〉 신문사 신우회를 섬기는 일이었다. 지금은 헤럴드미디어라는 이름의 회사인데, 지금도 신우회 회원들이 매주 모임을 갖고 있다. 1990년 10월, 당시 신학대학원 1학년 때 처음으로 그곳 신우회를 소개받아 예배를 인도하기 시작했다. 지금도 젊지만 그땐 정말 젊었던 것을 실감한다. 그 시절에 했던 설교 원고를 보면 평생 할 수 있는 멋있는 설교는 그 시절에 다 했던 것 같다. 정말 속 시원하게 설교했다. 직장인으로서 가져야 할 성경의 원리를 그대로 설교했다. 타협이나 조정도 용납되지 않는 그야말로 강직한 삶의 실천을 강조하는 설교였다. 세례 요한이 20세기 말에 되살아난 것이었다! 정직하게 살자고, 우리의 일터에서 크리스천들은 성실함과 진실함으로 승부해야 하는 것이라고 소리높이 외쳤다. 설교를 듣는 사람들의 눈을 똑바로 쳐다보면서!

지금 생각하면 그때 우리 신우회 예배에 나왔던 신우회원들이 속으로 이렇게 생각했을 것 같다. '어이구! 원 전도사, 옳은 말씀입니다. 그런데 직장생활 한번 해봤나요? 직장생활 한번 해보면 그런 말이 그리 쉽게 나오지는 않을 걸요? 우리 상황 겪어보면 등에서 식은땀이 좀 날 겁니다.' 아마 틀림없이 그랬을 것 같다. 이후 여러 경로를 통해 나도 직장생활을 직간접적으로 경험하다 보니 일터에서 정직함을 실천하는 것이 얼마나 어려운 일인지 알게 되었다. 이제는 그렇게 설교하지 못한다. 아니 그렇게 설교하지 않는다. 정직함을 세상에서 실천하는 일이 쉽지 않은 것을 인정하고 어떻게 하면 지혜롭고 부작용이 적게, 효과적으로 일터에서 적용해 낼 수 있을지 격려하고 응원하는 설교를 한다. 그래서 결국 우리의 일터를 조금씩이라도 변화시키는 구체적인 사례와 실천방법 등을 나누며 청중과 함께 고민하는 설교를 하려고 노력한다.

사실 그 시절에는 일터에서 정직함을 실천하는 것이 꽤 만만찮은 일이었을 것이다. 그런데 이제는 정직함이 또 다른 각도로 이해되고 있다. 요즘은 윤리경영의 시대가 아닌가. 싫든 좋든 그것이 대세이고, 더디지만 그 방향을 우리 모두가 추구하고 있다. 윤리경영의 시대에는 정직한 것도 성공의 한 방법이 될 가능성이 높다. 예전에는 정직하게 일하면 "왜 그리 더디냐고, 혼자 일하느냐고, 잘난 척 그렇게 튀지 말라고, 그렇게 혼자 정직을 떨어서 제대로 먹고 살 수 있겠느냐고, 그렇게 잘났으면 실적을 보여서 말하라고, 그런다고 아무도 감동받지 않으니 또라이 짓 하지 말라"고 핀잔을 듣고 비웃음을 샀다. 그런데 이제는 조금 달라졌다. 정직함을 실천하는 것이 힘들지만 공동의 목표라는 사실은 모두 알고 있으니 그런 험한 소리는 자주 듣지 않아도 된다. 이런 현실이 감사한 일이 아닐 수 없다.

정직함! 직장인들의 능력 중
하나로 인정받고 있다

　　그래서 기대를 가져본다. 좀 더디지만 정직하게 일하는 것도 비즈니스의 한 방법으로 인정받을 수 있는 시대가 올 것이다. 물론 한 번 정직했다고 복잡하던 일이 다 풀리지는 않는다. 그런데 두 번, 세 번 하다 보면 정직하게 일하는 법이 인정받기 시작한다. 그렇게 하더라도 쓰러지지 않고 망하지만 않으면 우리는 정직하게 일해도 일이 된다는 샘플을 보여줄 수 있고, 또 나아가서 정직해도 성공할 수 있다는 멋진 모델도 보여줄 수 있을 것이다.

　물론 아직도 우리 사회의 현실은 정직하면 이익을 보기 힘들고 주로 손해를 본다. 이익을 얻는 모든 비즈니스가 부정직한 것은 아니지만 정직해서는 제대로 이익을 내기 힘든 것이 현실이다. 하지만 그것은 단기적으로 보았을 때의 결과이다. 장기적으로 보면 결과가 달라질 수 있다. 시간이 흘러도 계속 정직한 모습을 보이면 사람들이 인정해주기 시작한다. 그래서 정직해도 이익을 얻는 결과를 얻어낼 수 있다. 물론 정직한 태도를 유지하는 그 과정에는 손해와 실패가 있기에 고통스럽다. 이 과정을 견디지 못하고 좌절할 수도 있다. 그런데 이 과정을 잘 견디면 우리는 정직함을 통해서도 일을 제대로 해낼 수 있고 인정받을 수 있다는 사실을 사람들에게 보여줄 수 있다. 이것이 정직한 크리스천의 간증이다. 우리의 삶 속에서 착한 행실을 통해 하나님의 영광을 드러내는 것이다(마 5:16).

「육일약국 갑시다」(21세기북스 펴냄)에서 정직한 비즈니스를 간증해 준 김성오 엠베스트 대표의 비즈니스 성공비결을 나름대로 분석해 보았다. 첫째는 '자영업자 마인드'라고 표현하는 열정이고, 또 하나의 중요한 원리가 바로 '정직함'이었다.

그의 열정은 매달 25일에 월급 나오는 것을 기다리는 직장생활이 아니라 그날 직원들에게 월급을 주어야 하기에 더욱 안타깝게 노력하지 않을 수 없는 그의 삶의 정황을 잘 보여주는 미덕이었다.

그리고 그가 일하면서 보여준 초지일관의 미덕이 바로 정직함이었다. 그가 군대시절의 이야기를 한다. 약대를 졸업하고 군대에 가서 의무대에서 근무했는데 휴가 나가는 고참병들이 가방을 내밀었다고 한다. 그 안에 약들을 가득 채워서 휴가를 나가 가족이나 동네 사람들에게 나눠주는 못된 '전통'이었다. 그것을 하지 말자고 이야기해도 먹힐 리가 없었다. 그래서 본인이 휴가를 갈 때 아무것도 안 가지고 빈손으로 나갔다. 그 뒤에 고참병들의 가방의 크기가 줄어들기 시작하더니 제대할 무렵에는 그런 못된 전통이 없어지기 시작했다고 한다.

우리 일터의 정직함도 비슷하다. 본인이 시작하지 않으면 힘들다. 다들 그렇게 한다고 나도 묻어가면 영원히 우리 일터에서는 정직함을 볼 수 없다. 내가 거부하고 자신부터 실천해서 '다들'의 범주에서 한 사람 몫을 줄여내면 그때부터 서서히 바뀌기 시작한다. 우리 일터에 이른바 '관행'의 이름으로 벌어지는 부조리와 부정의 모습이 얼마나 많은가? 그 작은 일부터 우리는 개선해 나가야 한다.

나부터 시작해서!

계속해서 김성오 대표는 한 회사를 경영했을 때의 이야기도 전해준다. 한 회사와 거래를 하는데, 그렇게 정직하게 밝히면 손해 보는 것을 거래하는 회사도 알고 자신도 알고 있었다. 그런데 눈 한번 감고 정직하게 손해 보는 길을 택했다. 그래서 일을 했지만 손해를 보았다. 두 번째 그런 일이 또 있어서 힘들었지만 결정했고, 세 번째도 눈 한번 감고 그렇게 정직해서 손해를 보았다. 그러자 상대방 회사에서 인정을 해주었다고 한다. 정직한 사람, 정직한 기업으로 인정하여 더 많은 물량을 주문해주어서 예전에 손해 본 것을 다 보상받고도 남았다고 한다.

이런 간증이 가슴 벅차게 한다. 힘들었지만 상대방이 알아줄 때까지 정직함을 반복하여 손해 본 것도 다 보상받았다. "할렐루야"가 아닐 수 없다! 그런데 정직함과 성실함이 언제나 그렇게 보상받는 것은 아니다. 세상에서 정직하게 살아가는 사람들은 그들의 정직한 결단에 대해 대개는 보상받지 못한다. 그래서 천국상급이 의미 있는 것이고 예수님의 말씀에 따르면 우리는 받지 못한 보상을 천국에 저축하는 것이다. 예수님은 외식하는 바리새인들이 구제하고 기도하고 금식하는 것을 공개적으로 하여 칭찬 듣는 것은 자기 상을 이미 받은 것이라고 말씀하셨다(마 6:2,5,16). "자기 상을 받았다"는 것은 '이미 대금을 지불하고 영수증을 처리해주었다'는 뜻의 비즈니스용어이다(예수님이 '요셉 목공소'를 경영하시지 않았는가!). 그러니 남겨진 상이 없다는 뜻이다. 그러나 세상에서 사람들에게 보상받지 않은 사람은 은밀한 중에 보시는 하나님이 다 아시고 나중에 갚아주신다. 이 세상에서 받는 보상이 없거나 적어서 서운할 수 있지만 우리는 천국에서 하나님이 주실 상급을 기대해야 한다.

이런 측면에서 「일의 즐거움」(Joy At Work, 상상북스 펴냄)이라는 책을 쓴 데니스 바케(Dennis W. Bakke)의 이야기에 주목해 볼 수 있다. 그는 성경적 가치관을 가지고 세계 최대의 발전소 기업인 AES를 창업해서 경영했던 사람이다. 그는 기업의 공유 가치를 네 가지로 정했다. 온전함(Integrity), 공정함(Fairness), 사회적인 책임(Social Responsibility), 그리고 즐거움(Fun)이었다. Integrity를 가장 앞세우는 핵심가치로 삼았는데, 그 가치를 실제로 기업현장에서 실현했다는 사실이 매우 인상적이다.

데니스 바케는 정직하게 기업활동을 하는 것이 비즈니스에 실제적인 도움이 되기 때문에 정직해야 하는 것이 아니라고 말한다. 그러면 무엇인가? 이익이 없고 손해를 보는 데도 그저 정직하기만 하면 되는 것인가? 데니스 바케는 말하기를 우리가 일터에서 정직을 실천해야 하는 이유는 그 가치들이 옳기 때문에 그 가치를 따라 살려는 것이라고 한다. 크리스천들이 옳은 가치를 따라 살려고 노력하는 것은 당연한 일이기에 하는 것이지 칭찬받기 위해서나 결과가 도움이 되기 때문에 하는 것이 아니라고 주장한다.

그의 이런 결심에는 성경적인 가치를 지키기 위해서 손해를 감수하는 일도 기꺼이 한다는 신앙이 배어 있다. 또한 그런 가치 추구를 립 서비스하여 일시적 홍보효과를 노리는 것이 아니었다는 점도 인상적이다. 그가 추구하는 가치대로 AES발전소의 운영을 실제로 했다는 점 역시 높이 평가되어야 한다.

우리는 과연 이런 정직의 실천을 어떻게 해낼 수 있을까? 일터에서 온전함(Integrity)을 실천해내기 위해서 필요한 것이 있다. 그것은 하나님을 철저하게 신뢰하는 강한 믿음이다. 믿음 없이 우리의 정직함은 지속되기 힘들고, 또한 강력한 영향력을 발휘하기도 힘들다. 다니엘은 이런 믿음을 가지고 있었기에 거짓과 모함과 협잡이 난무하는 일터에서 그의 정직함을 드러내었고, 결국 아름다운 열매를 맺을 수 있었다.

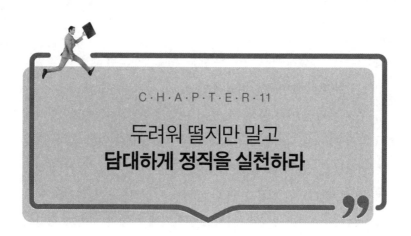

두려워 떨지만 말고
담대하게 정직을 실천하라

목숨을 걸어야 할 때가
있다. 담대하라!

       다니엘서 3장에는 예전에 하나님이 보여주신 꿈을 통해 미래를 깨닫고 하나님의 존재를 인정했던 느부갓네살 왕이 높이가 27미터에 이르는 엄청난 신상(神像)을 만든 이야기가 나온다. 이것을 어떻게 이해할 수 있을까? 아마도 다니엘서 2장의 사건이 있은 후 시간이 많이 지난 것으로 보인다. 히브리어로 기록된 구약을 헬라어로 번역한 성경인 〈칠십인역〉(Septuagint)에는 이때가 느부갓네살 왕의 통치 18년(주전 586년)이라고 기록하고 있다. 다니엘서 2장의 사건이 있은 지 16년이 지난 때로, 더구나 그 해에는 남유다 왕국이 완전히 망하고 성전이 무너졌다. 그래서 승전을 기념하고 통치력을 공고하게 하기 위한 행사로 금 신상을 만든 듯하다. 여하튼 이 신상에 절을 하도록 강요받은 다니엘의 세 친구는 하나님 외에 어떤 우상에게도 절하지 말라는 하나님의 말씀을 지키느냐(출 20:3-6, 신 5:8-10), 아니면 국가 권위에 대한 복종의 의무를 다하느냐라는 참으로 힘든 선택의 기로에 놓여 있었다.

일터에서도 이런 심각한 윤리적 딜레마에 빠지는 경우가 있다. 금 신상 대신에 돼지 머리를 놓고 절하라고 강요하는 고사문화도 이에 해당할 것이다. 일터의 관행이거나 상사의 명령이라는 이유로 비리나 부정에 연루되기도 한다. 밀실에서 비윤리적인 접대를 통해 이른바 '공범'이 되기도 한다. 이럴 때 과연 우리는 어떻게 해야 하는가? 사도 베드로의 말처럼 까다로운 상사에게도 복종하면서(벧전 2:18) 고난을 자처해야 하는가? 아니면 사람의 말을 듣지 않고 하나님의 말씀(행 4:19)을 들어야 하는가?

그런데 이 문제에 대해서는 중요한 판단이 선결되어야 한다. 금 신상에 절하는 일을 강요당하는 이 상황을 10여 년 전에 다니엘과 세 친구가 겪었던 바벨론 왕궁의 음식문제와 비교해 볼 필요가 있다. 그때 다니엘과 세 친구는 자신들이 누릴 수 있는 당연한 권리를 포기하면서 음식을 먹지 않기로 결정했다. 그런데 이때의 상황은 달랐다. 양해를 구해서 권리를 포기하기만 하면 되는 것이 아니었다. 국가의 녹을 먹는 관리라면 당연히 금 신상에 절해야 한다는 규정에 대한 이행이 요구되는 상황이었다. 나의 권리를 포기하면서 협상할 수 있는 여지가 없었다. 국가의 공식행사인 신상의 낙성식 때 악기

소리가 들리면 누구나 엎드려 금 신상에 절해야 했다. 그러지 않으면 풀무불에 던져 죽이겠다는 엄한 지시를 받은 상황이었다. 이런 때에는 과연 어떻게 해야 하겠는가?

또한 사드락과 메삭과 아벳느고에게는 심각한 유혹이 있었다. 금 신상에 절하지 않는다는 혐의로 고발되었을 때 왕이 그들을 즉시 처형하지 않았다. 갈대아 출신 관료들은 사드락과 메삭과 아벳느고가 바벨론 제국의 도를 다스리는 고위관리이면서도 왕을 높이지 않고 왕의 신들을 섬기지 않는다고 고발했다(단 3:12). 이런 고발을 듣고 느부갓네살 왕은 분노했지만(단 3:13), 한편 그들을 아꼈기에 바로 처형하지 않고 회유를 했다. 그들의 이름을 부르면서 "너희가 내 신을 섬기지 아니하며 내가 세운 금 신상에게 절하지 아니한다 하니 사실이냐? 이제라도 너희가 준비하였다가 나팔과 피리와 수금과 삼현금과 양금과 생황과 및 모든 악기 소리를 들을 때 내가 만든 신상 앞에 엎드려 절하면 좋거니"(단 3:14-15)라고 적극적으로 회유하고 있다. 더구나 모든 악기를 다시 동원하겠다는 말이 세 차례(단 3:7,10,15)나 반복되는 것으로 보아 낙성식을 공식적으로 다시 여는 모든 번거로움을 감수하고라도 그들에게 다시 한번 기회를 주겠다는 호의였다.

만약 당신이 윗사람으로부터 이런 극진한 호의가 담긴 회유를 받는다면 애초에 했던 신앙적인 결단을 제대로 지킬 수 있겠는가? 그러나 그들은 왕이 다시 기회를 주더라도 신상에 절하지 않을 것이라고 단호하게 말했다. 왕이 자신들을 풀무에 던져 넣더라도 하나님은 능히 그 뜨거운 곳에서도 그들을 구원해 낼 만한 능력 있는 신이

심을 강조하면서, 설령 그렇게 극적인 구원을 베푸시지 않을지라도 금 신상에 절을 해서 자신들의 신앙적 지조를 꺾지는 않을 것이라고 딱 잘라 말했다(단 3:17-18). 이들의 대답은 그 어조로 보아서도 느부갓네살의 호의를 너무도 박절하게 잘라 거절하는 무례에 가까웠음을 알 수 있다. 하나님이냐 세상이냐 결정해야 하는 심각한 선택의 기로에서는 이런 단호함이 있어야 한다.

이들에게 하나님이 놀라운 이적을 베풀어 구원해주신 일은 희한한 일이 아니다. 하나님 편에서 보면 당연한 대응이었다(단 3:24-27). 하나님은 이적을 베풀어 세 친구를 살리셨고, 하나님의 영광스러운 이름은 바벨론에서 다시 한번 찬란히 빛났다.

오늘날의 사드락, 메삭, 아벳느고는 누구인가?

이 세 사람이 겪었던 것과 같은 일을 우리가 오늘 일터에서 겪는 경우는 그리 쉽지 않을 것이다. 그러나 이런 일이 전혀 없는 것도 아니다. 직장인들의 최후 보루인 '사표'를 쓰겠다는 결단을 하고 강력하게 대처하니 오히려 전화위복의 기회가 생기는 경우도 있다.

월간 〈일하는 제자들〉(1994년 4월호)에 실린 한 직장인의 간증을 소개한다.

회사가 세워진 지 얼마 안됐을 때였습니다. 회사의 발전을 위해서 전사적으로 고사를 지낸다는 것이었습니다. 그 행사를 기획한 사람은 바로 제 직속상사였는데 사장님을 비롯한 회사의 임직원들이 모두 돼지머리 앞에서 절하는 순서가 있다는 것입니다. 회사의 창립 멤버로서 회사에 대한 애착이 남달랐던 저로서는 굉장히 고민이 됐습니다. 하나님을 믿는 자로서 절을 할 수도 없고, 한편으론 사장님도 절을 하는데 일개 부장이 절을 안 하면 소위 '찍힐 것'이 분명했으니까요. 하나님께 기도하면서 "할 수 없다. 어렵게 들어온 회사이고 너무나 사랑하는 회사지만 사표를 내라면 낼 수밖에…"라고 결심을 했습니다.

행사 날 고사가 행해지는 장소에는 3천여 명 전 직원이 가득 모였는데, 전 슬며시 빠져나와 제가 기도실로 이용하던 당직실 옆의 골방에 틀어박혔습니다. 절을 하는 순서가 되어 사장님을 비롯한 임직원들이 한 명씩 절을 하는데 제가 없으니까 방송으로 제 이름을 불렀나 봅니다. 한 직원이 저를 찾다가 골방에서 기도하고 있는 저를 발견하곤 그냥 돌아갔는데, 자꾸 방송으로 저를 찾으니까 큰소리로 "지금 골방에서 기도하고 있습니다"라고 대답했고, 그 순간 물을 끼얹은 듯 그 자리가 조용해졌다는 것입니다.

그 행사 후 사장님이 호출했습니다. '이젠 정말 끝장이구나'라는 심정으로 사표를 써서 사장실에 들어갔는데 갑자기 사장님이 "○부장! 교회에서 맡은 직분이 뭐지?"라고 물으셨습니다. '권사'(감리교)라고 대답했더니 "그런데 이상한 게 있어. 교회에서 권사보다 장로가 높다면서? 그런데 교회 장로라는 사람들도 다 절하던데 ○권사는 왜 절을 안했지? 난 ○부장처럼 화끈한 사람이 좋아"라는 것이었습니다. 얼마 후 회사의 차기 사장으로까지 지목되던 저의 직속상사가 아주 사소한 일을 계기로 면직되면서 하나님은 저를 그 자리로 올리셨습니다.

이분이야말로 바로 오늘날의 사드락, 메삭, 아벳느고가 아닌가! 성경 속의 느부갓네살 왕도 이적의 주인공들인 세 사람을 바벨론의 더욱 높은 지위에 올렸다(단 3:30). 믿음을 가지고 죽을 각오로 일터의 상황과 부딪히다 보면 하나님이 우리에게도 이런 놀라운 이적의 역사를 베풀어주실 수 있다. 늘 그런 것은 아니고 이 세상이 아닌 천국상급을 기대해야 하지만, 하나님이 이 세상에서 베풀어주신 이런 놀라운 간증거리를 통해 우리는 세상을 향해 더욱 선한 영향력을 행사할 수 있다.

물론 사드락과 메삭, 아벳느고가 겪었던 것과 같은 이런 극단적인 사건이 우리의 인생에서 그리 자주 일어나지는 않을 것이다. 그렇다고 하여 우리가 이런 극단적인 상황은 전혀 생각도 하지 않거나 외면해 버린다면 막상 그런 상황이 닥쳐왔을 때 우왕좌왕하다가 넘어지고 말 것이다. 성경 속의 사건들을 접하면서 오늘 나도 이런 일을 겪을 수 있다고 가정하고 시나리오를 준비해야 한다. 목숨을 걸고 맞서면 기적이 일어날 수 있다. 하나님이 역사하시는 기적이 일어나면 살아남을 수 있다.

순교적 결단이 필요한 때는
목숨 걸고 결단하라!

하나님의 놀라운 개입을 기대하며 목숨을 거는 순교적 결단이 필요하다. 다니엘의 세 친구가 실제적인 사례를 보여주었고, 예수님이 산상수훈에서 단호하게 말씀하신 대로 실족하게 하는 눈을 빼버리고 손을 찍어 내버려야 할 상황이 있다(마 5:29-30). 하지만 언제나 그런 것은 아니다.

전에 전화 상담을 했던 일이 오래도록 기억난다. 경기도 고양시의 한 개인병원에서 일하는 간호사였다. 함께 일하던 동료가 퇴사하고 그의 업무를 인수인계 받았는데, 당시 의료보험공단에 보험금 청구하는 서류를 정리해 보고하는 일이었다. 거기서 몇 가지 문제가 있는 것을 발견했다. 진료 일수나 투약 일수 등을 늘려서 보험금을 더 많이 받기 위한 방법을 알려주었다(모든 병원이 그러는 것은 아니겠지만 요즘에도 간혹 뉴스에 이런 보험금 과다청구 문제로 적발된 병원이나 약국의 이야기가 나오지 않는가). 그 자매가 원장님께 그것을 하지 않았으면 좋겠다고 했더니 이렇게 대답했다고 한다. "어, 그거? 우리만 그러는 거 아냐? 적당히 그렇게 해! 못하겠어? 그걸 왜 못해?" 그렇게 핀잔을 주는 원장의 반응이 하도 자신 있고 기가 차서 당장은 대답할 말이 없었다고 한다. 통화를 하다 보니 그 자매는 결심이 서 있었다. 더 이상 그 병원에서 일할 수는 없겠다는 생각을 하고 있는 것이 확실했다. 그래서 내가 이렇게 말했다.

"만약 자매님이 그 일로 병원을 그만 두면 그것은 일종의 순교적 결단에 해당합니다. 하나님이 귀하게 보실 수 있습니다. 원장님도 크리스천 중에는 이런 일로 직장을 그만 두는 사람이 있다는 생각에 마음에 조금이나마 충격이 있을 수도 있습니다. 그런데 그 일터, 그 병원은 변하지 않습니다. 원장님은 다른 사람을 시켜서 하던 것을 그대로 할 것입니다."

순교적 결단도 의미 있다. 우리는 기회가 닿을 때 우리가 하나님의 자녀임을 분명하게 드러내면서 희생해야 한다. 그럴 수 있는 기회가 왔을 때 믿음으로 목숨 걸고 결심해야 한다. 그런데 나는 그 자매에게 다른 가능성 하나를 알려주었다.

"자매님이 만약에 그 일에 대해 문제의식을 가지고 기도하면서 상황을 인식한다면 순교적 결단 외에 점진적 결단도 할 수 있습니다. 이런 식으로 원장님에게 제안해 보시는 것입니다. 아무개 간호사가 퇴사하면서 알려준 청구방법 중에 과다 청구하던 네 가지에 대해서, 두 가지는 감사가 나오면 당장 문제되는 지적사항이니 그만 두고 다른 두 가지만 예전처럼 하겠습니다. 우리가 이렇게 하는 것도 병원 경영이 어렵기 때문인데 저희가 열심히 일하겠습니다. 그래서 상황이 좋아져서 나중에는 나머지 두 가지를 하지 않아도 우리 병원이 잘 성장하도록 노력하겠습니다. 믿어주시고 허락해 주십시오."

점진적 결단이 우리 일터를
변화시킬 수 있다

만약에 이렇게 이야기한다면 원장이 어떻게 반응했을까? 웃기는 소리 하지 말라고 했을까, 아니면 그 뜻을 가상하게 여겨서 허락했을까? 전화했던 그 자매가 이후에 연락을 해주지 않아서 과연 순교적 결단을 했는지, 점진적 결단을 했는지 확인하지는 못했다.

우리의 일터에는 이렇게 점진적으로 차근차근 고쳐나가야 할 부분이 많다. 사도 바울이 하나님이 나누어주신 믿음의 분량대로 지혜롭게 생각하라는 것이(롬 12:3) 점진적 결단의 근거이다. 누구에게나 획일적으로 윤리적인 결단을 강요하기란 힘들다. 사실 죄악된 세상, 구조적인 문제점이 많은 우리의 비즈니스 현장에서 윤리적 잣대로 보아 백 퍼센트 깨끗한 일, 전혀 꺼림칙하지 않은 일은 없을 것이다. 이 문제를 우리가 먹는 음식으로 생각해보면 조금 이해가 쉬울 것 같다. 물이나 음료, 음식에 유해 세균이 많이 들어 있으면 큰일 나지만 세균이 전혀 없는 음식을 먹는 것은 불가능하지 않은가? 그래서 필요한 것이 '허용 기준치' 아니겠는가? 우유도 1등급 원유는 1ml에 허용되는 세균수를 몇 마리 이하로 규정한다. 우리가 일터 현장에서 부딪히는 윤리적 문제에도 이런 기준이 있다.

이런 윤리적인 문제를 결정하는 믿음의 기준은 두 가지 정도이다. 첫째는 개인의 믿음의 경향과 수준에 따르는 것이다. 둘째는 교회 공동체의 가르침, 즉 성경적인 기준에 따라서 정해지는 것이 보통이다. 이런 기준이 획일적이지는 않다. 예를 들어 북이스라엘의 아합왕 밑에서 왕궁 맡은 자로 일했던 오바댜와 같은 경우(열왕기상 18장), 그를 가리켜 성경은 "여호와를 지극히 경외하는 자"(왕상 18:3)라고 평가했다. 그런데 오바댜는 과연 하나님 율법의 어떤 기준을 가지고 이스라엘의 왕들 중에서 우상 숭배를 지극히 많이 한 악한 왕 아합의 모든 궁궐 살림살이를 책임졌겠는가? 그 나름의 기준을 가지고 노력한 것이라고 볼 수 있다. 어쩌면 오바댜가 있었으니 그나마 아합 왕이 그 정도로 악했을 것이다. 죄악된 세상에서 살아가는 우리 크리스천들에게도 이런 '오바댜'의 역할이 있다.

따라서 순교적인 결단의 기회가 있으면 순교적인 결단을 하되 그런 일은 평생 한두 번 있다고 생각하면 좋다. 적어도 순교적인 결단을 한다면 기자회견 정도는 하고(?), 그 결단으로 인해서 내가 일하는 분야의 윤리적 수준이 눈에 띄게 업그레이드되고, 사회적 반향을 불러일으키는 변화를 가져올 수 있을 정도로 잘 준비하면 좋을 것이다.

따라서 점진적인 결단을 하겠다는 결심을 가지고 우리의 일을 돌아보는 노력이 필요하다. 회사의 회계나 경리분야를 담당하는 직장인들로부터 비슷한 내용의 상담을 자주 받는다. 영수증을 꾸며서 비용을 늘이고 매출을 줄이는 일, 그래서 이중장부를 만드는 일과 관련된 고민이다. 크리스천인 상사나 오너에게서도 그런 주문을 받아 고민한다는 이야기를 들으면 더욱 난감하다. 이런 상황이라면 어떻게 해야 크리스천답게 일하는 것인가? 나는 이때 주로 점진적인 결단을 권한다.

우리나라의 납세와 관련된 현실이라는 것이 제대로 신고해도 매출이 더 많을 거라고 추정해서 더 많은 세금을 매긴다는 이야기를 들었다. 옛날이야기인지는 모르겠지만 그 현실이 크게 달라지지 않았을 것 같다. 탈세해서는 안 되겠으나 절세(節稅)의 방법이 있지 않은가? 물론 회계업무에 대한 전문적인 지식이 있어야 절세도 가능하다. 그런 방법들을 연구해서 윗사람에게 적당한 기준을 설정하고 단계적으로 처리하는 것을 제안해보는 것이다. 그렇게 노력해도 윗사람이 "웃기는 소리 하지 말라"며 윽박지르고 회사 그만 두라고 하면 그야말로 순교적인 결단을 해봄직도 하다. 그런데 그런 노력도 하지 않고 포기해 버린다면 너무나 안타까운 일이 아닐 수 없다.

윤리적인 결단에는 하나님이 주시는 용기와 더불어 지혜가 필요하다. 우리가 불의한 세상에 대해 부딪치고 깨지기만 하면 평생 떠돌이로 지낼 가능성이 높다. 그러면 하나님이 주신 우리의 사역지인 일터와 세상을 변화시킬 힘을 기르기 힘들다. 문제를 분명하게 인식하고, 당장 뒤집지는 못하지만 시간을 두고 일터의 변화를 가져오겠다는 생각을 가지고 노력할 때 오염된 저수지는 조금씩 맑아진다. 우리의 '노력'이 끊임없이 흘러드는 '맑은 물'이기 때문이다. 어느 세월에 썩어빠진 저수지를 맑게 하겠느냐고 핑계대거나 한탄하지 말라. 깨끗한 물이 흘러드는 수로를 더 많이 만들면 되고 수량을 늘리면 된다. 누가 하는가? '크리스천 직장인'이라는 사명을 가진 '나와 우리'가 할 수 있다.

현실적으로 차선책을 택하는
결단도 의미 있다

이런 점진적인 결단과 더불어 또 한 가지 결단의 방법이 있다. 현실적인 결단이다. 실제적인 문제를 가지고 이 결단에 대해 생각해보자. 만약에 일을 하면서 상대방이 '뒷돈'을 요구하는 상황이라면 크리스천 직장인으로서 당신은 어떤 대안을 가지고 있는가? 주로 개발도상국과 거래하거나 단체 여행을 할 때 종종 경험할 수 있는 '급행료'가 있다. 뭔가 뒷돈을 좀 쥐어주어야 마치 엔진의 윤활유처럼 부드럽게 진행되는 일이 있다. 다른 나라뿐인가, 우리나라 역시 예외가 아니다. 이제 좀 나아졌는가? 그래도 여러 방법으로 이런 떳떳치 못한 돈을 요구하는 사람들이 아직 있고, 그런 상황에 처했을 때 크리스천들은 당황할 수밖에 없다.

한 모임에서 국가기관에서 일하는 한 고위공무원과 이야기를 하게 되었다. 직업윤리에 대한 이야기가 나왔는데 요즘에는 공무원들 중에 비리가 발견되면 곧바로 감사를 받고 사정당국에 고발되기 때문에 예전처럼 비리를 찾아보기가 매우 힘들다고 했다. 속으로는 아닐 것이라고 생각했지만, 그렇게 정색하며 주장하는 고위공무원에게 반박하거나 덧붙일 말은 없었다. 그런데 정말 요즘에는 그런 일이 없는가? 며칠 후에 한 신문에서 박스 기사를 오려내었다. "공무원들 낯 두꺼운 뇌물 압력"이라는 제목으로 행정안전부 정부청사 관리소에 근무하는 A씨가 공사입찰 모 기업 관계자 등으로부터 총

3천5백만 원의 금품을 받아 파면조치 의뢰되었다고 했다. 또한 지식경제부 산하 기술표준원의 B연구관은 업체 대표로부터 모두 20여 차례에 걸쳐 1억 2천3백만 원의 금품을 받아 감사원이 파면조치를 요구했다고 했다.

비리가 발견되면 이렇게 감사를 받고 파면 조치되는 것은 사실인 것 같은데 감사를 받지 않은 부분에 숨겨진 비리가 얼마나 더 많이 있겠는가? 예전과는 달라져서 이제는 비리가 없다는 말은 정확하지 않다. 우리나라의 무역 등의 경제 규모가 세계 10위 내외 쯤 된다고 한다. 올림픽을 해도 비슷한 성적을 낸다. 그런데 국제투명성기구의 부패인식지수는 세계 90여 개 조사대상국 중에서 중간쯤의 순위인 40~50위 정도를 맴돈다. 이런 현실은 창피한 일이 아닐 수 없다. 민원현장에서 사소한 급행료가 커지면 그것이 뇌물이고, 규모가 더 커져서 정치경제 상황과 연관되면 아무개 게이트가 되는 것 아니겠는가. 요즘에는 예전보다 많이 줄어든 것은 분명하지만 아직도 비리는 우리 사회에 여전히 존재하고 있다.

사도 바울은 우리의 몸을 "하나님이 기뻐하시는 영적 예배인 거룩한 산 제물"(living sacrifices, NIV)로 드리라고 하면서 이 세대를 본받지 말고 새로운 마음으로 무장하라고 했다. 그래서 하나님이 기뻐하시는 선하고 온전한 뜻을 분별하라고 가르쳤다(롬 12:1-2). 우리 크리스천들은 어떤 상황에서나 이 점을 유념하며 비리 많은 세상에서 대안(代案)을 찾아야 한다. 이것은 세상에서 일하며 사는 우리 크리스천들이 세상 사람들의 방법을 대신하면서 일하는 지혜이다. 또한 그들의 방법과는 전혀 다르게 맞상대하는 방법, 즉 대안(對案)이어야 한다. 일종의 영적 전투의 상황이기도 하다는 말이다.

비즈니스 현장에서 사람들이 뒷돈을 요구할 때 어떻게 하면 좋겠는가? 형태나 상황이야 천차만별이겠지만 성경에서는 분명한 어조로 뇌물을 거절하라고 가르치고 있다(신 27:25, 시 15:5). 뇌물을 주지 않고 일하겠다는 굳은 각오를 가지고 기도하면서 준비할 수 있어야 한다. 이런 상황에 처했을 때 행동할 수 있는 대안을 생각해 보자.

먼저 강하게 나가는 방법이 있다. 뒷돈 요구를 거절하며 하나님의 정의를 그대로 실현하는 방법이다. 그런데 물론 그로 인한 뒷감당은 본인이 해야 한다. 오래 전이긴 한데, 냉동 창고를 새로 하나 더 짓기 위해서 관련서류를 준비해 군청에 갔던 한 직장인의 이야기를 들었다. 창구에 있는 담당직원은 서류에 대해 트집을 잡았다. 꾹 참고 다시 서류를 고쳐갔더니 지난번에는 이야기하지 않은 다른 서류가 더 필요하다고 했다. 옆에서 지켜보던 한 사람이 불러서 "한 10만 원만 주면 해결돼요"라고 코치해주기도 했다. 그것을 처음부터 모르지 않았지만, 그는 부패와 비리의 현장에서 예수 믿는 사람의 자존심을 꺾을 수 없었기에 서류 박스를 가지고 군수실로 들어갔다고 한다. 비서가 말려도 아랑곳하지 않고 들어가서 서류에 어떤 문제가 있는지 따지면서 군수와 담판을 지었다. 때로 이런 용기가 필요하다.

물론 이 상황에서는 그 문제가 해결되었는데, 이후에 그 회사가 어떤 어려움을 겪었을지 안 봐도 잘 알 수 있다. 이렇게 문제를 해결할 수도 있지만, 이렇게 강하게 나가면 원하는 목적을 달성하지 못하는 경우가 더 많다. 일이 안 되는 것이다. 그런데 그것도 하나님의 뜻으로 알고 손해를 감수하는 것 역시 하나님의 사람으로서 시도해볼 만한 용기가 아닐 수 없다. 이런 각오로 세상과 부딪쳐 나갈 때 하나님 나라는 우리의 일터 현장에 굳건하게 세워질 수 있다. 이것은 위에서 말한 일종의 순교적 결단이다.

또 다른 방법은 시간과 여유를 가지고 가능한 방법을 모색해보는 것이다. 스리랑카에 있는 한 한국의류회사의 직원들이 겪은 이야기이다. 세관공무원이 뒷돈을 요구하는 것에 응하지 않고 통관에 어려움을 겪으며 고민하고 기도했다. 한 직원이 아이디어를 냈다. 그 회사의 현지 직원들을 위한 교육시간에 세관공무원을 초청해 강의를 부탁하는 방법이었다. 세관공무원에게 강의 요청을 했더니 무척 좋아했고, 강의가 끝난 후 정해진 강사비를 지불했다. 그러자 그 이후에는 그 세관공무원이 더 이상 뒷돈을 요구하지 않았다고 한다. 물론 그 공무원이 본래 계획된 강사는 아니었으나 그런 방법을 통해서 그들이 요구하는 뇌물을 주지 않을 수 있었으니 지혜를 발휘한 것이 아니겠는가? 이런 대응이 예수님이 말씀하신 뱀같이 지혜롭고 비둘기같이 순결한 것이 아니겠는가!(마 10:16).

쉽게 포기하지 말고 고민하고
또 고민하며 간절히 기도하라

문제는 이렇게 고민을 감수하는 것이다. 그저 쉽게 남들이 하는 대로 하지 않고 노력하다 보면 하나님이 지혜와 피할 길을 주신다(고전 10:13). 하나님은 나의 고민을 통해서도 분명히 말씀해 주신다는 확신을 갖자.

전에 내가 한 도시에 있는 유통회사에 예배를 인도하러 갔다가 예배 후 차를 마시면서 지점장님과 대화하며 이야기를 들었다. 시청에 가서 매장 증축허가를 받으려고 노력했지만 사소한 트집을 잡으면서 허가를 보류하는 민원담당 직원 때문에 고생했다고 한다. 수정하고 준비해 오라는 서류를 가지고 두 번째 갔더니 또 문제가 있다는 것이었다. 그럼 지난번에 이야기해 주었어야 하는 것 아닌가? 그때 느낌이 왔다고 한다. '인사'를 해야 하는 것을 모르지 않았다. 그런데 그렇게 할 수 없었다. 크리스천으로서 세상의 방법으로 일하고 싶지 않아서 기도를 많이 했는데 정말 기도가 간절했다. 세 번째 찾아가도 서류에 하자가 있다고 하니 너무 화가 나고 답답했다. 점심이라도 한 번 사야 하나 고민하면서 꾹 참고 계속 이야기를 하는데, 그 직원이 자기의 군대시절 이야기를 했다고 한다. 마침 그 형제도 그 시청 직원이 나온 군대에서 복무했기에 사실 확인을 하고 기수를 따져 선후배 관계를 알아보았다. 그랬더니 그 형제가 그 시청 직원보다 한참 고참이었다고 한다. 직원이 금방 태도가 바뀌어서 거의 형님 대접을 하더라는 것 아닌가? 그래서 그 허가 관련문제를 해결할 수 있었다고 한다.

그 이야기를 들으며 나는 목사의 입장에서 그 형제가 너무나 고마웠다. 그렇게 크리스천답게 일하기 위해 고민한 것은 남들 하는 대로 세상의 방법을 따르지 않고 하나님의 뜻을 찾았기 때문 아닌가. 물론 관청에서 허가를 낼 때 그렇게 연(緣)을 찾아 일하는 것은 옳지 못하다. 그런 잘못된 매뉴얼을 말하려는 것이 아니다. 그러나 다른 사람들이 흔히 하듯이 그저 적당히 처리하지 않고 크리스천의 가치를 보여주려고 고민하며 기도하다 보니 하나님이 그런 방법으로 그 형제의 문제를 해결해주신 것 아닌가?

생각해보라. 민원인을 상대로 이야기하던 공무원이 자기가 군대에 갔다 온 이야기를 왜 하겠는가? 내가 그 지점장에게 군대 어디 갔다 왔는지 그 직원에게 먼저 물어봤느냐고 질문하니, 그렇게 하지 않았다고 한다. 그러니 이것은 하나님이 이 형제의 고민과 기도를 들으시고 삶 속에서 말씀해주시고 방향을 일러주신 것 아니겠는가? 이런 방법이 늘 최선이라고 할 수는 없다. 하지만 차선의 해결방법일 수는 있다. 최선을 다할 수 없다고 쉽게 포기하지 말아야 한다. 최악을 피하기 위해 차악을 택하는 안타까운 선택을 해야 하는 순간도 우리의 일터현장에는 종종 있다. 물론 그런 결정으로 인한 부작용에 대해서는 내가 책임지겠다는 자세가 필요하다. 실제로 자신이 책임을 져야 한다. 이런 고육지책의 각오로 우리의 정직을 실천해야 하겠다.

일하면서 아무런 고민도 없이, 그저 세상 사람들이 하는 방법대로 편하게 해결하려고 하지 말자. 누구나 다 관행적으로 그렇게 하는 것이라고 자위하지 말자. 후배들에게, 자식들에게 무엇을 가르쳐주려고 그러는가? 남들 하는 대로 하지 않고 튀다가 손해를 보고 실패하더라도 떳떳할 수 있다. 그저 사람들 눈에는 잘되고 성공한 것처럼 보이는데, 속을 열어보면 세상의 방법과 전혀 다르지 않게 일한 것이라면, 그것은 진정한 성공이 아니다. 비리와 부정이 대세인 세상에서 일하면서도 우리 크리스천들이 순결하고 지혜로운 일처리 방법을 계발하기 위해 몸부림칠 때 우리는 우리의 후배나 자녀들에게 할 말이 있을 것이다. 평생 비즈니스 현장에서 노력하여 아직은 어설프지만 한 가지 길을 찾았노라고, 좁은 길이어서 가슴 졸이고 아슬아슬했지만 내가 걸어온 바로 그 길을 걸어보라고 말이다.

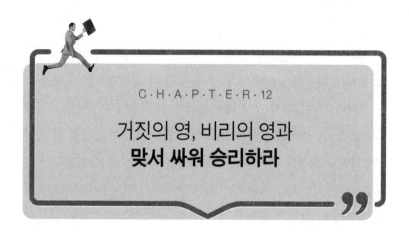

거짓의 영, 비리의 영과
맞서 싸워 승리하라

,,

욕심 때문에 횡행하는
세상의 거짓에 항거하라

분명한 거짓을 용납하거나 묵인해야 할 때, 그런 분위기 속에서 일해야 할 때 우리는 어떻게 할 수 있을까? 비즈니스 현장에서 일하는 크리스천이라면 누구나 겪을 수 있는 문제이다.

한 회사의 영업부서에서 일하는 C과장이 겪은 일이다. 연말에 영업 관련회의를 하면서 실무책임자로서 간곡하고 분명하게 '당겨 막기'를 하지 말자고 강조했다. 그런데 그 정반대 내용의 지시서가 업무라인을 통해 내려왔다. 연말이 되기 전에 지점들에서 이미 물건이 팔린 것처럼 내년의 매출을 미리 당겨 잡아서 매출을 늘린 것이었다. 너무 화가 난 C과장은 본부장과 사장까지 결재한 공문이 끼워진 결재판을 책상 위에 던져버리고는 그대로 사무실 밖으로 나가버렸다.

사건은 그때부터 의도하지 않은 방향으로 흘러갔다. 함께 일하던 동료들이 걱정하면서 윗사람에게 C과장이 너무 실망하고 화가 나서 아마도 사표를 내고 회사를 그만 둘 것 같다고 보고했다. 한 시간쯤 밖에 나가서 화를 누그러뜨린 후 사무실에 들어간 C과장은 깜짝 놀랐다. 조금 전에 결정되었던 '거짓 매출' 계획을 없었던 것으로 윗사람들이 다시 결정을 내렸고, 수정한 지시공문이 내려왔다는 것이었다. 사표 낼 생각은 전혀 하지 않았던 자신의 작은 '항거'로 인해 윗사람들이 부랴부랴 잘못된 업무지시를 뒤집는 경험을 하면서 C과장은 하나님께 감사드리지 않을 수 없었다.

직장인들은 왜 거짓인 줄 알면서도 포기하지 못하는가? 많은 경우가 바로 욕심 때문이다. 더 많은 이익을 얻을 욕심에 거짓말을 하고, 손해 보지 않기 위해서 거짓된 행동을 포기하지 못한다. 성경에도 그런 예가 있다. 다윗 왕의 아들 압살롬이 반역을 일으켰다가 죽었을 때 승전 소식을 아히마아스가 전하려고 했다. 그는 제사장 사독의 아들로 다윗 왕이 전령의 역할을 하도록 부탁했던 사람이다. 그는 승전 소식을 가장 빨리 전해 공을 세우려고 했다. 그러나 그의 상사였던 요압 장군이 말리면서 다른 사람을 전령으로 보냈다. 하지만 아히마아스는 고집을 피우면서 억지로 허락을 받아서 출발했다.

아히마아스는 지형에 익숙했고 달리기 능력도 있어서 요압이 먼저 보낸 에티오피아 병사보다 더 빨리 도착했다. 아히마아스가 다윗 왕 앞에서 승전 소식을 알리자 왕은 당연히 압살롬의 안부를 물었다. 그러나 이때 아히마아스는 거짓말을 했다. 요압 장군이 자신을 보낼 때 전쟁터에서 큰 소동이 있었지만 거기서 무슨 일이 벌어졌는지 잘 모른다고 대답했다(삼하 18:29).

아히마아스에게는 일에 대한 열정과 상을 받겠다는 목표의식이 있었다. 그러나 그 욕심 때문에 그는 거짓말을 했다. 이 일은 바로 오늘 우리 직장인들이 일터에서 매우 흔하게 겪는 문제가 아닐 수 없다. 그 상황에서 아히마아스가 어떻게 하면 좋았겠는가? 아히마아스가 조금만 생각을 달리 했으면 그는 거짓말을 하지 않을 수도 있었다. "좋은 소식도 있고 안 좋은 소식도 있다"면서 승전 사실과 압살롬의 죽음을 사실대로 보고하면 되지 않았겠는가? 사실대로 보고했으면 왜 상 받을 일이 아니라고 생각했을까? 전령이 전하는 메시지의 내용은 늘 좋은 일이어야 한단 말인가? 말도 안 되는 착각이었다. 아히마아스는 좋은 소식을 전하는 자라는 평판을 유지하려는 욕심 때문에 심각한 거짓말을 했다.

아마도 아히마아스는 두고두고 사람들에게 안 좋은 기억으로 남았을 것이다. 좋은 소식을 전했다고 하여 에티오피아 전령보다 더 큰 상을 받았다면, 요압 장군 앞에서나 아버지요 제사장인 사독 앞에서 얼굴을 들지 못했을 것이다. 그는 그의 평생 이력에 치욕스러운 오점을 남겼다.

그러면 숱한 거짓 속에서 살아가는 일터 속의 크리스천들은 어떤 대안을 가질 수 있는가? 위에서 말한 C과장의 경우처럼 잘못된 거짓말을 하지 않겠다는 결심을 하면 동료들에게도 인정받을 수 있다. 때로 꽉 막힌 사람이라고 무시당해도 얼마나 떳떳한가? 거짓말이나 거짓 행동으로 자신이 얻을 것을 포기하는 깨끗한 마음을 보여주면 결국 인정받을 수 있다. 이런 상황에서 우리는 정직하면서도 일을 제대로 하는 방법을 모색해야 한다. 획일적인 방법이 있지도 않을 것이고 숱한 난관에 부딪힐 것이지만 대안을 찾기 위해서 노력하다 보면 하나님이 열어주시는 길이 있다. 뭔가 세상과는 다르게 하나님의 뜻을 찾겠다는 의지가 중요하다. 그래서 '적당한 거짓말도 능력이다' 라고 떠벌리는 상습 거짓말쟁이들의 코를 납작하게 해줄 수 있어야 한다.

사실 이 거짓말의 문제에 대해서는 우리가 특별히 조심해야 한다. 흔히 '하얀 거짓말' 이라는 이름으로 쉽게 거짓말을 하거나 기분 좋으라고 거짓말할 때도 있는데, 이런 문제도 그냥 넘길 것이 아니다. 쉬는 주말에 출근해서 급한 일을 할 수 있는지 상사가 물으면 어떻게 대답하는가? 싫다고 하면 입장이 곤란해지니까 집안에 모임이 있다고 핑계를 댈 수 있다. 물론 윗사람의 입장에서도 사실대로 싫다는 응답을 받으면 불쾌해지니, 핑계로 하는 거짓말이 상사를 더 배려해주는 것이라고 생각할 수도 있다. 그렇게 사람들은 자신을 합리화하며 쉽게 거짓말을 하곤 한다. 그런데 그런 거짓말도 버릇이 되니 심각해진다.

외롭지만 당찬 노력,
'진실 시위'를 시도하라

　　일터에서 일상적으로 이런 문제를 겪는다. 전화를 바꾸어달라고 하는 거래처 담당자의 전화를 바꾸어주려고 하니 손사래를 치며 없다고 하라면서 스마트폰 전원도 꺼버리는 윗사람의 요구에 어떻게 대응해야 하는가? 없다고 말하라고 시키는 대로 "부장님이 지금 자리에 안 계십니다"라고 말하는 것은 거짓말일 뿐이다. 솔직하게 "부장님이 없다고 그러라고 하시는데요"라고 대답할 수도 없지 않은가? 이때 어떻게 하면 좋겠는가?

　　이런 사소한 문제부터 거짓말의 탑을 쌓아가지 말아야 한다. "네. 그런데 지금 부장님이 전화 받기 힘든 상황입니다. 제게 메모를 남겨주시면 전달하거나 연락드리겠습니다." 이 정도의 응대는 어떤가? 없다고 하라는 것이나 비슷한 거짓말인가? 상대방의 요구를 직접 들어주는 것은 아니지만 거짓말을 하는 것이 아니다. 전화 받기 힘드니까 없다고 그러는 것이 아닌가? 만약 이렇게 응답하면 윗사람은 시키지도 않는 쓸데없는 짓을 한다고 역정을 낼지도 모르겠다. 그래도 그렇게 사소한 문제부터 거짓말하지 않으려고 노력한다는 사실을 모든 사람(전화 건 사람이나 거짓말시키는 사람, 그것을 듣고 있는 동료들도 포함)에게 보여주어야 한다.

　　나는 이것을 우리 크리스천의 '진실 시위'라고 표현하고 싶다. 이렇게 사소한 거짓말도 하지 않으려고 노력하는 사람에게 더 큰 거짓을 강요하기는 쉽지 않을 것이다. 꽉 막혔다고 상대 안 하고 왕따 시킬지도 모른다. 하지만 거짓말과 거짓 행동을 밥 먹듯이 하는 사람들과 구별되려는 노력을 우리 크리스천들이 시도하는 것은 당연하다. 이렇게 해야 우리가 뭔가 남다르게 일하는 크리스천 직업인이 될 수 있다. 의도적인 진실 시위를 해야 우리는 우리 사회의 집요한 거짓말의 굴레에서 벗어날 수 있다.

중국 쑤저우에서 사역하는 한 선교사님께 이야기를 들었다. 쑤저우에 있는 우리나라의 한 전자회사 공장에서 자재구매 담당 책임자로 일하는 분의 이야기였다. 그 회사에서 노트북PC를 생산하는데 젊은이들의 취향을 반영하지 못한 검정색 중심이어서 고민이 많았다. 결국 다양한 색상을 반영하기로 했고 구매담당인 A부장이 수소문해 보니 대만 타이중에 있는 노트북 케이스 제작 공장의 제품 품질이 가장 좋았다. 그래서 구매를 의뢰했다. 그런데 대만의 그 회사는 사장의 지시로 그 전자회사에는 절대로 자재를 판매하지 않는다고 했다. 하지만 다른 대안도 없어서 기도하면서 하나님의 도움을 구하고 그 회사 직원들에게 연락해서 도와달라고 부탁했다. 그리고 직접 가서 드디어 사장을 대면하게 되었다.

그런데 그 사장님이 A부장을 만나자마자 어느 회사에서 왔느냐고 물었다. 그 회사의 직원들이 물건을 구입할 상대회사의 이름을 말하지 않고 만남을 주선한 것이었다. 하지만 A부장은 거짓말을 할 수는 없어서 회사이름을 이야기했다. 그랬더니 사장님이 직원들에게 화를 내면서 절대 물건을 주지 말라는 말을 직원들에게 남기면서 나가버렸다. 그동안의 기도와 노력이 수포로 돌아갔으니 낙담이 되었다. A부장은 애써준 대만 회사의 직원들에게도 미안했다. 황당한 분위기여서 그랬는지 대만 회사의 직원 한 사람이 담뱃갑을 던져주면서 담배를 피우라고 했다(그 사람들은 그렇게 담뱃갑을 던지는 것이 무례가 아니라고 한다). A부장은 담뱃갑을 밀어서 돌려주면서 이렇게 말했다.

"우리 회사를 위해서 많이 애써 주셨는데 정말 고맙고 죄송합니다. 저는 '리얼 크리스천'(real christian)입니다. 리얼 크리스천은 세 가지를 하지 않습니다. 첫째는 술 담배를 하지 않고, 둘째는 여자를 가까이하지 않으며, 셋째는 거짓말을 하지 않습니다. 그래서 제가 거짓말을 할 수 없어서 사장님께 우리 회사의 이름을 말했던 것입니다. 그동안 애써 주셨는데 정말 감사하고 죄송합니다."

그렇게 아쉬운 마음으로 발길을 돌렸다. 그런데 회사 밖으로 나오지도 않았는데 그 회사의 한 직원이 달려와서 A부장에게 말했다. "잠깐 기다리십시오. 우리 사장님이 당신과 같은 리얼 크리스천입니다. 만나겠다고 불러오라고 하십니다."

A부장의 '고백'을 대만 회사의 직원들이 사장에게 전했고, 같은 신앙인이라는 '연줄'로 사장은 과거의 아픔과 앙금을 털어낸 것이었다. 그래서 결국 그 전자회사는 노트북 케이스를 대만 타이중에 있는 회사에서 구매할 수 있었고, 젊은이들의 취향을 반영한 다양한 색상의 노트북을 출시할 수 있다. 대만은 크리스천의 비율이 그리 높지 않은 나라이다. 그리고 '리얼 크리스천'은 더 적을 것이다. 그

런데 어쩌면 이렇게 절묘하게 연결될 수 있는가? 하나님의 섭리와
은혜가 아닐 수 없다. 나의 아내에게 이 이야기를 해주니 소름이 끼
친다고 했다!

뇌물수수 문제, 우리는
어떻게 할지 대안을 모색하라

　　　　　우리 사회에 너무나 만연해서 일상과도 같은 뇌물 문
제는 어떻게 대응해야 할까? 헤드헌터로 일하는 한 사람은 거래하
는 회사의 인사담당자들에게 뇌물을 주는 것이 업계의 관행처럼 되
어 있어 고민이 많다고 했다. 명절이나 특별한 시기가 되면 그저 '인
사' 로라도 선물을 건네는데, 크리스천으로서 다른 사람들처럼 주자
니 꺼려지고 안 주자니 불안했다. 마음 한편으론 그저 '선물' 이니
일하는 사람으로서 당연하다는 생각도 드는데, 어떻게 해야 하는지
고민했다.

　　뇌물 문제가 옛날에도 얼마나 심각했는지 구약성경에도 이미 여
러 차례 뇌물에 대한 경고를 하고 있다(출 18:21, 신 27:25, 시 15:5,
암 5:12). 동서고금을 막론하고 사람이 있는 곳에는 늘 뇌물이 존재
해왔다. 그런데 뇌물은 선물과 구분하는 것 자체가 힘들다. 마음이
담긴 '선물' 과 뇌물을 어떻게 구분할 수 있는가? 내가 하면 선물이
고 남이 하면 뇌물이라는 편리한(?) 구분은 제외하고, 먼저 주면 뇌

물이고 나중에 주면 선물이라고 규정하기도 한다. 하지만 일이 끝난 뒤에 주면서도 다음번 일을 염두에 둔다면 뇌물이 될 수 있다. 요즘에는 금액을 한정하기도 하지만 상대적일 수 있다. 한 문화권에서는 뇌물인 것이 다른 문화권에서는 선물일 수도 있다.

이렇게 뇌물과 선물의 구분이 쉽지는 않은데 가장 손쉽게 생각할 수 있는 뇌물의 정의는 있다. 그것을 주거나 받고 밤에 잠을 이루지 못한다거나 혹시 그 사실이 알려져 언론에 보도되면 곤란하다고 느껴지는 것은 뇌물이 틀림없다. 본인들이 가장 잘 안다. 그래서 미국의 한 기업은 "언론에 보도된다면 거리끼지 않는가?"라는 명제로 뇌물을 규정한다. 이런 뇌물에 대해 대응하는 것이 우리 크리스천 직장인들의 고민이다.

크리스천 기업인 한 회사에서는 뇌물에 대해 구체적 전략을 가지고 대응해왔다. 손해를 감수하고 강하게 나가는 방법이 그중 하나이다. 기업활동을 하는 남다른 포부와 뇌물을 줄 수 없는 이유를 적은 장문의 편지를 담당자에게 보내기도 했다. 또한 관청의 까다로운 요구대로 다 해내어 손해를 감수하기도 했다. 그렇게 하다 보니 당장은 손해가 나는 것 같았다. 그런데 결국은 정직한 기업으로 인정받을 수 있었다고 한다. 때로 이렇게 강하게 나가는 것도 우리 크리스천들만이 보여줄 수 있는 멋진 대안이다.

우리는 일하면서 이런 뇌물수수의 죄에 빠지지 않기 위해서 대안을 찾는 노력을 적극적으로 해야 한다. 신문 보도를 보니 유명한 다국적기업들이 개발도상국에서 뇌물을 거절한 사례를 알려준다.

제3세계 국가에서 관행적인 뇌물수수가 있었다고 한다. 뇌물을 주는 대신에 마을의 과일나무 심기 프로젝트를 시행해주었다. 그리고 뇌물을 요구하는 소방공무원의 자녀들에게 장학금을 지급하는 대안적 방식을 모색하기도 했다. 이런 사례를 제시한 대한상공회의소의 보고서는 최소한 UN이나 OECD 같은 국제기구가 제시하는 윤리규범을 준수해야 한다고 결론적으로 제안했다. 그렇다면 우리 크리스천들이야 더욱 당연하게 이런 뇌물 문제에 대해 고민하고 기도하면서 대안을 찾아야 하지 않겠는가?

노력하면 얼마든지 방법은 있다. 전에 나의 모교회의 후배가 운영하는 자동차 정비소에 갔다가 중고등부 시절에 주일학교를 함께 다니던 또 다른 후배를 우연히 만났다. 그 후배는 찜질방이나 피트니스클럽, 컨트리클럽 같은 곳에서 사용하는 수건이나 운동복 등을 세탁해주는 세탁공장을 경영하고 있었다. 직원들이 많지 않아 영업도 사장인 그 후배가 직접 한다고 했다. 방문하는 업체 중 규모가 있는 업체는 중간관리자들이 일종의 리베이트를 요구하는 경우가 많다고 했다. 물건을 납품하게 해주겠으니 한 달 매출의 10% 혹은 15%를 자기의 계좌로 입금해야 한다는 조건을 내건다는 것이었다.

나의 후배는 크리스천으로서 그렇게 일할 수 없다고 했다. 그러면 어떻게 영업하는지 궁금했다. 특별한 비법이 있는 것이 아니라 발품을 팔면서 무수하게 돌아다닌다고 했다. 그러다 보면 마침 거래하던 세탁업체가 마음에 들지 않아 업체를 바꾸려는 새로운 거래처를 간혹 만날 수 있다고 했다. 규모가 있더라도 주인들이 직접 재정

문제를 챙기는 업체나 주로 중간관리자가 없는 작은 업체들을 찾아다니며 그렇게 발품영업을 한다고 했다. 그야말로 콜드콜을 하듯이 무작위로 업체들을 찾아 돌아다니는 일이 얼마나 힘이 들겠는가? 뒷돈 좀 집어주고 쉽게 일할 수 있는 세상의 방법 대신에 제대로 크리스천답게 일하려고 하니 몸이 힘들고 일이 어려워진다. 그런데 얼마나 떳떳하고 멋진가? 그 후배가 자랑스러웠다.

뇌물을 주는 것과 받는 것, 다 잘못이지만 특히 뇌물을 받는 입장에 있다면 거절하는 방법을 제대로 배울 필요가 있다. 김동호 목사님의 설교에서 들은 이야기인데 뇌물을 제대로 거절하려면 시뮬레이션을 통해서 연습을 해야 한다. 뇌물을 가져오는 사람이 있다면 먼저 정중한 태도로 거절해야 한다. 그 사람에게 화를 내면 상대방은 돈이 적어서 그런 태도를 보인다고 생각한다니 조심해야 한다. 뭔가 안 되는 일을 되게 하려고 손을 쓰기에 두려움을 가진 그 사람을 안심시키면서 정중한 태도로 뇌물을 거절한 후에는 꼭 첨언해야 할 것이 있다. 자신이 크리스천이기에 뇌물을 받을 수 없다고 하면서 그 일에 대해서 공정하게 처리하겠다는 다짐을 해야 한다. 이렇게 뇌물을 받는 위치에 있는 크리스천들이 예수 믿기에 뇌물을 받지 못한다고 분명하게 선언하기만 해도 우리 일터에 변화가 있을 것이라는 김동호 목사님의 제안에 나도 전적으로 공감한다.

술 접대만이 아니라
크리스천다운 접대의 방법으로!

크리스천으로 일을 하면서 겪는 접대 또한 매우 골치 아픈 일이다. 사회생활을 하다 보면 인간관계를 맺게 되고 자연스럽게 손님을 접대할 일이 생긴다. 접대는 성경에서도 강조하여 가르치는 미덕이다(히 13:2). 사도 바울도 손님 대접하기를 힘쓰라고 강조했다(롬 12:13).

그런데 오늘 우리의 일터에서는 접대가 문제가 되고 있는 것이 현실이다. 접대의 동기가 계산적이다 보니 순수성을 잃고 접대의 방법도 세속적이고 범죄가 되기도 쉽다. 그래서 접대문화라는 말 자체가 부정적인 이미지를 갖게 되었다. 오늘 우리가 언론을 통해 자주 확인하는 대로 용납하기 어려운 비윤리적인 접대 행위(성 접대 등)도 공공연하게 이루어지고 있다. 이런 우리 사회의 접대문화 속에서 우리 크리스천들은 정신을 똑바로 차려야 한다.

원치 않는 곳으로 초대받았을 때 어떻게 해야 하는가? 어쩔 수 없이 끌려가는가? 잠언 기자가 구체적인 권면을 한다. "네가 관원과 함께 앉아 음식을 먹게 되거든 삼가 네 앞에 있는 자가 누구인지를 생각하며 네가 만일 음식을 탐하는 자이거든 네 목에 칼을 둘 것이니라"(잠 23:1-2).

특히 우리 일터의 접대에서 빠지지 않는 밀실 술자리에서 크리스천들이 깨어 있지 않으면 실수하기 쉽다. 공범을 만들어내는 그런

자리는 피할 수 있다면 피하는 것이 상책이지만, 피치 못할 상황에서 함께 갔더라도 영적인 전투를 하는 자세와 각오로, 한편으로는 정중함을 잃지 않으면서 감당해 내야 할 것이다. 만약 성적인 범죄의 위험이 있다면 그 자리는 미리 피하거나 단호하게 뛰쳐나와야 하는 것은 너무나 당연하다. 오늘 우리 시대에 비즈니스를 하려면 원하지 않아도 룸살롱에서 계약서를 작성하는 것이 현실이라고 하는데, 그런 현실을 모르는 목사의 '이론'에 불과하다고 생각하지 말라. 유혹을 피하는 전략을 세웠고, 피치 못해 유혹의 자리에 몰렸을 때는 맞아 죽을 각오를 하고 도망쳐 순결을 지켜낸 요셉을(창 39:8-10) 꼭 기억하기 바란다.

이런 접대문화의 부정적 측면을 접하다 보면 접대와 멀리 떨어져서 살아가고 싶은 생각이 들기도 한다. 하지만 현실적으로 그럴 수도 없기에 부정적인 요인들을 제거하고 바꾸어 나가는 노력이 더 바람직하다. 요즘에는 사회에서도 이런 시도가 있지 않은가? 꼭 술자리나 성적 일탈의 방법만이 아니라 개인의 기호에 따라 근사한 식사를 할 수 있는 식당에서 대접하거나 상대방이 관심이 있는 분야의 공연이나 문화행사 등에 초대하는 것도 괜찮은 방법이다. 자녀가 있는 사람들을 위해서는 가족이 함께 즐길 수 있는 공연관람권을 준비해주는 것도 좋을 것이다. 물론 어떤 접대이든 상대방을 배려하고 그의 기호를 고려해서 해야 하는 접대의 기본 정신을 꼭 기억해야 한다.

베트남에 있는 한 한국 신발제조업체는 1년에 한 차례씩 주거래처인 독일의 업체와 계약을 맺어야 했다. 그런데 그 회사에서는 계약을 맺으러 오는 독일 회사의 경영자를 언제나 아내와 함께 초청했다. 그래서 정성을 다해 베트남의 명소들을 관람시키는 접대를 하여 오랫동안 독점적 계약을 유지하고 있다고 한다. 부부를 함께 초대하면 비용이 많이 들겠으나 아내가 안심할 수 있다는 점이 매우 효과적인 전략이라고 했다. 해외출장 문화의 위험성에 대한 대안을 마련해 제공하는 '대안 접대'의 방법을 잘 보여주는 사례이다.

요즘 우리 사회의 접대문화는 거의 대부분 가정 밖에서 이루어진다. 그렇기 때문에 세상의 죄악에 더 쉽게 오염되는 것 같다. 그래서 예전처럼 가정에 초대해서 접대하는 것도 새로운 대안이 될 수 있다. 물론 이것 역시 상대방에게 부담이 되지 않도록 해야 할 것이다. 늘 술대접에 익숙하고 그것을 기대하는 사람들에게 우리가 크리스천이라고 하여 경건한 분위기를 강요하는 것은 어색할 수 있다. 여기에 대해 바울이 우리에게 적당하게 교훈해준다. 만약 세상의 사람들과 전혀 교제하지 않는다면 세상 밖으로 나가야 할 것이다(고전 5:9-10). 또한 바울은 약한 자들에게는 약한 자같이 된 것은 그 사람들 몇 사람을 구원하기 위한 노력이라고 가르쳤다(고전 9:22). 이 두 교훈을 함께 기억하면서 적당한 융통성과 분별력을 발휘하면 좋겠다.

정직해도 인정받고
성공할 수 있다

한국유리의 창업자였던 최태섭 회장의 이야기를 소개
한다(최태섭 지음, 「사랑에 빚진 자 최태섭」, 아가페 펴냄). 최태섭 회장이 만주
에서 시작한 사업이 성공적이었는데, 주로 중국인과 일본인 사이에
서 중개무역을 하였다. 계약금을 걸고, 기차의 화차단위로 콩을 매
매하는 사업이었다. 한번은 수십 화차 분량의 콩을 일본인에게 사들
여 그것을 중국 상인에게 전매하기로 계약했다. 그런데 물건을 중국
상인에게 인도하기 얼마 전부터 갑자기 콩 값이 폭등했다.

그러자 주변의 다른 무역업자들은 위약금을 물어주고 다른 상인
들에게 팔아넘겼다. 계약을 위반하고 위약금을 물어주더라도 그보
다 훨씬 큰 이익이 생기기 때문이었다. 이 문제로 고민하던 최 회장
은 기도를 많이 했다. 그러다가 하나님의 뜻인 것 같아 중국 상인을
만나 두 말 않고 약속했던 물건을 넘겼다. 당연히 계약을 파기할 줄
알았던 중국 상인은 이익을 반씩 나누자고 제의했지만 최 회장은 그
것마저 거절했다.

그랬더니 뜻밖의 일이 벌어졌다. 물건을 인수받고 돌아간 그 중
국 상인이 최태섭이라는 조선 사람이 큰 이익을 볼 수 있는 기회를
포기하고 신용을 지켰다고 소문을 냈다. 중국 상공인회에서 회원들
에게 공문을 발송할 정도였다. 그러니 최 회장의 사업이 성공하지
않을 수가 없었다. 계약을 파기하고 얻을 수 있었던 이익보다 훨씬

많은 수익을 올렸다. 결국 최태섭 회장은 불의한 세상에서 정직한 비즈니스로 승리했다.

한국 전쟁 중에는 군납 일을 하던 중 대출을 받아 단무지 사업을 성공했는데, 전세가 급변해서 일사후퇴를 하게 되었다. 떠나기 전에 사업자금을 빌렸던 은행으로 찾아갔으나 은행은 이미 업무를 중단했고, 잔무 처리하는 직원 한 사람만 남아 있었다. 그 직원이 은행업무가 중단됐으니 대출금은 나중에 갚으라고 했다. 그러나 최 회장은 끝내 대출금을 갚고 영수증을 받았다.

그 후 제주도로 피난을 가서 육군 제1훈련소에 군납을 하게 되었는데, 고추장을 납품하던 중 훈련소에서 생선을 납품해 달라는 제의를 해왔다. 군인들의 식탁에 올릴 생선을 생각하면 원양에 나가 대규모로 고기를 잡아야 했기에 적어도 2억 원은 대출받아야 할 것 같았다. 그래서 부산에 피난 내려와 있던 거래은행을 찾아가 2억 원의 융자를 받으러 왔다고 하자 은행직원은 당연히 거절했다. 그래서 서울에서 피난 직전에 돈을 갚고 받아 둔 영수증을 보여주었다. 결국 그 영수증을 보고 깜짝 놀라며 반가워한 은행장은 즉시 중역회의를 열어서 2억 원의 융자를 결정했다. 담보가 없는 사정을 감안하여 대출을 받은 후 배를 구입하여 그 배로 담보를 설정하는 방법까지 알려주었다.

최태섭 회장은 말한다. "하나님이 다시 시작한 사업에도 큰 복을 주시어 고기잡이는 순조로웠고, 은행에서 꾼 돈도 곧 갚을 수 있게 되었습니다. 사람들은 나를 보고 재수가 좋다는 식으로 말하지만 나는 하나님의 인도하심을 구했습니다. 정직과 신용으로 사업을 이끌라고 가르쳐주신 분은 바로 하나님이셨습니다." 불의한 세상에서도 정직하기 위해 노력하면 하나님의 큰 은혜를 얻을 수 있다.

우리가 세상에서 살아가고 있고 세상 사람들과 같은 일을 하지만, 세상 사람들이 하는 방법과 똑같이 해야만 일을 제대로 하는 것은 아니다. 그렇다고 크리스천다움이 언제나 '삐딱선'을 타거나 '걸림돌'이 되어야 하는 것도 아니다. 하지만 뭔가 다른 새로운 방법이 신선하고 창의적인 방식으로 인정받을 수도 있다. 따라서 크리스천다운 새로운 대안을 우리 자신이 만들어가는 노력이 필요하다. 문제의식을 가지고 세상 속에서 하나님의 자녀다운 정직함과 온전함을 보여주겠다고 결심하고 노력하면 우리 일터의 분위기를 바꿀 수 있다. 일터윤리의 새로운 기준을 우리가 마련할 수 있다. 그래서 우리 일터의 진정한 변화를 통해 이 세상을 하나님의 손에 올려드리는 것이다.

우리는 과연 정직의 실천을 어떻게 해낼 수 있을까?
일터에서 온전함(Integrity)을 실천해내기
위해서 필요한 것이 있다. 그것은 하나님을
철저하게 신뢰하는 강한 믿음이다.
믿음 없이 우리의 정직함은 지속되기 힘들고,
또한 강력한 영향력을 발휘하기도 힘들다.

오늘 우리의 일터 상황은 힘들고 분주하다.
그런데 그럴수록 더욱더 말씀과 기도라는
기본적인 경건함을 가지고 예배에 집중하고
하나님과 늘 동행하는 삶을 살기 위해 노력해야 한다.

하나님과
친밀하여
험한 세상에서
승리하라

I

Intimacy (명사)

친밀함, 친교, 절친함.

일터에서 당신의
하나님과 친밀하라

소유격 하나님,
바로 당신의 하나님!

크리스천 직장인의 여섯 번째 I영성은 Intimacy, 친밀함이다. 서양인들이 공적 영역이 아닌 개인적이고 친밀한 관계를 말할 때 주로 사용하는 단어이다. 우리의 하나님과 바로 이런 친밀한 관계를 가지면 우리가 직장생활을 하면서 하나님의 자녀로 살아갈 때 생기는 어려움도 능히 해결할 수 있다. 다니엘에게서 이 친밀함의 의미를 발견해보자.

다니엘은 이방 나라의 궁중에서 고위관리로 생활하며 바람직한 직장인의 모범을 보여주었다. 모함으로 사자 굴에 들어갔지만 결국 살아나왔다. 이렇게 다니엘이 그의 일터에서 승리할 수 있었던 비결은 무엇이었을까? 성경이 그것을 분명하게 이야기해주고 있다. 다니엘이 사자 굴에서 무사히 나온 후 다니엘서의 기록자가 평가한 말을 통해 확인할 수 있다. "왕이 심히 기뻐서 명하여 다니엘을 굴에서 올리라 하매 그들이 다니엘을 굴에서 올린즉 그 몸이 조금도 상하지 아니하였으니 이는 그가 자기의 하나님을 믿음이었더라"(단 6:23).

다니엘이 '자기의 하나님을 믿었기' 때문에 사자 굴에서도 살아나올 수 있었고, 그 험악한 일터에서 승리할 수 있었다고 한다. 그렇다면 다니엘이 하나님을 믿은 '믿음'이란 구체적으로 어떤 것일까? 또 '다니엘의 하나님'은 과연 어떤 하나님인가? 오늘 이 시대를 살아가면서 직장에서 치열하게 고군분투하는 우리 크리스천들도 하나님을 믿고 있다. 그런데 우리에게는 왜 다니엘이 경험한 것과 같은 역사가 일어나지 않는가? 우리의 하나님, 나의 하나님은 왜 그렇게 조용하신가? 우리가 이 부분에서 문제의식을 가져야 한다. 어떻게 하면 우리도 다니엘과 같이 일터에서 승리하는 크리스천이 될 수 있을까? 다니엘이 자기의 하나님을 믿은 것이 무엇인지 구체적으로 살펴본다면 오늘 우리의 문제를 발견할 수 있다.

나는 다니엘이 일터에서 승리할 수 있었던 믿음이 다니엘 6장 10~11절에 나타나 있다고 본다. 다니엘이 보여준 자기 하나님을 향한 믿음이 고스란히 담겨 있다. 다니엘이 정적들의 함정인 줄 뻔히 알면서도 계속 기도했던 모습을 이렇게 기록하고 있다. "다니엘이 이 조서에 왕의 도장이 찍힌 것을 알고도 자기 집에 돌아가서는 윗방에 올라가 예루살렘으로 향한 창문을 열고 전에 하던 대로 하루 세 번씩 무릎을 꿇고 기도하며 그의 하나님께 감사하였더라. 그 무리들이 모여서 다니엘이 자기 하나님 앞에 기도하며 간구하는 것을 발견하고."

하나님을 전적으로 신뢰했던 다니엘은 자신이 죽기를 각오하고 계속 기도하는 그 일을 통해서도 분명히 하나님이 역사하실 것을 확신했다. 그래서 그는 일상적인 기도를 계속하면서 '그의 하나님'(his GOD)께 감사했다. 11절은 다니엘의 정적들이 다니엘의 기도하던 모습을 지켜본 시각으로 기록되었는데, 거기에도 다니엘이 '자기 하나님'(his GOD)께 기도했다고 기록된다. 이렇게 다니엘서에서 하나님은 바로 '다니엘의 하나님'이었다. 하나님은 모든 성도의 하나님이시고 온 세상 모든 사람을 돌보시는 분이지만, 바로 '나의 하나님'이심을 우리는 분명하게 인식해야 한다. 사람들의 눈에도 다니엘이 자기 하나님을 섬기고 믿으며 그분과 늘 동행하는 모습이 분명하게 보였다.

다니엘서에는 유독 하나님과 다니엘의 친밀한 관계에 대한 언급이 많이 나타난다. 다른 사람들이 볼 때 특히 다니엘이 섬기는 하나님의 모습이 반복되어 표현되고 있다. 느부갓네살 왕은 다니엘과 세 친구를 향해 "너희 하나님은 참으로 모든 신들의 신이시요 모든 왕의 주재시로다"라고 말했다. 특히 자기 꿈을 깨달아 알았던 다니엘에게는 "네 하나님은 또 은밀한 것을 나타내시는 이시로다"라고 감탄하고 있다(단 2:47).

메데 바사 제국의 다리오 왕도 금령을 어긴 다니엘을 어쩔 수 없이 사자 굴에 집어넣고는 이렇게 말했다. "네가 항상 섬기는 너의 하나님(your GOD)이 너를 구원하시리라"(단 6:16). 다음날 새벽에 일찍이 사자 굴에 가서는 이렇게 슬피 외쳤다. "살아계시는 하나님의 종 다니엘아, 네가 항상 섬기는 네 하나님(your GOD)이 사자들에게서 능히 너를 구원하셨느냐"(단 6:20). 다리오 왕은 다니엘이 사자 굴에서 살아나온 후 제국의 모든 백성에게 조서를 내릴 때에도 이렇게 표현했다. "내가 이제 조서를 내리노라. 내 나라 관할 아래에 있는 사람들은 다 '다니엘의 하나님' 앞에서 떨며 두려워할지니 그는 살아 계시는 하나님이시요 영원히 변하지 않으실 이시며 그의 나라는 멸망하지 아니할 것이요 그의 권세는 무궁할 것이며"(단 6:26).

심지어 천사장 가브리엘도 다니엘의 하나님을 인정하고 있다. "다니엘아 두려워하지 말라. 네가 깨달으려 하여 네 하나님 앞에 스스로 겸비하게 하기로 결심하던 첫날부터 네 말이 응답받았으므로 내가 네 말로 말미암아 왔느니라"(단 10:12). 오죽하면 다니엘을 모함하여 제거하려고 혈안이었던 정적들도 "이 다니엘은 그(의) 하나님(his GOD)의 율법에서 근거를 찾지 못하면 그를 고발할 수 없을 것"(단 6:5)이라고 한탄하면서 다니엘이 섬기는 그의 하나님을 인정했겠는가?

당연히 예상할 수 있는 대로 다니엘뿐만 아니라 다니엘의 세 친구도 그들의 하나님을 섬기는 사람들로 인정을 받았다. 풀무불 속에 들어간 그들을 가리켜 느부갓네살 왕은 이렇게 인정했다. "사드락과 메삭과 아벳느고의 하나님을 찬송할지로다. 그가 그의 천사를 보내사 자기를 의뢰하고 그들의 몸을 바쳐 왕의 명령을 거역하고 그 하나님밖에는 다른 신을 섬기지 아니하며 그에게 절하지 아니한 종들을 구원하셨도다. 그러므로 내가 이제 조서를 내리노니 각 백성과 각 나라와 각 언어를 말하는 자가 모두 사드락과 메삭과 아벳느고의 하나님께 경솔히 말하거든 그 몸을 쪼개고 그 집을 거름터로 삼을지니 이는 이같이 사람을 구원할 다른 신이 없음이니라"(단 3:28-29).

오직 자기의 하나님을 아는 백성은
강하여 용맹을 떨치리라

다니엘과 그의 친구들을 대하는 일터의 사람들이 다니엘의 하나님을 볼 수 있었던 이유가 있다. 다니엘은 하나님이 그분의 자녀들의 삶의 순간순간 역사하시는 친밀한(intimate) 하나님이심을 분명하게 알고 있었다. 그런 하나님을 가리켜 자기의 하나님이라고 고백하고 기도했으며, 그렇게 자기의 하나님을 신뢰하면서 살아갔다.

다니엘은 그의 일터에서 생기는 문제가 있을 때마다 자기의 하나님께 간구했고, 하나님은 다니엘에게 응답하셨다. 느부갓네살 왕의 꿈과 그 해석을 알아야만 하는 절박한 상황에서 다니엘은 이렇게 기도했다. "나의 조상들의 하나님이여 주께서 이제 내게 지혜와 능력을 주시고 우리가 주께 구한 것을 내게 알게 하셨사오니 내가 주께 감사하고 주를 찬양하나이다. 곧 주께서 왕의 그 일을 내게 보이셨나이다"(단 2:23). 다니엘은 자기 조상들의 삶의 여정에서도 응답하신 언약의 하나님을 분명히 깨닫고 있었다. 사자 굴에서 다리오 왕을 만났을 때도 "나의 하나님이 이미 그의 천사를 보내어 사자들의 입을 봉하셨으므로 사자들이 나를 상해하지 못하였사오니 이는 나의 무죄함이 그 앞에 명백함이오며 또 왕이여 나는 왕에게도 해를 끼치지 아니하였나이다"(단 6:22)라고 간증했다. 이렇게 다니엘은 자신의 삶에 역사하신 하나님을 '나의 하나님'이라고 강조하면서 고백했다.

다니엘서 9장에서 다니엘은 예레미야의 예언 두루마리를 보면서 70년 포로기가 끝나가는 것을 알았다. 그때도 다니엘은 하나님에 대해 "나의 하나님" "우리 하나님"이라고 자주 반복하며 언급하고 있다(단 9:4,9-10,13-15,17-19). 삶 속에 밀착해서 늘 가까이 계시는 친근한 하나님을 그렇게 표현하고 있는 것이다.

이렇게 각 인칭과 단수 복수를 가리지 않고 '소유격'으로 표현된 하나님은 특별한 의미가 있다. 하나님은 우주를 창조하시고 운행하시며 온 세상의 미래를 책임지시는 위대하고 크신 분이지만, 특별히 인격적으로 사람들에게 가까이 다가오시는 분이기도 하다. 이런 관계성과 친밀성 또한 하나님의 중요한 속성이다. 특히 고난이 밀려오고 아픔이 계속될 때 다니엘처럼 하나님의 친밀함을 경험해야 한다.

다니엘 11장에서 다니엘은 장차 임할 북방 왕에 대해서 예언했다. 그 예언에 따르면 그가 성소를 더럽히고 매일 드리는 제사를 폐하고 이방 신상을 세울 것이라고 하였다. 또한 그 북방 왕은 유대인들 중에서 언약을 배반하고 악행하는 자를 속임수로 타락시킬 것이라고 했다. 그런 때에도 "오직 자기의 하나님을 아는 백성은 강하여 용맹을 떨치게 될 것"이라고 다니엘은 분명하게 예언하였다(단 11:32). 세상의 권력 가진 자들에게 하나님의 많은 백성이 미혹 당할 때에도 자기의 하나님을 아는 백성은 강한 믿음으로 그 어려움을 이겨낼 수 있다. 우리도 하나님과 친밀한 관계를 가져서 험한 세상, 고단한 일터에서도 힘을 얻자.

일상의 기도와 특별한 간구로
일터에서 하나님을 신뢰하기

다니엘이 그의 일터에서 하나님을 믿었던 또 다른 증거는 다니엘이 능력의 하나님께 기도했다는 점이다. 특히 정적들의 시각으로 기록된 다니엘 6장 11절을 보면 다니엘이 "기도하며 간구하는 것"을 그들이 발견했다고 한다. 그들은 금령을 어긴 증거를 잡기 위해서 여러 사람("그 무리들")이 '모여서' 다니엘을 지켜보았다. 그들은 정확하게 보았다. 그런데 다니엘이 기도하며 간구했다고 한다. 기도면 기도이고 간구면 간구이지 왜 이렇게 반복해서 표현하는가? 반복을 통해서 강조하는 것인가? 이 '기도와 간구'라는 표현은 다니엘 9장 3절에서도 동일하게 발견할 수 있다. 그저 의미 없이 반복하는 것이 아니라 관용구이다.

구약에서 여러 차례 반복되지만 신약에도 이 '기도와 간구'라는 표현이 있다. 대표적인 구절이 빌립보서 4장 6~7절이다. "아무것도 염려하지 말고 다만 모든 일에 기도와 간구로, 너희 구할 것을 감사함으로 하나님께 아뢰라. 그리하면 모든 지각에 뛰어난 하나님의 평강이 그리스도 예수 안에서 너희 마음과 생각을 지키시리라."

기도에 대한 바울의 중요한 교훈을 보여주는 빌립보서 4장 6~7절의 말씀은 바울이 복음을 전하다가 옥에 갇혔을 때 빌립보 교인들에게 했던 권면이다. 그런데 일터선교사였던 바울은 복음으로 인해 고난당할 때 기도에 관해 교훈하면서 선배 일터선교사 다니엘의 기도를 염두에 두었을 것이라고 나는 상상한다. 정적들의 모함이 자신에게 치명적인 것을 알았으면서도 순교의 각오로 기도 금령을 어기고 기도한 다니엘의 모습을 구약 율법에 정통했던 바울은 분명히 기억하고 있었을 것이다. 그리고 자신이 옥에 갇혔을 때 빌립보서를 쓰면서 머릿속에 바로 그 다니엘의 모습을 상상하지 않았을까 생각해본다. 왜냐하면 두 사람의 정황이 비슷하고, 두 부분의 단어와 배경 묘사가 유사하기 때문이다.

왜 '기도'를 '기도와 간구'라고 두 번 사용했는지 우리가 살펴보아야 한다. 먼저 '기도'라는 단어는 기도의 일반명사이고, 공적 기도라든가 일상적인 기도를 의미하는 보편적 표현이다. '간구'라는 단어는 어떤 목적을 놓고 특별한 마음가짐으로, 또한 특별한 자세로 간절하게 기도하는 것을 말한다. 예를 들어 재를 뒤집어쓰고 회개기도를 한다거나 중요한 목표를 위해 오랫동안 기도한다고 할 때 '간구'라는 단어를 쓴다. 다니엘서나 빌립보서에 기록된 '기도'와 '간구'는 그 용법이 동일하다.

또한 그 정황을 생각해보면 다니엘은 자신 앞에 닥친 위기를 파악하고서 그것에 대해 염려하는 대신에(빌 4:6) 기도와 간구를 했을 것이다. 또한 기도를 통해서 얻은 것이 바로 하나님의 평강(빌 4:7) 아니었겠는가? 다니엘도 정해놓은 시간에 하루 세 번 기도했고, 바울도 '모든 일'에 기도하라고 권면하고 있다. 그러니 빌립보서 4장 6~7절은 다니엘 6장 10~11절의 주석과도 같아 보인다. 두 구절을 비교해 보면 '기도, 간구, 감사'와 같은 단어는 동일하게 반복되고 있고, 다른 정황도 유추해서 일치점을 찾을 수 있다.

정적들이 바라본 다니엘의 기도하는 모습을 상상해보자. 예루살렘으로 향해 열린 창문 앞에서 다 보라고 시위하듯 기도하고 있는 다니엘의 모습을 정적들이 보았다. 유대인들은 보통 손을 들고 하늘을 우러러보면서 기도했으니 다니엘도 그렇게 기도했을 것이다. 하루 세 번씩 하는 기도가 길 것도 없지 않은가? 유대인들은 보통 기도문을 가지고 기도했으니 시간에 따라 기도문을 보거나 외우면서 기도했을 것이다. 그 기도의 내용 중 중요한 것은 바로 '감사'였다.

그런데 정적들이 보니 다니엘이 기도하는 모습이 평소와 달랐을 것이다. 왜 다니엘이 눈물을 흘리지 않았겠는가? 다니엘은 모든 것을 알고 있었다. 창문을 열어놓고 기도하면 왕의 총애를 받는 차기 수석총리 후보라고 해도 사자 굴에 들어간다는 사실을 알고 있었다. 그것은 죽음이었다. 그런데 어떻게 다니엘이 기도하면서 목소리가 높아지지 않았겠는가? 기도의 자세가 달라졌을 것이다. 그는 기도에 몰두했고, 아마도 울부짖으면서 하나님께 간절히 구했을 것이다. 하나님의 능력으로 죽음의 위기에서 놓임받기를 구했을 것이고, 또한 사자 굴에서 담대하게 하나님의 사람답게 처형당할 수 있는 믿음을 달라고도 기도했을 것이다. 그런 다니엘의 모습을 정적들이 모두 지켜보았다.

아마도 그때 다니엘의 정적들은 전의(戰意)를 상실했을 것 같다. 다니엘이 간구하는 모습을 지켜본 그들이 서로를 쳐다보면서 아무 말도 하지 않았겠지만 그들의 생각은 일치했을 것 같다. 다니엘이 구속되면 자신들이 이긴 것 같아도 결국은 패배하고 말 것임을 그들 모두는 느꼈을 것 같다. 다니엘 6장을 단편소설의 관점으로 읽는다면 이 부분이 바로 복선(伏線)에 해당한다. 정적들은 다니엘의 간구하는 그 모습에 질려버렸을 것이다.

그런데 이 모습이 바로 다니엘이 일터에서 자기 하나님을 의지하는 믿음을 분명하게 보여준다. 다니엘은 자신의 힘으로 도저히 감당할 수 없는 문제에 대해 어떻게 처신해야 하는지 몰라 간절히 하나님께 구했는데, 이렇게 기도를 통해 다니엘은 하나님을 의지했다. 기도하는 것은 다름 아니라 "하나님, 제가 아니라 하나님이십니다. 제 삶의 전 영역이 하나님의 것입니다"라는 고백이 아닌가! 기도에 관한 정의 중 하나인 이런 고백을 하지 못하는 사람이 기도를 한다면 그것은 정말 힘든 노동이다. 지겨운 일이다. 기도시간을 채 10분도 넘기기 힘들다.

우리는 기도해야만 한다. 어떤 문제로 기도할 것인가? 먼저 하나님 나라와 그 의를 위해 기도하라(마 6:33)는 가르침을 따라 교회와 하나님 나라의 확장을 위해 간절히 기도해야 한다. 그런데 우리 일터의 기도제목을 가지고 기도하는 것도 중요하다. 일터가 바로 흩어진 교회의 한 모습이고, 일터에서도 하나님의 역사가 드러나야 하기 때문이다. 특히 다니엘을 보면 일터의 문제를 가지고 기도하는 모습을 꾸준히 보여주었다. 그는 바벨론에 포로가 되어 와서 궁중에서 교육받으며 음식문제로 정체성을 드러내려 할 때도 뜻을 정했다(단 1:8). 다니엘은 그 문제를 가지고 특별하게 하나님께 기도했을 것이다. 또한 느부갓네살 왕의 꿈을 해석해야 할 때도 하나님께 간절히 기도했다. 사생결단의 기도를 하면서 그의 동료들과 함께 하나님께 간구했다(단 2:18). 그리고 다리오 왕이 내린 금령에도 아랑곳하지 않고 늘 하던 하루 세 번의 기도를 그대로 강행하였다(단 6:10). 다니엘에게는 일터에서 생기는 문제를 위해 기도하는 것이 자연스러웠다. 정기적으로 정해놓은 시간에 기도하기도 했지만, 특별한 문제 앞에서 더욱 하나님을 의지하면서 하나님이 모든 것을 해결해 주시기를 간구하였다.

하나님의 말씀과 기도로
거룩하여짐이라

　　　　다니엘이 다리오 왕 통치 원년에 했던 기도에 대한 묘

사는 다니엘이 하나님과의 친밀함을 유지할 수 있었던 또 다른 특징 하나를 보여준다. "메대 족속 아하수에로의 아들 다리오가 갈대아 나라 왕으로 세움을 받던 첫 해 곧 그 통치 원년에 나 다니엘이 책을 통해 여호와께서 말씀으로 선지자 예레미야에게 알려주신 그 연수를 깨달았나니 곧 예루살렘의 황폐함이 칠십 년 만에 그치리라 하신 것이니라. 내가 금식하며 베옷을 입고 재를 덮어쓰고 주 하나님께 기도하며 간구하기를 결심하고"(단 9:1-3).

다니엘은 말씀을 읽으면서 하나님의 뜻을 찾았다. 주전 605년에 포로가 되어 바벨론으로 온 다니엘은 이스라엘이 바벨론에 체류할 기간이 70년이 될 것을 알게 되었다. 바로 말씀을 통해 그런 깨달음을 얻었다. 이때는 주전 539년쯤이니 다니엘이 포로로 끌려온 지 66년이나 지난 해였다. 그러니 바벨론이 망하고 다리오가 등극함으로 70년 포로생활의 끝이 가까웠다는 것을 다니엘은 깨달았다. 다니엘은 이렇게 말씀을 연구하면서 기도하였다. 하나님이 주시는 말씀을 통해 시세를 판단하면서 기도로 인생과 사역의 방향을 잡아나갔다. 하나님의 말씀과 기도로 거룩하여진다는(딤전 4:5) 사도 바울의 지적대로 다니엘은 말씀과 기도를 통하여 하나님과 친밀함을 유지했다.

또한 근본적으로 다니엘이 하나님의 말씀을 귀중하게 여기면서 하나님과 친밀함을 유지한 증거를 볼 수 있다. 예루살렘으로 향해 창문을 열어놓고 그 방향을 바라보며 기도했던 다니엘의 의도는 무엇이었을지 생각해 보았는가? 솔로몬 왕이 지었던 성전은 이미 무너졌고 예루살렘은 황폐해지고 하나님의 도성의 영광을 회복하지 못했다. 그런데도 계속 예루살렘을 향해 기도한 것은 그가 가지고 있던 소망, 즉 하나님이 다시금 이스라엘을 회복시켜주실 것을 믿는 믿음을 가지고 있었음을 의미한다. 또한 다니엘이 말씀에 대한 지식과 함께 얼마나 그 말씀에 대한 확신을 가지고 있었는지 잘 보여준다.

전에 솔로몬 왕이 예루살렘 성전을 지은 후 했던 기도에 이런 내용이 있다. "만일 이 땅에 기근이나 전염병이 있거나 곡식이 시들거나 깜부기가 나거나 메뚜기나 황충이 나거나 적국이 와서 성읍을 에워싸거나 무슨 재앙이나 무슨 질병이 있든지 막론하고 한 사람이나 혹 주의 온 백성 이스라엘이 다 각각 자기의 마음에 재앙을 깨닫고 이 성전을 향하여 손을 펴고 무슨 기도나 무슨 간구를 하거든 주는 계신 곳 하늘에서 들으시고 사하시며 각 사람의 마음을 아시오니 그들의 모든 행위대로 행하사 갚으시옵소서. 주만 홀로 사람의 마음을 다 아심이니이다"(왕상 8:37-39).

다니엘은 바벨론이 예루살렘 성읍을 에워쌌을 때 포로가 되어 바벨론으로 끌려갔던 사람이다. 바로 이 말씀에 근거해서 다니엘은 기도의 응답을 바라면서 하나님께 기도했다. 또한 솔로몬은 적국의 땅으로 끌려간 유대인들을 위해서도 기도하고 있다. "그들이 사로잡혀 간 땅에서 스스로 깨닫고 그 사로잡은 자의 땅에서 돌이켜… 주께서 그들의 조상들에게 주신 땅 곧 주께서 택하신 성읍과 내가 주의 이름을 위하여 건축한 성전 있는 쪽을 향하여 주께 기도하거든 주는 계신 곳 하늘에서 그들의 기도와 간구를 들으시고 그들의 일을 돌아보시오며 주께 범죄한 백성을 용서하시며 주께 범한 그 모든 허물을 사하시고 그들을 사로잡아 간 자 앞에서 그들로 불쌍히 여김을 얻게 하사 그 사람들로 그들을 불쌍히 여기게 하옵소서"(왕상 8:47-50).

이런 구체적인 말씀에 근거해서 다니엘은 예루살렘 성전 방향을 바라보며 하나님께 기도했던 것이다. 그가 타국에서 오랜 기간 지내면서도 사명을 잃지 않고 경건함을 유지할 수 있었던 것은 이런 약속의 말씀을 붙들고 늘 기도하는 삶을 살았기 때문이다. 이런 모습이 바로 우리 크리스천 직장인들이 일터에서 갖추어야 할 참된 경건의 모습이다. 세상에서 분주하고 늘 바쁜 직장인이라 하더라도 결코 포기할 수 없는 기본적인 경건생활 과목이 바로 말씀과 기도이다. 물론 오늘 우리 시대에 이렇게 일터에서 유지해야 할 신앙은 개개인의 상황에 따라 다양한 모습일 것이다. 그러나 어떤 형태로든 우리가 말씀과 기도를 통하여 하나님의 뜻과 합한 삶을 살아나가는 일은 참으로 중요하다.

다니엘이 오늘 이 시간 우리에게 이렇게 질문한다. "여러분! 일터에서도 역사하시는 하나님을 믿으십니까? 그렇다면 기도하고 있습니까? 여러분의 기도시간은 언제이고 장소는 어디입니까? 날마다 한 장소와 시간을 정해놓고 기도하는 것은 중요합니다." 크리스천들은 항상 성령 안에서 기도해야 한다(엡 6:18). 그런데 시간과 장소를 정해놓고 매일 기도하지 않는 사람이 항상 성령 안에서 기도할 수 있겠는가? 그럴 수는 없다. 나의 경험으로 판단해보면 시간과 장소를 정해 날마다 기도시간을 갖지 않으면 무시(無時)로 하나님과 동행하는 삶을 살아가기가 결코 쉽지 않다. 새벽 기도시간을 놓친 날은 하나님과 동행하는 것이 아니라 조바심과 불안감으로 하루를 산다. "아, 기도해야 하는데, 이런 날은 왜 이리 시간이 안 나지…." 그러다 보면 이미 밤이 깊어진다. 다니엘의 질문에 우리 모두가 마음속 대답을 할 수 있어야 한다. 기도를 하느냐 마느냐 하는 것은 우리 인생에서 정말 하나님을 의지하고 그분만 바라는가, 아니면 내가 뭘 해보려고 하는가라는 질문과 같다. 중요한 문제이다.

기도하며 자신의 삶을 전적으로 하나님께 의지하는 것이 우리 삶의 성공과 실패를 분명하게 가르는 척도이다. 기도가 바로 우리의 일터 영성을 확인해보는 잣대가 될 수 있다. 기도하면서 하나님께 인생의 모든 문제를 맡기지 않고 성공하는 인생은 가짜이다. 다니엘에게 있던 멋진 경건의 모습, 하나님과 동행하는 모습을 보고 우리도 배울 수 있어야 한다.

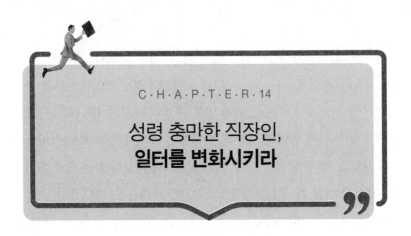

CHAPTER·14

성령 충만한 직장인,
일터를 변화시키라

"

성령의 역사는
일터에서도 계속된다

　　지금은 옛날이야기처럼 들리지만 과거 7,80년대 한국 교회의 가파른 성장 동력에는 '성령운동'이 중요한 한 축을 형성했다. 그래서 지금도 많은 크리스천이 '성령 충만'이라고 하면 종교적인 체험을 연상한다. 사도행전 2장에 나오는 대로 오순절에 임한 성령은 그곳에 있던 사람들에게 신비한 체험을 하게 했고, 고린도교회에서도 성령의 영적 은사가 활발하게 드러났고, 그로 인한 부작용도 생겼다. 성령이 영적 측면으로 그렇게 역동적으로 활동하시는 것이 틀림없다.

　　그러나 성령의 역사를 종교적 체험만으로 한정시켜서는 안 된다. 성령은 우리가 직장에서 일을 하는 중에도 역사하시고, 어려운 업무를 잘 감당해 낼 수 있는 힘을 주시기도 한다. 삼위일체 하나님 가운데서 성령은 우리의 일상생활과 관계없는 분이 아님을 분명히 기억해야 한다. 2천 년 교회 역사 가운데 성부와 성자 하나님에 대한 연구는 오래 전부터 계속되었으나 성령에 대한 본격적인 연구의 역사가 지난 20세기부터인 것이 아쉽다.

구약성경을 보면 성령의 역사는 특히 직업과 매우 깊은 관련을 맺고 있다. 성령, 곧 하나님의 영이 임할 때 사람들은 자기에게 맡겨진 일과 관련해서 탁월한 능력을 나타냈다. 다니엘 5장에서 벨사살 왕이 벽에 쓰인 글씨를 보고 놀랐을 때 왕비가 이렇게 말했다. "왕의 나라에 거룩한 신들의 영이 있는 사람이 있으니 곧 왕의 부친 때에 있던 자로서 명철과 총명과 지혜가 신들의 지혜와 같은 자니이다"(단 5:11). 그들의 신 개념과 가치관대로 '신들의 영이 있는 사람'이라고 표현했다. 하지만 이것은 다니엘의 능력이 그가 믿는 하나님과 연관된 것으로 평가받았다는 사실을 말해준다. 구체적으로 비문을 해석하는 능력이었는데 '명철과 총명과 지혜'란 당시 정치인들에게 필요한 지식과 능력을 의미했다. 이것은 바로 다니엘의 직업적 탁월함을 보여준다. 느부갓네살 왕도 이런 다니엘을 가리켜 "그의 안에는 거룩한 신들의 영이 있는 자라"(단 4:8)고 말하면서, 이미 다니엘이 믿는 하나님의 영과 관련된 꿈 해석 능력에 대해 언급한 적이 있었다.

이렇게 일터에서 보여주는 성령의 능력이 일터를 변화시킬 수 있다. 우리 크리스천들이 이런 능력을 얻기 위해 애써야 하는 것은 당연하다. 영향력(Influence)을 다룰 때에도 이미 생각해 보았지만, 일터에서 우리 크리스천들은 업무에 있어 탁월함과 성실함으로 인정받아야 한다. 우리가 이것을 제대로 하지 못하면 우리는 일터사역자가 되기 힘들다. 일터에서 능력을 얻는 것은 우리가 평생 노력해야 할 숙제이다. 목표를 정하고 업무 능력의 향상을 위해서 노력해야 하는 것은 믿지 않는 사람들과 같은 처지이다. 하지만 우리 크리스천들은 여러 가지 섬김 때문에 시간과 여건이 부족하기에 각별히 하나님의 은혜를 입어야 한다.

우리 크리스천 직업인들에게는 바로 이것이 특권이라고 할 수 있다. 성령 충만하여 하나님이 덧입혀 주시는 직업적 능력을 갖추는 것이다. 다니엘의 능력이 확실한 예이고, 또한 성경의 다른 인물들도 성령의 역사하심으로 직업적 능력을 얻은 예가 많이 있다. 대표적인 또 다른 사람으로 요셉을 생각해 볼 수 있다.

미래에 대한 범상치 않은 꿈을 꾸고 고민하던 애굽 왕 바로는 측근 신하인 술 맡은 관원장의 추천으로 감옥에 있던 요셉을 불러올렸다. 요셉은 바로의 꿈을 정확하게 해몽했다. 덧붙여서 요셉은 7년 풍년과 7년 흉년을 대비한 국가경제 기획프로젝트를 완벽하게 제시했다. 사람들을 세워 곡식을 저장하는데, 국가적인 사업으로 큰 비축 창고를 지어서 온도와 습도를 잘 유지해주어 곡식을 저장하라고 말했다. 그래야 백성들을 살릴 수 있다는 지적이었다. 아마도 요셉은 구체적인 계획을 제시했을 것이다. 제1차 경제개발 7개년 계획

(풍년시기의 경제운용 방침), 그리고 제2차 경제개발 7개년 계획(흉년시기의 경제운용 방침), 그 후도 문제였다. 제3차 경제개발 계획으로 극심한 흉년 후의 경제회복 계획까지, 요셉은 구체적인 국가경영전략을 청사진으로 바로에게 제시했다.

그런 요셉을 보고 바로와 그 신하들이 감동했다. 그래서 바로가 자기 신하들에게 탄성처럼 외쳤다. "이와 같이 하나님의 영에 감동된 사람을 우리가 어찌 찾을 수 있으리요"(창 41:38). 요셉이 가진 명철함과 지혜를 보고 바로는 요셉이 섬기는 하나님의 영에 감동된 것이라고 보았다. 그래서 바로는 요셉의 능력을 인정하고 총리로 삼았다. 바로가 요셉에게서 본 것은 요셉의 종교성이 아니라 직업적인 능력이었다. 그러나 보통 사람의 직업적 능력과는 좀 달랐다. 그동안 수많은 관리를 거느리고 당시 세계최대 최강제국을 통치하던 바로가 보니 요셉이 제시한 기획안은 노예생활과 감옥생활을 10여 년 해온 팔레스타인 출신의 서른 살 젊은이가 작성할 수 있는 것이 아니었다는 뜻이다. 애굽의 치리자였던 바로는 수많은 신하를 상대해 보았고, 정치적 관록을 가진 사람으로서 '기획안'을 보면 금방 파악하지 않았겠는가? 그래서 바로는 그런 놀라운 기획안을 제출한 요셉의 능력은 겁 없이 신(의 아들)인 자신 앞에서 요셉이 자주 언급한 신 '하나님'의 영에 감동된 것이라고 판단했던 것이다.

성경은 광야에서 성막을 지을 때 선택된 기술자 브살렐 역시 성막을 짓는 데 필요한 각종 지혜나 재주가 하나님의 영과 연관되어 있다고 기록했다. "내가 유다 지파 훌의 손자요 우리의 아들인 브살렐을 지명하여 부르고 하나님의 영을 그에게 충만하게 하여 지혜와 총명과 지식과 여러 가지 재주로 정교한 일을 연구하여 금과 은과 놋으로 만들게 하며"(출 31:2-4). 다니엘이나 요셉에게 함께하신 하나님의 영은 그들에게 정치적 능력이나 리더십을 부여하여 정치를 잘하게 하셨지만, 브살렐과 함께하신 하나님의 영은 금, 은, 놋, 나무, 돌을 가지고 여러 가지 물건을 만드는 재주를 잘 발휘하게 하셨다. 다니엘과 요셉이 정치학과였다면, 브살렐은 이공계열이거나 예술계열이었다. 특성이 다른 두 직업분야에서 일하던 하나님의 사람들이 모두 다 하나님의 영이 함께하셔서 그들의 일을 잘할 수 있었다.

삼손은 어땠는가? 그는 평생 나실인으로 하나님께 헌신한 사람으로 이스라엘의 사사가 되었다. 그가 엄청난 힘을 나타내 보인 것은 하나님의 영으로 인한 것이었다. "레히에 이르매 블레셋 사람들이 그에게로 마주 나가며 소리 지를 때 여호와의 영이 삼손에게 갑자기 임하시매 그의 팔 위의 밧줄이 불탄 삼과 같이 그의 결박되었던 손에서 떨어진지라"(삿 15:14). 나중에 그는 나실인의 규례를 어겨 하나님의 영이 떠났지만(삿 16:20), 바로 그 힘을 통해서 하나님의 능력을 드러냈다.

구약성경이 밝혀주는 이런 몇 가지 예를 살펴볼 때 하나님의 영은 맡겨진 일을 할 때 그 일에 필요한 능력과 재주를 부어주시는 성령 하나님을 일컫는다. 물론 성령은 사람에게 주어진 천부적인 재능과 무관하게 역사하시는 것은 아니다. 요셉은 꿈을 해석하는 지혜가 있었고, 브살렐은 예술적인 재능이 있었으며, 삼손은 힘이 장사였다. 그런데 하나님의 영이 임할 때 그들이 가지고 있는 능력과 재주가 더욱 크게 나타나서 하나님 나라를 위해 사용되었다.

능력뿐만 아니라 인간관계에서도
성령의 충만함으로

　　바로 이 점이 오늘 일터에서 직업을 가지고 살아가는 우리 크리스천들에게 시사하는 바가 크다. 우리 크리스천들이 일터에서 하나님과 친밀함을 유지하기 위해서는 일하는 과정에 성령이 함께하셔서 얻는 직업적인 능력을 가져야 한다. 또한 일하는 현장에서 늘 하나님과 함께하면서 일할 수 있어야 한다. 영업을 한다면 고객들과 대화할 때 잘 설득할 수 있는 능력을 달라고 기도할 수 있다. 물건을 생산한다면 소비자들에게 꼭 필요한 물건, 그들에게 유익을 줄 물건을 생산해 낼 수 있는 지혜를 간구할 수 있다. 디자인을 하는 사람이라면 아이디어를 낼 때 성령이 함께 해달라고 간구할 수 있다. 의술을 행하는 의사도 치유의 능력을 위해 간구하고, 교육현장에 있는 사람도 보혜사이신 성령의 가르치는 은사를 간구해야 한다. 우리가 어떤 일을 하든지 그 일에 필요한 능력을 하나님께 구할 수 있다. 성령은 우리 일터의 현장에서 일할 때 구체적으로 능력을 주시는 분이다.

　　직장생활을 하면서 업무보다 더 어렵다는 인간관계에서도 성령의 충만함을 받을 수 있다. 그러면 우리는 힘든 직장생활도 즐겁게 할 수 있다. 사도 바울은 갈라디아서 5장에서 율법 아래 사로잡혀 사는 사람들이 보여주는 육체의 열매와 성령의 인도함을 받는 사람들의 열매를 비교하고 있다. "음행과 더러운 것과 호색과 우상 숭배와 주술과 원수 맺는 것과 분쟁과 시기와 분냄과 당 짓는 것과 분열함과 이단과 투기와 술 취함과 방탕함"(갈 5:19-21)은 육체의 열매인데, 그렇다면 성령의 열매는 무엇인가? "사랑과 희락과 화평과 오래 참음과 자비와 양선과 충성과 온유와 절제"(갈 5:22-23)이다. 성령에 충만한 직장인은 일터에서 바로 이런 성령의 열매를 나타내 보일 수 있다. 성령을 의지하고 그분께 순종하면 우리도 이 어려운 일을 해낼 수 있다. 이 아홉 가지 열매를 보면 우리 일터에서 인간관계를 원만하게 하기에 이보다 적합한 성품이 없을 것이라는 생각이 들지 않는가?

함께 일하는 사람들에게 따뜻한 말을 건네고 사람들에게 관심을 보이는 것은 사랑의 열매이다. 이런 사랑을 직장에서 실천할 수 있다면 우리의 직장생활은 분명히 달라진다. 자신에게 힘든 일이 있더라도 하나님의 영이 충만한 사람은 항상 기쁨과 즐거운 미소로 사람들을 대한다. 그러면 주변 사람들의 기분도 좋게 할 것이고, 결국 일터의 분위기가 달라질 것이다. 희락의 열매이다. 화평의 성품을 보여줄 때 우리는 피스메이커가 될 수 있다. 중재자의 역할을 할 수 있다. 화를 자주 내 주변 사람들이 조마조마했는데 성령이 충만하면 분노를 절제할 수 있게 된다. 그러면 그 오래 참음의 열매 덕분에 주변 사람들이 감탄하지 않을 수 없을 것이다. 자비와 양선, 충성과 온유, 절제 등 여러 미덕을 통해서 우리는 우리의 일터를 변화시킬 수 있다. 우리가 성령의 충만함을 받아서 하나님과 친밀해지면 이렇게 우리의 변화로 인해 일터가 달라질 수 있다.

일터를 변화시킨
성령 충만한 직장인들

직장생활을 하면서 하나님의 성령이 충만하고 하나님과 늘 동행하는 삶을 사는 모습은 구체적으로 어떤 것일까? 경찰서에서 근무하는 한 주부사원이 직장인 모임에서 자신의 경험을 이야기했다. 까다로운 상사에게 결재를 받아야 할 일이 생겼는데 여간해서 결재 받기가 쉽지 않을 것 같았다고 한다. 그래서 결재판에 손을 얹고 간절한 마음으로 하나님이 함께해주실 것을 기도했다. 그리고 나서 결재를 받았더니 그 상사가 보통 때와는 달리 쉽게 결재를 해주었다. 이런 경험도 우리의 일터에서 하나님과 얼마나 친밀한 관계를 유지하며 일하는지 우리를 돌아보게 한다. 흔히 화살기도라고 하여 어떤 일 앞에서 짧게 하나님께 기도하는 것도 우리의 일 그 자체를 하나님께 맡긴다는 믿음의 '시위'가 아닐 수 없다.

느헤미야가 그랬다. 앞에서도 살펴본 대로 조국의 위기를 해결하기 위해 기회를 보고 있을 때 아닥사스다 왕의 은혜를 입어 제안할 수 있는 기회가 생겼다. 그때 느헤미야는 "하늘의 하나님께 묵도"(느 2:4)했다. 짧은 시간이지만 하나님께 은혜를 구하며 모든 것을 맡기는 기도를 드릴 때 하나님이 인도해주셨다. 일터에서 크고 작은 일들을 할 때도 이렇게 하나님의 인도하심을 간구하고 행하는 것이야말로 성령의 충만함이 아니겠는가.

헨리 블랙커비와 그의 아들 리처드 블랙커비가 함께 쓴 리더십의 명저 「영적 리더십」(두란노 펴냄)에는 일터를 변화시킨 성령 충만한 사람들의 이야기가 여럿 나온다. 몇 가지를 살펴보자.

첫 번째 이야기는 '성령 충만한 1일 일터 사목, 찰스 피니'의 이야기이다. 19세기의 유명한 전도자 찰스 피니 목사의 삶에는 하나님의 임재가 분명히 나타났다. 1826년 미국 뉴욕의 공단에 간 피니는 친척이 감독으로 있던 면제품 생산공장을 방문하게 되었다. 많은 여공이 베틀과 방적기에서 일하는 커다란 방을 지날 때 여공 몇몇이 피니를 보며 뭐라고 서로 얘기를 주고받았다. 피니가 다가가자 그들은 더 심하게 동요했고, 3미터 앞으로 다가가자 한 여공이 바닥에 털썩 주저앉아 울음을 터뜨렸다. 곧 다른 사람들도 흐느끼기 시작했는데 자신들의 죄가 마음을 찔렀기 때문이었다.

성령의 역사는 순식간에 건물 전체로 퍼져 온 공장이 하나님의 임재를 깊이 느꼈다. 불신자인 사장도 하나님이 역사하고 계심을 깨닫고 잠시 공장 문을 닫았다. 그는 피니에게 설교를 부탁하며 영혼의 평안을 찾는 법을 말해달라고 했다.

두 번째는 아들 블랙커비 목사가 그의 사역 속에서 있었던 일터사역을 소개한다. 그가 중서부에 있는 한 교회에서 연속집회를 인도하고 있을 때 사람들에게 다음날 하나님이 일터에서 어떤 일을 하시는지 눈여겨보라고 도전했다. 이튿날 아침, 도전을 받아들인 한 사업가는 하나님이 자기 회사에서 어떻게 일하시는지 보여달라고 기도했다. 그가 구내식당에 앉아 점심을 먹을 때 구석에 혼자 앉아 밥을 먹고 있는 직원이 눈에 띄었다. 성령의 인도를 느낀 사업가는 직원 곁으로 가 근황을 물었고, 그가 심각한 위기에 처해 있음을 알았다. 부부관계가 극도로 나빠졌고, 저녁 때 집에 가서 짐을 싸 집을 나가버릴 계획이라고 했다. 하나님이 도전하심을 느낀 사업가는 퇴근 후 저녁을 사겠다며 직원을 식당으로 데려갔다.

그러고는 교회의 특별집회에 함께 가겠느냐고 물었고, 다행히 그는 가겠다고 하여 그날 저녁 사업가는 곤경에 처한 직원의 옆자리에 앉아 하나님이 그의 삶 속에 역사하셔서 깨어진 관계를 회복시켜 달라고 기도했다. 사업가는 예배 후 차 안에서 대화하며 예수님이 그 직원의 상황에 대한 해답임을 알려주고, 가족들이 꼭 필요로 하는 경건한 남편과 아버지가 되라고 권했다. 캄캄한 주차장에서 한 회심자는 집에 돌아가 아내에게 용서를 구하겠다고 울면서 다짐했다.

세 번째는 헨리 블랙커비 목사가 소개하는 '크리스천 MVP'에 관한 이야기이다. 헨리 블랙커비 목사는 세인트루이스 램스 풋볼 팀이 2000년 1월 슈퍼볼에서 우승할 때 팀의 사목으로 섬겼다. 쿼터백 커트 워너는 그해 내셔널풋볼리그에서 MVP가 되었는데, 다시 슈퍼볼 MVP로도 뽑혔다. 경기 후 인터뷰 자리에서 워너는 자신의 성공을 정중히 하나님께 돌렸다.

워너가 직접 만들어 서명해 팬들에게 나눠주는 명함에는 이렇게 적혀 있었다. "제 인생 최고의 날은 한 시즌에 40개의 터치다운 패스를 던졌다든지, 올스타 지명전에 뽑혔다든지, NFL MVP로 지명된 것과는 아무 상관이 없습니다. 제 마음속에 예수님을 모셔 들인 날이 제 인생 최고의 날입니다. 이제 저는 하나님의 뜻대로 살며 그분을 전하는 데 제 삶을 바치겠습니다." 커트 워너는 세상에서 진정으로 성공하는 것이 무엇이며, 하나님 나라를 자신의 일터에 세우는 일이 얼마나 중요한지 아는 성령 충만한 일터사역자였다.

말씀과 기도로 하나님과 교통하면서 친밀함을 유지하고 일터에서 생활하다 보면 다니엘이 사자 굴에서 살아나온 것과 같은 놀라운 이적을 체험할 수도 있을 것이다. 미국 볼티모어에 있는 커티스 엔진 회사의 사장을 지낸 헤럴드 힐이 일터에서 성령 충만함을 통해 겪었던 자신의 이야기를 해주고 있다(「왕의 자녀답게 살아가려면」, 두란노 펴냄).

성령 세례를 받은 후 얼마 지나지 않아서 볼티모어의 발전소와 관련된 일로 경험한 일이다. 발전소를 넘겨주기 전에 먼저 모든 작동이 제대로 되는지를 확인해 보아야 하는데 문제가 생겼다. 시간이 4시간밖에 남아 있지 않은 급박한 상황이라고 알리는 전화가 걸려왔다. 전화를 끊자마자 힐은 기도하기 시작했고, 기도를 하던 중 잘못된 곳이 어디인지 텔레비전 화면을 보는 것처럼 생생히 보였다. 그는 성령의 완벽한 지시 아래 발전소로 곧장 걸어 들어가 관련 기술자들이 이미 점검을 마쳤다는 곳으로 갔다. 그들이 힐의 말대로 조치한 후에 작동 단추를 누르고 스위치를 잡아당겼을 때 기계는 아무 일도 없었다는 듯이 작동되기 시작했다. 그 분야의 고도로 숙련된 기술자와 전문가 20여 명이 2주간이나 원인도 발견하지 못했던 고장을 단번에 알아내 해결한 것에 대해 누구나 놀랐다. 그때는 힐 사장이 사람들에게 성령의 능력을 담대히 증거하지 못해 아쉬웠다고 한다.

그다음 기회가 왔는데 이번에는 버지니아의 한 군부대에서 긴급 조사 및 수리의뢰 전화가 걸려왔다. 그곳에 힐 사장이 갔을 때 사람들은 세 명의 기술자를 붙여주고 하루의 시간을 주었다. 그러나 5분 만에 해결하겠다고 말하고는 하나님이 알려주신 대로 주 발전기에서 덮개판을 벗기고 고정나사를 풀고 브러시 장치를 왼쪽으로 1인치 돌려놓게 했다. 그것은 공장으로 보내는 통신신호인데 그걸 움직이면 모두 처벌받는다는 담당자들을 설득하면서 왼쪽으로 1인치를 돌리게 했다. 그리고 나사를 조이고 작동스위치를 누르라고 했을 때 그들은 주저했다.

폭발을 염려하는 그들을 문 밖으로 내보낸 후 힐은 작동단추를 눌렀다. 그러자 기계에 전기가 들어오고 송신소가 작동하기 시작했다. 이미 그 부분을 다 점검하고도 원인을 못 찾던 기술자들이 어리둥절하고 있는 사이에 힐은 차에 올라탔다. 차를 타고 오면서 그들이 질문했고, 힐은 자신이 주님의 능력을 증거할 기회를 달라고 기도했다. 힐은 자신이 기계부분을 잘 모르는 문외한 사장이지만 성령이 시키는 대로 한 것뿐이라고 간증했다.

그야말로 다니엘이 사자 굴에서 살아나온 것과 같은 이적이 아닐 수 없다. 헤럴드 힐 사장은 직접 그 일을 한 자신의 머리로도 이해되지 않는, 주님의 방법으로 이루어진 일, 그 일에 대해서 우리의 느낌이나 생각을 보태려고 해도 안 된다고 말한다. 하나님께 모든 것을 맡기며 성령과 친밀한 관계를 가지고 일터에서 동행할 때 하나님은 때로 이런 놀라운 이적을 베풀어 주시기도 한다.

크리스천 직장인으로 살아가는 사람들은 하나님과 친밀함을 유지하는 것이 얼마나 힘든 일인지 잘 알고 있다. 오늘 우리의 일터 상황은 힘들고 분주하다. 그런데 그럴수록 더욱더 말씀과 기도라는 기본적인 경건함을 가지고 예배에 집중하고 하나님과 늘 동행하는 삶을 살기 위해 노력해야 한다. 일하는 분야의 지혜나 인간관계에 성령이 역사하시도록 기도하면 때로 놀라운 이적을 통해서 하나님의 이름을 높이 드러낼 수 있다. 하나님이 일하시는 다양한 방법을 체험하면서 일터에서 하나님과 동행하는 삶을 살 때 우리는 일터에서도 자랑스러운 하나님의 자녀가 될 수 있다.

기도하며 하나님께 자신의 삶을 전적으로
의지하는 것이 우리 삶의 성공과 실패를
분명하게 가르는 척도이다. 기도가 바로
우리의 일터 영성을 확인해보는 잣대가 될 수 있다.
기도하면서 하나님께 인생의 모든 문제를
맡기지 않고 성공하는 인생은 가짜이다.

세상에 강한 충격과 영향을 주는 임팩트가 얼마든지 가능하다.
당대 세계최대 최강제국의 궁궐에서 고위관리로 일했던
다니엘을 통해서 우리는 그 가능성을 볼 수 있다.
헌신하고 준비하여 훈련받은 사람은
얼마든지 세상 속에서 복음의 임팩트를 보여줄 수 있다.

복음의
임팩트로
세상을 향해
도전하라

I

Impact (명사)

① 충돌, 충격, 쇼크.
② 획기적 영향(력).

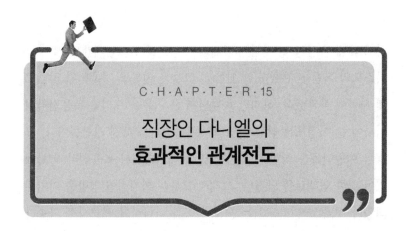

CHAPTER·15

직장인 다니엘의
효과적인 관계전도

복음을 전하세요. 언제나!
필요하면 말을 사용하세요

크리스천 직장인이 세상에서 살아가면서 가져야 할 마지막 I영성은 Impact이다. 우리가 일상에서 자주 사용하는 강한 '임팩트', 청중을 사로잡는 카리스마, 바로 그런 느낌에 덧붙여 한 사람의 인생에 임팩트를 주어 가장 획기적인 영향을 미치는 '전도'를 이 단어로 표현해보고 싶다.

초대교회 성도들은 예수님이 승천하면서 땅끝까지 복음을 전파하라고 하신 명령을 잘 이해하지 못했다. 스데반의 순교로 흩어진 성도들도 여전히 유대인들에게만 복음을 전했을 뿐 이방인들에게는 복음을 전하지 않았다. 하지만 어디에선가 복음을 전해 들었을 구브로와 구레네 출신의 몇 사람이 안디옥에 이르러 헬라인에게도 예수 그리스도의 복음을 전했다(행 11:20). 그들은 이름도 기록되지 않았고 몇 사람에 불과했다. 하지만 하나님께 큰 기쁨을 드리고 복음전파의 역사에 큰 이정표를 남긴 혁명적인 복음전파를 해낸 사람들이다. 그들이 이방인들을 향한 전도의 첫발을 내디디면서 복음전파 역사에 있어 강한 임팩트를 남겼다. 그래서 그들은 획기적인 영향을 미치게 되었다. 이후 안디옥교회는 사도 바울과 바나바를 선교사로 파송하면서 이방인 전도를 위한 전초기지의 역할을 감당하게 되었다.

이제 다니엘 이야기의 종착역이자 일터사역의 꽃이라고 할 수 있는 '일터 전도' 주제를 다루어야 할 때이다. 하지만 일터에서 직업인으로 살아가는 우리 크리스천들이 당연히 전도해야 하고 직장을 21세기 전도의 황금어장 중의 하나로 늘 꼽지만, 일터는 전도하기가 그리 쉬운 곳은 아니다. 혁신을 외치지만 상당히 보수적인 사회가 바로 일터이다. 특히 우리 크리스천으로서 감당하기 힘든 독특한 일터문화가 있다. 고질적인 회식문화나 관행의 이름으로 비리를 묵인하고 조장하는 직업윤리의 일탈도 있다. 그런 직장사회 속에서 우리가 진정 크리스천다움을 드러내면서 살아가야만 제대로 전도할 수 있기 때문이다.

예수님이 말씀하신 것처럼 우리는 '착한 행실'을 통해 세상의 빛과 소금으로 드러나야만 한다(마 5:16). 특히 일터에서 착한 행실을 드러내기 위해서는 우리의 업무를 통해 인정받아야 한다. 탁월함을 인정받으면 좋지만 그렇지 못하다면 적어도 성실함은 분명히 드러내면서 일해야 한다. 일터는 이익을 얻기 위한 집단이기에 그 목적에 부합하지 않으면 직장인으로서 자기 정체성을 상실하기 쉽다. 크리스천 직장인이 일을 잘해야 하는 이유가 여기에 있다.

또한 일하면서 신실함을 드러내야 한다. 직장에서 일을 할 때 윤리적인 결단을 해야 할 순간은 크리스천임을 드러내기 좋은 때이다. 때로 순교적 결단도 필요하고, 점진적이거나 현실적인 결단을 하면서 하나님을 섬기는 사람의 모습을 동료들에게 알려야 한다. 그래서 세상에서 크리스천들은 무슨 일을 하든지 주께 하듯 하면서 일터의 예배를 드리고 있음을 사람들에게 입증해야 한다. 지금까지 다루어 온 여섯 개의 I를 통해서 우리는 크리스천 직장인으로 살아가는 방법을 배웠다. 그 부분에서 분명하게 서 있지 않고는 우리가 일터전도자가 되기 힘들다. 세상에서 살아가는 전도자의 삶이 중요함을 가르친 성 프란시스의 말을 유념해야 한다. "복음을 전하세요. 언제나! 필요하면 말을 사용하세요."

우리의 삶과 인격 자체가 전부 노출되어 있는 가족들에게 전도하기가 힘들 듯이 일터 전도 역시 그리 호락호락하지 않다. 하루 중 눈을 뜨고 있는 시간의 절반 혹은 3분의 2 이상을 함께 지내는 직장동료들에게 드러내지 않고 남겨놓은 우리의 인격이 있는가? 그러니 일터에서 전도하려면 철저한 신뢰와 친분 속에서 장기적인 관계전도를 시도하는 것이 바람직하다. 믿지 않는 동료들이 크리스천들에게 뭔지 모를 부러움을 느낄 수 있어야 전도가 가능하다. 직장동료가 호감이 가고 배울 만한 점이 있어야 그 사람을 따라 예수 믿을 결심을 할 것이기 때문이다.

요즘 전도가 점점 힘들어지는 것을 절감한다. 대학 시절, 내가 다닌 총신대학교 안에는 선교단체 동아리가 없었다. 개인적으로 전도를 하려고 해도 학교 안에서 전도할 수는 없었다. 예수 안 믿는 사람이 있어야 전도를 할 텐데 아무리 찾아봐도 없었다. 정문 경비를 서는 분도 어느 교회 장로님, 매점 아저씨도 어느 교회 집사님, 기숙사 식당주방에서 일하는 분들도 어느 교회 집사님이나 권사님이었으니 전도할 방법이 없었다. 학생들은 다 세례교인들이었다. 성경읽기를 위해 만들어진 서클에서 전도훈련을 하기 위해 고개 너머 상도동에 있는 숭실대학교, 버스를 타고 가면 닿을 수 있는 흑석동의 중앙대학교, 봉천동 고개를 넘어 버스를 타면 갈 수 있는 신림동의 서울대학교에 몇 차례 가서 사영리를 가지고 전도훈련을 했다. 그 시절에는 사영리를 넣어 가지고 다니면서 기회가 있을 때마다 사람들과 나누었는데, 전도가 꽤 재미있었다. 읽어주고 이야기를 나누다 보면 영접기도까지 따라하는 사람들이 꽤 있었다.

그런데 요즘에는 사정이 달라진 것을 느낀다. 열차나 버스를 타고 부산, 울산이나 광주, 목포 등을 가고 올 때 서너 시간 이상 가야 하지만, 옆자리에 앉은 사람에게 전도할 기회를 잡기도 쉽지 않다. 신학생 시절의 열정이 사라진 것이기도 하겠으나 한 사람을 우연히 만나서 전도하는 것이 30여 년 전과는 비교할 수 없을 만큼 힘들어진 것은 틀림없는 것 같다. 선교단체를 섬기는 분들의 이야기를 들어도 예전과 달리 요즘에는 캠퍼스 안에서 전도하는 모습을 자주 볼 수 없고 자신들이 훈련받을 때와도 사뭇 다른 분위기라는 것이다. 전도는 고사하고 순원들 모집하는 것도 쉽지 않다고 한다. 이렇게 전도가 힘들어지고 있다. 포스트모더니즘의 영향으로 개인주의와 익명성이 강조되는 오늘 우리 사회의 특징을 생각해보면 이해 못할 것도 아니다. 그래서 일터전도가 필요하다. 일터전도는 '관계전도'로 접근할 수 있기 때문이다. 그렇다면 다니엘은 어떻게 일터에서 전도했는지 확인해보자.

다리오 왕을 전도한
다니엘의 관계전도법

나는 다니엘이 다리오 왕에게 전도했다고 생각한다. 그리고 그 전도의 결실이 있었다고 본다. 다니엘이 사자 굴에서 살아나오는 사건이 있은 후에 다리오 왕은 이런 조서를 내렸다. "내 나라 관할 아래에 있는 사람들은 다 다니엘의 하나님 앞에서 떨며 두려워할지니 그는 살아 계시는 하나님이시요 영원히 변하지 않으실 이시며 그의 나라는 멸망하지 아니할 것이요 그의 권세는 무궁할 것이며 그는 구원도 하시며 건져내기도 하시며 하늘에서든지 땅에서든지 이적과 기사를 행하시는 이로서 다니엘을 구원하여 사자의 입에서 벗어나게 하셨음이라"(단 6:26-27).

다리오 왕이 자기가 믿는 하나님이라고 표현하지는 않고 "다니엘의 하나님"이라고 말하긴 했지만, 하나님에 대해서 어쩌면 이렇게도 자세하고 분명하게 파악하고 있는가? 물론 바벨론 만신전의 수많은 신을 섬기던 다리오 왕이 하루아침에 유일신 하나님을 섬기는 신앙으로 전향하기는 쉽지 않았을 것이다. 그래도 나는 다리오 왕이 자기가 믿던 그 어떤 신들보다도 하나님이 더 위대한 신이라는 사실을 알았고, 그 믿음에 대한 고백이 조서의 형태로 나타났다고 본다.

그러면 다니엘은 어떻게 다리오 왕에게 전도했을까? 다니엘 6장의 상황을 가지고 한 번 상상해보자. 다니엘이 업무에서 확실한 사람이었던 것은 이미 다리오 왕도 잘 알고 있어서(단 6:3) 그를 차기 수석총리로 낙점하고 있었다. 또한 그가 윤리적으로 고결한 가치관을 가지고 일하는 사람이라는 점(단 6:4)도 다리오 왕은 알고 있었다. 일터에서 전도하기 위해서는 이렇게 기본적으로 능력과 윤리성을 갖추어야 한다. 성실하지도 않고 정직하지도 못한 사람이 전도하면 사람들의 비웃음을 살 뿐이다. 그들이 속으로 이렇게 생각할 것이다. '당신이나 잘해! 난 당신이 하나도 안 부러워.' 이렇게 말할지도 모른다. "전 교회엔 취미가 없어서…. 아무개 씨나 열심히 다니시지요."

이런 전제를 가지고 다니엘은 관계전도를 시도했다. 생각해보면 다니엘은 직장동료들이나 아랫사람들과 그리 좋은 관계를 갖지는 못했다. 물론 다니엘의 성격에 결함이 있거나 그가 의도적으로 관계를 망가뜨린 것은 아니었다. 그가 생소한 신, 하나님을 믿는 사람이라는 이유로 미워했을 것이다. 하나님을 믿는 것이 어때서 그리 난

리인가 의아해 할 필요도 없다. 세상 사람들은 그렇게 반응하곤 한다. 화내지 말고 그렇다는 사실을 알아두는 것이 우리 자신에게 더 도움이 된다.

또한 다니엘의 직장동료들은 다니엘이 나이가 많은데 왕으로부터 큰 신임을 받는 것도 무척 배 아팠을 것이다. 당시 다니엘의 나이가 80세가 넘었을 것으로 학자들은 추정한다. 그런데 나이 많은 것이 어떻단 말인가? 그들은 젊은 데도 능력을 발휘하지 못하고 인정받지도 못하는데 왜 능력 있는 노인에게 난리인가? 그럴 수도 있다. 세상 사람들은 흔히 그런 반응을 보인다는 것을 우리도 알아두자. 왜 그럴까 고민하느라 감정을 낭비할 필요도 없다. 세상 사람들이 보통 그렇다는 점만 알아두면 된다.

또한 다니엘이 변방의 조그만 나라 유다에서 포로로 잡혀왔다는 점이 그들을 기분 나쁘게 했을 수도 있다. 그런데 포로로 잡혀온 때가 언제인데 그러는가? 벌써 70년이 다 되어가는 데도 이런 출신 탓을 할까? 오늘날에도 사람들이 그런다. 좁은 땅덩어리에 전라도와 경상도가 바로 붙어 있는 데도 그렇게 지역 탓을 하고 말투 속에 사투리가 남아 있는 것을 따진다. 세상 사람들이 그런 것에 대해서 화낼 것도 없고 그저 그러려니 생각하면 된다.

여하튼 그런 몇 가지 이유로 다니엘은 자기의 의도와 관계없이 동료나 아랫사람들과의 관계가 원만하지 못했다. 자신의 휘하에 있던 40명의 고관들은 어땠는지 모르겠으나 적어도 두 총리를 포함하여 나라의 고위관리들 3분의 2는 그에게 등을 돌렸을 것이다. 그러니 그들의 일방적 모함의 의도가 국정에 반영되어 한 달간의 기도 금령으로 나타났다. 다니엘은 동료와의 관계에서 실패했고 정치적으로도 수세에 몰렸다.

일터에서 한 사람을 마음에 품으면
그를 전도할 수 있다

그런데 다니엘이 결코 포기하지 않았던 한 관계가 있다. 그 관계의 대상은 누구였을까? 바로 그의 직장상사인 다리오 왕과의 관계는 결코 포기하지 않았다. 다니엘은 다리오 왕에게 깊은 관심을 가지고 있었다. 자신의 생살여탈권을 쥐고 있는 권력자를 향한 아부가 아닌 인간적인 관심을 보였다. 과거 바벨론 제국 시절에도 다니엘은 느부갓네살 왕을 향한 인간적인 관심과 배려를 끝까지 유지했다. 느부갓네살 왕이 꿈을 꾼 것을 해석하던 다니엘은 그가 교만하여 들짐승처럼 살 것을 알았을 때 놀라 번민하였다. 그래서 왕에게 "내 주여 그 꿈은 왕을 미워하는 자에게 응하며 그 해석은 왕의 대적에게 응하기를 원하나이다"(단 4:19)라고 자신의 솔직한 심경을 피력하면서 느부갓네살 왕을 진정으로 염려하였다. 번민하는 윗사람을 향해 진실한 관심을 보이면 하나님의 사랑을 나눌 기회가 있음을 다니엘은 이미 경험으로 잘 알고 있었다.

메데 바사 제국의 다리오 왕이 느부갓네살 왕처럼 직접 꿈을 꾸고 번민한 것은 아니지만, 그 역시 다니엘의 처형으로 인해 마음에 심한 고민을 하고 있었다. 그 고민을 다니엘도 잘 알았다. 또한 한 달간의 기도 금령이 내려진 상황에서 계속 기도하면 어떻게 될지 다니엘은 알고 있었다. 왕이 신임하는 다니엘 자신이라고 해도 왕의 호의를 입는 것이 더 이상 불가능한 것을 그는 알았다. 그런데도 다니엘은 결국 목숨을 걸었다. 다니엘은 그가 어린 시절 바벨론에 포로가 되어 왔을 때 겪었던 음식 거절 사건(단 1장)이나 그의 친구들이 신상에 절하기를 거부하다가 풀무불에 들어갔던 사건(단 3장)을 머릿속에 그렸을 것이다. 하나님이 은혜를 베풀어 살려주신다면 감사한 일이지만, 나이가 들만큼 들었던 자신의 상황에서 하나님이 부르시면 죽어 하나님 곁으로 가는 것이니 여한이 없었을 것이다. 그래서 다니엘은 아마도 목숨 걸어 신앙적 순결을 지키겠다는 결심을 했을 것이라고 나는 생각한다.

다니엘은 목숨을 걸었다. 그러나 끝까지 다리오 왕과 신하로서 맺고 있는 관계를 포기하지는 않았다. 그에게는 죽음의 자리에서도 할 말이 남아 있었다. 이렇게 우리가 일터에서 한 사람에게 집중하는 것이 중요하다. 한 사람과 맺은 관계 때문에 목숨이라도 걸 만한 열정을 가진다면 우리는 바로 그 한 사람의 영혼을 구할 수 있다. 우리가 일터에서 나의 한 목숨을 제물로 바치겠다고 하면 우리 회사의 사장님이 변해 예수 믿을 수 있다. 내가 내 가정에서 내 한 목숨 기꺼이 바치겠노라고 하면 나의 아내나 남편이 변해 예수 믿을 수 있다. 친지 중에 가장 큰 어르신이 예수 믿어 집안이 복음으로 뒤집어질 수 있다. 목숨을 걸면 된다. 목숨을 거는데 두려울 것이 무엇인가?

전에 조폭의 세계를 다룬 영화들이 많이 나왔는데 그런 영화에서 부러운 점이 하나 있었다. 조폭들이 왜 그렇게 용감하던가? 목숨을 거니까 용감하다. 목숨을 내놓은 사람을 어떻게 말릴 수 있는가? 바람직한 이유도 아니고 사후대책도 없는 조폭들도 목숨을 거는데 우리가 목숨을 못 걸면 말이 되는가? 일터에서 하나님의 사역자로 살아가고 한 영혼을 주님께로 인도하겠다고 결심한 사람들이라면 (그리고 이 책을 여기까지 읽어온 사람이라면), 목숨을 걸 수 있다. 우리가 목숨을 걸지 않는다면 목숨 걸어 전도할 사람이 없다. 천국의 소망이 확실한 사람인 우리가 목숨을 걸지 않으면 세상은 뒤집어지지 않는다.

인생을 살아가면서 실제로 우리에게 죽음의 위기가 코앞에 있을 수 있기에 우리는 목숨을 걸고 전도해야 한다. 갑자기 세상을 떠나는 사람들이 우리 주변에 얼마나 많은가? 하나님이 우리 성도들도 급하게 부르실 수 있다. 그렇게 부르시면 천국에 가서 주님과 함께 영화를 누리는 것이야 좋은 일이지만 혹시 아직 복음을 전하지 못한 한 사람, 나의 가까운 사람, 그 사람들 때문에 안타깝지는 않겠는가?

〈딥 임팩트〉(Deep Impact, 1998, 미미 레더 감독)라는 영화가 있다. 혜성이 지구에 부딪힌다는 상황을 설정해서 종말에 대한 안목을 주는 좋은 영화이다. 마지막 장면에 지구에서 메시아 호를 혜성으로 보내 혜성 표면을 시추해 들어가 핵폭탄을 투입해 폭파시키는 작전을 편다. 작전을 시도했으나 실패했다. 혜성에서 작은 덩어리 하나만 떨어졌을 뿐이다. 그런데 메시아 호의 대장이 혜성을 자세히 살펴보니 지구에서는 보이지 않는 커다란 분화구가 혜성의 뒤쪽에 있었다. 그래서 그 분화구로 우주선을 돌진해 들어가서 남아 있는 핵폭탄 네 개를 터뜨리는 자폭작전을 하자고 대원들에게 제안했다. 모든 대원이 수긍하고 미국 나사본부에 나온 가족들과 마지막으로 만나는 장면이 나온다. 그 부분은 다시 보아도 눈물이 난다.

홍일점 여성대원은 화면에 나온 남편과 다섯 살쯤 된 딸과 마지막 작별을 한다. 아이 엄마로, 아내로 어떤 말을 할까? 남편에게는 무슨 말을 하려는지 알지 않느냐면서 사랑한다고 말한다. 딸에게는 아빠를 잘 돌봐드리라고 말한다. 작전을 하다가 실명한 대원은 지구를 떠나올 때 만삭인 아내가 낳은 자기 아들을 볼 수 없었다. 그 처음이자 마지막일 수밖에 없는 만남으로 작별해야 했다. 철갑상어라는 별명으로 불리는 대장은 아내가 예전에 세상을 떠났고 아들 둘이 해군에 근무하는데, 사람들을 대피시키는 작전에 투입되어 아예 오지도 못했다. 대장이 머리 위에 붙여둔 아내의 사진을 보고 말한다. "여보, 기다려. 내가 곧 당신 곁으로 갈게."

그리고 한 흑인대원이 아마도 신혼인 아내와 작별한다. 남자가 말한다. "웬디, 약속한 대로 교회에 나가야돼. 내가 당신 옆에 앉아서 당신을 바라볼 거야." 아내는 안타깝다. "지금 여기 옆에 있어줘." 아마 상상해 보니 남자만 예수를 믿었고 여자는 교회에 나가지 않았던 모양이다. 결혼하고 교회에 나가겠다고 약속한 아내와 함께 한 번도 교회에 가지 못한 채 우주로 작전을 나왔고, 다시 돌아갈 수 없으니 그 남편이 아내에게 그렇게 마지막 부탁을 했던 것이다. 꼭 교회에 가라고 말이다. 얼마나 안타까운 일인가?

우리도 목숨 걸면
역사가 일어난다

우리도 목숨을 걸어야 한다. 다니엘이 목숨을 걸었더니 어떤 역사가 일어났는가? 다리오 왕이 다니엘을 사자 굴에 넣으면서 말했다. "네가 항상 섬기는 너의 하나님이 너를 구원하시리라"(단 6:16). 다리오 왕은 다니엘이 섬기는 하나님을 인정했다. 그러나 그렇다고 그가 하나님을 자기의 구원주로 믿었다는 것은 아니다. 상대방이 믿는 신을 인정하는 것과 자신이 그 신을 믿는 것은 다르다.

그러면 왕이 언제 변화되었는가? 다니엘이 사자 굴에서 살아 나온 것을 보고 다리오가 변했다. 다리오 왕은 다음날 새벽에 득달같이 사자 굴로 달려가 다니엘이 살았는지 확인했다. 그가 소리 지르며 이렇게 물었다. "살아 계시는 하나님의 종 다니엘아 네가 항상 섬기는 네 하나님이 사자들에게서 능히 너를 구원하셨느냐"(단 6:20). 다리오 왕은 하나님을 살아 계신 신으로 인정하고 있다. 뭔가 변화를 조금 보인 것이다. 그러자 다니엘이 왕에게 하나님이 자신에게 행하신 역사를 말하면서 자신의 무죄함이 증명된 것임을 아뢰었다. "왕은 만수무강 하옵소서. 나의 하나님이 이미 그 천사를 보내어 사자들의 입을 봉하셨으므로 사자들이 나를 상해하지 아니하였사오니 이는 나의 무죄함이 그 앞에 명백함이오며 또 왕이여 나는 왕에게도 해를 끼치지 아니하였나이다"(단 6:21-22).

이때 다리오 왕이 다니엘을 사자 굴에서 올리라고 명했고, 그의 몸이 조금도 상하지 않은 모습을 보고 감동을 받았다. 다리오 왕은 다니엘의 양심선언에 감동을 받았다. 우리 식으로 말하면 이것은 간증이다. 다니엘을 통해 확인할 수 있는 간증은 무엇인가? '하나님이 다니엘의 삶에 개인적으로 역사하신 위대한 구원의 이야기'이다. 다리오 왕은 다니엘의 이 간증을 듣고 하나님에 대해서 확실한 증거를 갖게 되었다.

오늘 우리도 이런 간증을 마련해야 한다. 그리 복잡할 것도 없고 대단하지 않아서 주눅들 것도 없다. 남의 간증을 기웃거릴 필요도 없다. 나의 삶을 인도하시는 하나님의 모습을 잔잔하게 간증하면 된다. 다니엘처럼 대단하지 않아도 좋다. 바울처럼 찬란한 간증이 아니어도 된다. 드라마 같지 않아도 된다. 우리가 동물원의 맹수사육사가 아닌 다음에야 사자 굴에 들어갈 일이 어디 있겠는가? 배를 타고 가다가 난파당하고 투옥되고 두들겨 맞을 일이 얼마나 자주 있겠는가?

그런데 다니엘이나 바울이 오늘 다시 우리의 일터에 온다고 해도 우리 동료들에게는 별로 설득력이 없을지도 모른다. 우리 동료들은 함께 일하는 나 자신이 가장 잘 알지 않는가? 그들에게 필요한 간증이란 함께 일하는 동료들의 경험담이다. 그러니 나는 나의 간증을 하면 된다. 자신 있게 준비하여 시도하면 된다. 하나님을 믿고 나서 생긴 내 마음의 변화, 어떤 것인지 속 시원하게 설명하기는 힘들지만 나의 마음 밑바닥에 있는 평안함과 안정감, 미래에 대한 두려움에 대해서도 염려하는 대신에 기도하게 된 변화, 이런 것들을 잔잔하게 이야기한다면 그것이 곧 간증이다.

이제 우리가 마음에 품고 기도하며 전도할 한 사람을 정하자. 한 유명한 목사님의 전도특강을 들으니 여성들이 1년에 한 명씩 아이를 낳을 수 있듯이 영적으로도 1년에 한 명씩 새 생명을 탄생시키자고 역설했다. 자주 듣던 이야기이기도 한데 목사로서 마음에 찔리고 죄송스러웠다. 나의 인생을 살아온 연수만큼은, 아니 철들고 나서 지금까지 살아온 연수만큼은 전도해서 양육하고 교제하는 사람들이 있어야 할 텐데 그렇지 못한 나 자신이 너무 부끄러웠다. 그리고 결심해 보았다. 한 해에 한 명의 사람을 마음에 품고 그를 위해 기도하면서 관계를 잘 가져보자. 그리고 적절한 때에 자연스럽게 간증을 하면서 복음을 전할 기회를 잡아보자.

모태신앙이라고 '못해?'
접촉, 인도, 전도를 시도하라

이렇게 하는 것이 관계전도이다. 교회에서 전도행사를 하면서 '태신자' '전도대상자' 'VIP' 등의 이름으로 사람들을 정하라 하고 행사일에 초청하지 않는가? 해마다 하는 행사성 전도가 지겹다고 불평하지 말고, 그런 기회에도 얼마든지 한 사람의 태신자를 정할 수 있다. 또 일터에서 함께 일하는 사람들 중에 한 사람을 정해서 그를 마음에 품고 기도하며 전도의 기회를 모색할 수 있다. 잘 보면 전도할 사람이 보인다. 신경 안 쓰고 관심을 안 가져서 그렇지 잘 보면 전도할 사람들이 무척 많다.

또한 나의 경험을 보면 전도대상자를 너무 고르는 것은 별로 바람직한 태도가 아닌 것 같다. 조금만 관심을 보이고 전도하면 금방 예수 믿을 것 같은 사람은 끝내 안 믿고, 전혀 믿을 것 같지 않은 사람은 내가 전하지 않아도 어느새 믿는 사람이 되어 있는 경우를 종종 보았다. 그러니 내 마음에는 들지 않아도 성령의 역사를 기대하자. 나에게 까다롭게 대하는 윗사람, 껄끄러운 동료도 대상자로 삼아보자. 그리고 한 1년 정도 계획하고 그 사람을 위해 기도하면서 관심을 보여주는 것이다. 함께 식사하고, 선물도 주고, 이야기도 많이 나누어보라. 어려운 일이 있으면 도와주기도 하면서 그 사람과 함께 할 수 있는 일들은 다 동원하여 '착한 일'을 해보라.

그러다가 그 사람이 퇴사를 해버리거나 내가 다른 직장으로 옮겨 가까이에서 더 이상 못 만나게 될 수도 있다. 그렇다면 그 전도는 실패인가? 아니다. 전도는 팀워크이고 과정이기에 그렇게 성공과 실패를 간단하게 논하면 안 된다. 우리가 보통 언급하는 '전도'는 세 가지로 구분할 수 있다. 접촉, 인도, 전도이다. 이 세 가지를 차례로 살펴보자.

먼저, '접촉'은 말 그대로 흔적을 남기는 것이다. 전도하려고 마음에 두고 있으면서 잘 대해주고 기도해주며 관계를 갖는 그 모든 시도가 바로 접촉에 해당된다. 이 접촉은 반드시 흔적을 남긴다. 국립과학수사연구원의 모토가 "모든 접촉은 흔적을 남긴다"라는 이야기를 재미있게 들었다. 우리가 하는 전도의 접촉도 그렇게 반드시 흔적을 남긴다. 그래서 당장 내가 그 이후 단계인 인도와 전도를 하지 못했더라도 한 사람에게 접촉을 남긴 것만으로도 하나님 나라의 복음사역에 동참한 것이다. 전도에 있어서 이 접촉도 매우 귀한 사역이 아닐 수 없다.

둘째, '인도'는 전도하려고 마음에 품고 있던 사람을 교회의 예배나 신우회 모임으로 데려오는 것이다. 이렇게 데려오는 것도 귀한 복음사역이다. 교회에서 전도대회를 하거나 전도에 대한 시상을 할 때면 이렇게 인도한 사람들의 수를 세어서 시상하는 것이 보통이다. 이 일도 귀한 일이다. 잘 데려오기만 해도 그 이후에 복음을 전하고 양육하는 전도양육 프로그램을 통해 다음 단계의 복음전파를 할 수 있다. 인도에 탁월한 은사를 가진 사람들이 있는데 그 은사를 잘 활용해서 사람들을 많이 데려오면 좋겠다.

셋째, '전도'는 그야말로 복음을 전하는 일을 가리킨다. 〈사영리〉를 읽어주거나 〈전도폭발〉 전도방법으로 접촉하여 긴 복음을 설명해주거나, 더욱 간단하게는 〈다리 예화〉를 가지고 복음의 핵심을 간단히 설명할 수도 있다. 전도편지를 꾸준히 보내서 복음을 전할 수도 있다. 아니면 자신이 알고 있는 복음에 대한 기본적인 내용을 직접 이야기해 줄 수도 있다. 성경 한 구절에도 복음의 핵심을 담고 있는 구절이 많지 않은가! 이것이 바로 전도이다.

복음의 핵심을 숙지하라.
그리 복잡하지도 않다!

간단하게 복음을 제시하는 방법을 배우는 것도 필요하다. 접촉과 인도도 의미 있는 전도이지만, 우리가 신앙생활을 하면서 일터선교사가 되기 위해서는 기회가 있을 때 복음의 핵심을 전하는 것도 꼭 필요하다. 복잡하게 생각하지 말고 준비하면 된다. 인간의 영원한 생명은 오직 은혜로만, 오직 믿음을 통해서만, 그리고 그리스도 안에서만 발견된다는 진리가 바로 복음의 핵심이 아니겠는가? 그것을 사람들에게 이해시킬 수 있도록 준비할 수 있다.

우선 복음에는 기본적인 핵심 사항이 있는데 그것을 간단하게 정리해보자.

⑴ 하나님은 누구이시고 인간(나)은 누구인가?
⑵ 예수님은 누구이시고 무엇을 하셨는가?
⑶ 죄 문제를 해결할 수 없는 인간은 무엇을 해야 하는가?
⑷ 믿음을 가진 자들에게 주어진 약속은 무엇인가?

이런 복음의 핵심이 담긴 성경의 한 구절도 있다. 믿지 않는 사람들도 잘 아는 요한복음 3장 16절도 복음의 핵심을 담고 있다. "하나님이 세상을 이처럼 사랑하사 독생자를 주셨으니 이는 그를 믿는 자마다 멸망하지 않고 영생을 얻게 하려 하심이라." (1) 하나님이 세상을 창조하시고 사랑하셨다. 그러나 인간은 죄로 인해 멸망할 수밖에 없게 되었다. (2) 하나님의 독생자인 예수님은 세상에 오셨고 인간들이 죽어야 할 죄를 대신 지고 십자가에 달려 돌아가셨다. (3) 죄인들은 예수 그리스도가 나의 죄를 위해 십자가에 달려 돌아가셨다는 사실을 믿어야 한다. (4) 믿는 자들에게는 영원한 생명이 주어진다. 이런 복음의 핵심을 대화하는 가운데 적절하게 풀어서 이야기해 줄 수 있다.

로마서 6장 23절도 한 구절로 복음을 잘 설명해준다. "죄의 삯은 사망이요 하나님의 은사는 그리스도 예수 우리 주 안에 있는 영생이니라." (1) 하나님은 은사(선물)를 마련해 놓으신 분이고 인간은 죄를 지어 죽을 수밖에 없다. (2) 예수님은 우리의 주님이시고 우리를 위해 십자가에 달려 돌아가셨다. (3) 죄의 결과로 죽을 수밖에 없는 존재를 깨닫고 영생을 가져다주시는 예수님을 믿어야 한다. (4) 예수님 안에 있는 자가 얻는 영생의 복이 준비되어 있다.

몇 년 전에 내가 사목으로 섬기는 회사의 한 남자직원과 상담을 하다가 어떤 느낌이 있었다. 평소에 언제나 상담을 전도의 기회로 삼지는 않았다. 그런데 그날은 복음에 대해 알려주어도 되겠느냐고 물어본 후 〈사영리〉를 꺼내 함께 읽었다. 그러자 그 직원이 예수 그리스도를 영접했다. 참으로 기쁜 일이 아닌가! 정말로 감사했다. 그런데 그날 그 형제에게 내가 〈사영리〉로 복음을 전한 바로 그 행동

때문에 그 형제가 예수님을 믿게 된 것인가? 그 직원은 매주 목요일마다 드리는 예배를 10여 년간 참석했고, 그 전에도 여러 차례 복음에 관한 의미 있는 접촉을 경험했다. 나는 회사의 직장예배에서 한 달에 한 번 정도는 복음 메시지를 전한다. 그뿐만이 아니라 군대에서 교회에 가보기도 했고 길을 가거나 지하철을 타고 퇴근하다가 전도하는 사람의 메시지를 듣기도 했다. 그런 여러 차례의 접촉으로 인해 그 형제는 예수 믿을 때가 되었던 것이다. 곡식이 자라 희어져서 추수할 때가 된 것이었고(요 4:35), 하나님이 원하시는 때에 내가 복음을 전해 영접하는 결과를 얻은 것이다. 그러니 전도는 팀워크이고 과정이라는 것이다.

이런 관계전도를 우리가 우리의 일터에서 시도해 볼 수 있지 않겠는가? 아무 준비 없이 할 수 있는 것은 아니지만 골치 아플 정도로 복잡한 준비를 해야 하는 것도 아니다. 하나님이 나를 이 직장에 보내셨다면, 내가 경영하는 기업에 직원들을 고용하게 하셨다면, 1년 이상 일과 관련하여 만나고 접촉해야 하는 거래처 사람들을 내게 허락하셨다면 하나님이 그들의 영혼에 대한 책임을 우리에게 요구하시는 것이 아니겠는가?

직장에서 전도하는 일은 오늘 우리 시대에 매우 중요한 일이 아닐 수 없다. 크리스천 직장인들이 일터 전도의 열정을 가지면 개인을 살리고 교회를 세우며, 일터를 복음화할 수 있다. 막힌 전도의 문이 열리고 하나님 나라가 확장될 것이다.

세상에 선한 영향을 주는
교회와 크리스천

세상을 책임지는
크리스천의 사명

느부갓네살 왕은 바벨론 제국의 통치자로서 침상에서도 장래 일을 고민했다. 꿈을 꾼 후 그것이 예사롭지 않은 신탁임을 알고, 꿈의 내용도 알아내고 해석도 하라면서 신하들을 다 죽이려고 했다. 아직도 사람들은 느부갓네살 왕이라고 하면 폭군의 이미지를 연상한다. 또한 그는 꿈을 꾸면서 세계 제국의 리더가 갖는 고귀한 목표를 보여주기도 했다. 그가 꾼 꿈의 내용 중 이런 부분이 있다. "그 잎사귀는 아름답고 그 열매는 많아서 만민의 먹을 것이 될 만하고 들짐승이 그 그늘에 있으며 공중에 나는 새는 그 가지에 깃들이고 육체를 가진 모든 것이 거기에서 먹을 것을 얻더라"(단 4:12). 이 꿈의 내용이 바로 세상 사람들을 살리려는 거룩한 목적이 아닌가? 하나님은 일반은총의 영역에서 이렇게 세상의 살림살이를 책임진 사람들의 고귀한 사명감을 통해서도 역사하신다.

하물며 하나님의 자녀요, 하나님의 선지자의 사명을 다해야 할 우리 크리스천들에게 주어진 사명이 고귀함을 말해서 무엇 하겠는가? 다니엘은 이교숭배가 만연하던 바벨론과 메데 바사 제국의 고위관리로 살아가면서 세상 속 하나님의 사람의 사명을 다했다. 지금까지 우리가 보아왔던 I영성으로 자신의 역할을 충분히 다했다. 하나님을 섬기는 사람의 정체성을 드러냈고, 사람들 사이의 중재자였으며, 중보기도자이기도 했다. 당당하게 하나님을 섬기는 사람의 이미지를 드러냈고, 탁월한 영향력으로 뭇사람들의 존경과 더불어 시기와 질투, 모함도 유발했다. 그가 세상 사람들에게 결코 얕잡아 보이지 않았던 것은 그의 탁월한 정직성과 진실함 때문이었다. 정적들이 치밀하게 사찰하면서 고발 건수를 찾으려 하였으나 다니엘의 흠결을 찾을 수 없었다.

그가 보여준 경건함은 어땠는가? 그는 자신의 하나님을 믿는 믿음을 통해서 하나님과의 친밀함을 보여주었고, 그로 인해 사자 굴에 들어가는 위기도 돌파하고 당당하게 살아나왔다. 또한 그는 하나님을 자신의 상사인 다리오 왕에게 담대하게 전하는 전도자로 살아갔다. 하나님을 섬기는 사람의 임팩트를 분명하게 보여주었다. 그 사람의 마음속에 획기적인 영향을 미쳐서 하나님을 인정하게 만들었다. 이런 다니엘의 모습이 바로 세상 속에 도전을 주는 선지자의 역할이었다. 결국 다니엘은 유다 백성들의 포로귀환에 정치적 영향력을 행사하면서 자신의 역할을 다 감당해냈다.

오늘날 크리스천들이 세상 속에서 이런 역할을 감당할 수 있도록 교회는 성도들을 양육하고 훈련시켜야 한다. 그래서 교회가 성도들을 세상 속으로 파송할 때 오늘날의 다니엘로 인해 우리의 일터와 세상이 변화되기 시작할 것이다. 그동안 나는 1997년부터 직장사역 연구소에서 섬기고, 그 이전 1990년부터 직장신우회를 섬기면서 나름대로 오랫동안 일터사역을 해왔다. 그런데 한국교회가 아직도 일터사역의 필요성에 대한 인식을 제대로 갖지 못하고 있다는 안타까움은 예전이나 지금이나 동일하다. 일터사역을 하는 사역자들이 더욱 열심을 내야 하겠고, 그 원인도 잘 살피면서 전략적으로 사역하는 지혜도 필요하다. 일터사역이 제대로 이해되지 않는 이유에 대해서도 원인 분석이 필요하다.

이 문제를 고민했는데 일종의 답을 얻었다. 해결책이 아니어서 아쉬웠지만 진단은 정확히 한 셈이었다. 전에 서울 극동방송에서 당시 교회문화연구소 소장이신 이의용 장로님이 진행하는 프로그램에 출연했을 때의 일이다. 대담을 하다가 음악이 나가는 시간에 내가 목회자들이 일터사역에 관심이 없고, 심지어 직장생활을 경험한 분들에게 이해시키는 것도 힘들다고 어려움을 토로했다. 그러자 이 장로님이 명쾌한 답을 해주셨다. 가정사역과 같은 경우에는 목회자들도 자신에게 해당된다고 여긴다. 목회자들도 부부문제나 자녀문제가 있고 고부간의 갈등으로 고민한다. 그런데 일터문제는 목회자들

자신의 문제로 인식하지 않는다는 것이다. 직장생활을 경험해보고 신학교에 입학하여 목사가 된 목회자들의 경우도 그 직업을 버리고 왔다고 생각하기에 애써 무관심하다는 해석이었다.

가만히 생각해 보니 옳은 분석이었다. 그래서 일터사역이 붐을 이루고 한국교회 파라처치 사역의 한 축을 이루게 되려면 시간이 좀 더 걸릴 것이라고 했다. 답답하긴 했으나 분명한 지적이었다. 이런 상황에서 어떻게 해야 목회자들이 일터사역에 관심을 가지고 성도들을 세상 속에 파송하는 일이 교회의 중요한 사명임을 인식하게 될까?

모인 교회만이 아닌
흩어진 교회의 중요성을 파악하라

몇 년 전 인천에 있는 동춘교회가 주일 오후예배 시간을 직장선교 세미나로 준비해 나를 초청해주었다. '다니엘의 일터영성'이라는 제목으로 준비한 파워포인트 자료를 가지고 강의 겸 설교를 하였는데, 성도들이 진지하게 반응하며 집중하는 모습에 나 자신이 고무되었다. 할당받은 1시간을 20여 분이나 넘겨 설교를 마치고 내려왔다.

이후 담임목사님이 나와 광고를 하셨는데 그 시간이 내게 인상적이었다. 그 교회의 윤석호 담임목사님은 알고 보니 예전에 만나

뵈었던 분이었다. 1998년 무렵 서울 동안교회에서 직장인학교를 진행하며 섬기던 분이었다. 나도 그곳에 가서 한 차례 강의를 했던 기억이 났다. 그분이 동춘교회 담임목사로 부임하신 것이었는데, 예배 후에 세미나에 대한 코멘트를 하셨다.

좋은 강의에 감사하다고 하면서 하나님이 만드신 세상의 중요한 세 기관이 있다고 이야기를 꺼내셨다. 그 기관들은 일터와 가정과 교회인데 그중에 첫째가 무엇인가, 그것은 바로 가정이라고 하셨다. 하나님이 세우신 귀한 기관인 가정을 잘 세워가는 일에 힘써야 한다고 강조하셨다. 두 번째 기관이 무엇인가 질문하고는 바로 일터라고 답하셨다. 일터를 하나님이 보내신 사역지로 알고 잘 세워나갈 때 하나님이 주신 사명을 다하는 것이라고 강조하셨다. 그리고 세 번째 기관이 바로 교회라는 것이 아닌가. 교회는 성도들이 가정과 일터에서 하나님의 사람으로 살아갈 수 있도록 양육하고 훈련하는 역할을 하는 기관이라고 정의하셨다.

내가 그동안 만나본 목사님들 중에 모인 교회와 흩어진 교회의 관계와 역할에 대해서 이렇게 분명하게 정리하는 분은 없었다. 더구나 크리스천 트라이앵글이라고 할 수 있는 '교회-가정-직장'의 삼각형 구조로 성도들의 정체를 정리하여 가르치는 것도 상당히 설득력이 있었다. "교회는 성도들을 훈련시켜 세상으로 파송하여 하나님의 사람으로 살아가게 하는 역할을 하는 하나님의 기관"이라는 명쾌한 개념을 정리하니 나의 속이 다 후련해졌다.

그런데 또 한 분 대전 선교교회 유성열 목사님을 뵈었다. 2012년

4월에 교회설립기념 부흥회 설교를 하룻저녁 해달라고 부탁해서 그 교회를 알고 싶어 홈페이지를 방문했다. 그런데 담임목사 소개 페이지에서 나의 눈이 고정되었다.

크리스천은 두 교회를 다녀야 한다는 이야기였다. 유성열 목사님은 눈에 보이는 대전 선교교회가 있고 세상의 교회, 즉 가정과 학교와 직장, 성도들이 발을 디디고 살아가는 삶의 현장이 또 하나의 교회라고 피력하셨다. 대전 선교교회의 담임목사는 유성열 목사 자신이고 세상 교회의 담임목사는 교회 교우들이라고, 모인교회에서 충전하고 훈련받아서 세상교회의 목사로 나가서 사역하자고 제안하고 있었다.

교회와 일터, 그리고 가정이 어떤 역할을 해야 건강한 교회가 되는지 위의 두 목사님이 잘 설명해주었다. 성도들의 삶의 마당은 세상이다. 교회는 세상 속에서 영적순례의 고속도로를 달리다가 '휴게소'에 들어온 성도들을 예배와 교제와 교육으로 잘 훈련시키고 위로하여 다시 세상이라는 고속도로로 내보내야 한다.

그래서 종교개혁자 마르틴 루터의 후예들은 주일예배를 마친 후 오후에 교회의 출입문을 닫는 일종의 폐문의식을 했다고 한다. 교회 기물의 도난을 방지하는 조치가 아니었다. 주중에 교회 문을 열지 않은 것도 아니고 상징적인 행동이었다. 하나님의 사람들은 세상이라는 교회에서 주연배우로 살아야 하니 세상으로 파송한다는 의미였다. 주중에는 흩어진 교회에서 우리 교회의 대표선수로 살면서 성도의 사명을 다하라는 뜻을 담고 있는 의식이었다.

전에 캐나다에서 열린 일터사역 컨퍼런스에 참석했던 방선기 목사님께 들은 이야기이다. 선택강의를 하던 한 강사가 자신이 섬기는 교회를 홍보하는 동영상을 보여주었다고 한다. 그런데 교회를 소개하는 첫 장면이 교회의 건물이나 주일 아침에 드리는 예배의 모습이 아니었다. 그 교회의 성도들이 월요일에 출근하는 장면으로 시작하여 일터에서 일하는 모습을 다양하게 보여주고, 가정에서 가족들과 함께 지내는 모습을 보여주고 나자 동영상이 끝났다고 한다. 그러자 그 목사님은 그 성도들이 주일에는 교회에 와서 예배를 드린다고 설명을 했다.

통상 교회 소개 영상이라고 하면 우리 교회에 어떤 부서와 조직이 있는지 소개하고, 온 성도들이 모여 예배드리는 모습과 담임목사가 인사하는 것을 연상하는데, 그런 것이 전혀 없었다. 세상 속에서 성도들이 드리는 삶의 예배를 잘 표현한 교회 홍보자료였다. '모인 교회' 보다는 '흩어진 교회' 를 더 강조했던 것이다.

만약 "교회가 무엇이냐?"는 질문을 받는다면 어떤 대답을 하겠는가? 조금 구체적으로 "교회가 어디에 있느냐?"고 질문하는 것이 더 적합하겠다. 교회는 어디에 있는가? 교회는 건물이 아니다. 주일에는 틀림없이 교회당 안에 교회가 있다. 우리 성도들이 그곳에 모여서 예배를 드리기 때문이다. 그러나 월요일부터 토요일까지는 교회가 어디에 있는가? 흩어진 성도들이 머물러 있는 곳이 바로 교회이다. 이 교회를 이름 붙여 '흩어진 교회' 라고 한다. 그러면 세상에서 성도들은 무엇을 하는가? 바로 예배를 드리는 것이다. "하나님이 기뻐하시는 거룩한 산 제물"(롬 12:1)로 우리의 몸을 드리는 영적 예배가 바로 세상 속 크리스천의 삶이다.

그런 의미에서 우리는 삶 속에서 드리는 예배의 비중을 결코 약화시키면 안 된다. 중요성을 따지는 것이야 무의미하지만, 모인 교회에서 드리는 예배와 흩어진 교회에서 드리는 삶의 예배는 결코 다르지 않다. 주일에 예배를 잘 드리더라도 월요일부터 시작된 삶의 예배를 제대로 못 드리는 이원론적 크리스천들이 많아서 오늘 어지러운 사회를 바로잡지 못하는 것 아니겠는가?

"예수님이라면 어떻게 하실까?"

1897년에 발간된 「In His Steps」라는 소설이 있다. 찰스 M. 쉘돈 목사가 미국 캔자스 주 토페카에서 목회생활을 하며 몸소 실직한 인쇄공처럼 가장하여 시가지를 직접 헤매기도 하면서 기독교인들의 냉대와 무관심에 큰 충격을 받았다. 그래서 자신이 섬기는 교회 성도들에게 낭독해주기 위해 썼던 글이다. 「예수님이라면 어떻게 하실까?」(브니엘 펴냄)라는 제목으로 번역된 이 유명한 책은 그리스도인들, 그중에도 특히 직업인들에게 많은 도전을 주는 책이다.

이 소설의 주인공인 레이몬드제일교회 담임목사 헨리 맥스웰이 크리스천의 제자도에 대한 동기부여를 받게 된 계기는 한 실직한 인쇄공의 방문이었다. 감동적으로 설교하기를 좋아하는 맥스웰 목사가 설교준비를 할 때 찾아온 전직 인쇄공은 새로 나온 자동주조 식자기 때문에 10개월 전에 실직한 사람이었다. 아내도 4개월 전에 세상을 떠났고, 어린 딸은 다른 인쇄공의 집에 맡겨놓고 일자리를 찾아다니는 딱한 사람이었다.

주일예배 때 그 사람이 자신의 상황을 이야기하면서 교우들에게 도전을 주고 심장마비로 세상을 떠났다. 그러자 맥스웰 목사는 "예수님이라면 어떻게 하셨을까?"라는 질문을 자신에게 던졌다. 그리고 1년간 세상에서 예수님이라면 어떻게 하실지 생각하고 실천하기로 결심하는 성도들을 모집했다. 그 특별한 동아리에는 일간지 발행인, 대학총장, 철도공장 감독관, 성악가, 유산 상속녀, 기업가, 소설가 등의 직업인들이 모였고, 늘 하던 자신의 일에 대한 문제점을 발견하고 예수님의 안목으로 일을 바라보기 시작했다.

그래서 〈레이몬드 데일리뉴스〉 사장 에드워드 노먼은 도박, 스포츠 기사를 의도적으로 싣지 않았고 술, 담배 광고를 신문에서 뺐다. 철도공장 감독관 알렉산더 파워즈는 근로자들이 점심식사와 휴식을 할 수 있는 공간을 마련해주고 관행적인 비리에 대해 내부자 고발을 하고 사표를 냈다. 기업체를 경영하는 밀턴 라이트 사장은 직원들을 가족같이 대하고 사업의 주요목적을 상호유익으로 정하고 부정직하거나 의심받을 만한 일을 하지 않을 것을 결심했다. 성악가인 레이첼 윈슬로우는 오페라단의 초빙을 거절하고 빈민가 집회에서 봉사하고, 결국 그곳에서 빈민들을 위한 음악교육을 담당하기로 결심하고 실행했다. 백만 달러 이상의 상속을 받은 버지니아 페이지는 레이첼과 함께 빈민가 천막집회를 섬기면서 거액의 기부를 실천하고 빈민가의 복지관에서 섬기는 삶을 살았다.

이런 놀라운 삶의 변화가 바로 성령의 강한 임팩트인 "예수님이라면 어떻게 하실까?"라는 질문 하나로 가능했다는 것이 놀랍다. 물론 회의주의자들도 있었다. 소설가 야스퍼 체이스는 이 운동에 가담했지만 예수님의 음성을 거부하고 통속소설을 쓰는 작가로 전락하고 말았다. 어려움도 있었다. 링컨대학의 마쉬 총장처럼 그리스도를 따르기 위해서는 자신을 찢어야 하는 아픔이 있었다. 술집을 없애는 것을 지지하는 후보들을 지원했으나 결국 선거에서 아쉽게 지고 말았다.

하지만 이 운동은 위축되지 않았다. 1주년 후 이 운동은 확산되어 시카고에 있는 나사렛애비뉴교회의 캘빈 브루스 목사와 그의 친구인 에드워드 감독이 감명을 받았다. 그들은 1세기 성도들의 고난과 손해, 고통, 배척 등을 감당하기로 하고 목사직을 사임하고 빈민가로 들어가 사역하는 헌신적인 결단을 했다. 자신들의 모든 것을 바쳐 헌신하는 그들은 빈민가 선교를 통해 그들이 할 수 있는 이 사회의 구조적인 변화를 위한 최선의 노력을 보여주었다. 그래서 결국 이 운동을 시작한 맥스웰 목사는 '기독교 국가'의 부활에 관한 꿈을 꾸면서 참다운 교회, 주님의 발자취를 따르는 세상 속 교회의 그림을 그려나가는 것으로 소설은 희망적으로 마친다.

말씀의 원리를 적용하면
세상을 변화시킬 수 있다

　　100여 년 전에 쓰인 소설 속 이야기지만 오늘 우리 시대를 잘 표현해주는 이야기들을 정리해 보니 몇 가지 눈에 띄는 것이 있었다.

　첫째, 이런 변화의 과정에서도 새로운 고용이 창출되고 은사가 발견되는 바람직한 결과가 있었다. 버지니아의 사촌으로 시카고에 살던 펠리시아는 아버지의 파산과 자살, 충격으로 인한 어머니의 죽음으로 하루아침에 고아가 되고 무일푼이 되었다. 그러나 버지니아의 도움으로 결국 자신의 일을 발견하고 재능을 활용한다. 요리하는 일을 통해 레이몬드의 빈민가에서 섬기다가 다시 고향 시카고로 돌아가 작은 음식점을 열었다. 동네에서 가장 창문이 깨끗한 음식점이 에드워드 감독의 눈에 띄었고, 둘은 재회하였다. 결국 펠리시아는 빈민가 복지관에서 요리를 전적으로 책임졌다. 여기서 계속 살 작정은 아니지 않느냐고 질문하는 감독에게 그녀가 하는 말이 인상적이다. "아니요, 저는 여기서 일할 생각이에요. 이것이 저의 복음이기에 저는 이것을 끝까지 따라갈 거예요." 하나님이 그녀에게 주신 일, 그것이 사명이고 복음이라고 확신 있게 말한다.

　둘째, 주인공인 맥스웰 목사는 '일터목회'를 시작했다. 교우인 철도공장 감독관이 맥스웰 목사를 공장으로 초빙해 식사시간에 모인 철도 근로자들에게 말씀을 전해달라는 부탁을 한다. 맥스웰 목사는 주일에 만나는 교인들과 전혀 다른 세계의 사람들을 상대로 말씀을 전하는 것이 당혹스러웠으나, 결국 그들에게 '삶의 만족'에 대한 즉석 직장설교를 하면서 일하는 사람들을 만나는 기쁨을 누렸다. 그리고 빈민가의 천막 집회장에서 자신의 말에 주목하지 않는 청중들을 대하는 곤란을 겪으면서도 결국 복음을 전한다. 그는 기독교의 목적이 의인이 아닌 죄인을 불러 회개시키는 것이고, 예수님이라면 그런 청중들 앞에서 무엇을 말씀하실까 생각하며 설교하게 되었다. 사실 이 운동을 주관한 맥스웰 목사의 가장 큰 변화는 더 이상 사람들의 갈채를 받는 멋진 설교를 하는 것이 아니라 사람들에게 필요한 하나님의 음성을 들려주는 일종의 '직장설교'를 깨닫게 된 것이라고 할 수 있다. 성도들의 삶의 정황과 밀접해지면서 맥스웰 목사는 모인 교회에서 안주하지 않고 흩어진 교회를 세워나가는 바람직한 일터사역 목회자가 되었다.

셋째, 오늘날에도 필요한 동료전도, 관계전도의 모델을 이 책은 잘 보여준다. 부유한 상속녀 버지니아의 오빠 롤린은 찬양사역자 레이첼에게 청혼했으나 거절당했고, 사교계에서 소일하는 한량이었다. 그가 천막집회에서 진정으로 회심한 후 어떤 행보를 보이는가? 그는 사교계에 계속 드나들었다. 그 도시의 사교계에서 방탕한 삶을 사는 젊은 남자들, 목적 없이 살아가는 자신과 같은 사람들을 전도하는 일을 그가 계속했기 때문이다. 그것이 "예수님이라면 어떻게 하실까?"라는 질문에 대한 롤린 나름의 대답이었다. 롤린은 그 일을 자신의 십자가라고 여기면서 동료들에게 복음 전하는 일을 계속했다. 이런 멋진 관계전도의 모델이 어디 있겠는가! 함께 일하는 사람이 동료들의 고민과 고통을 가장 잘 알 수 있다는 점에서 롤린의 관계전도는 오늘 우리 시대의 일터 전도방법으로도 추천할 만하다.

넷째, 세상에서 일하는 제자들, 세상 속 크리스천을 구분할 수 있는 시금석은 무엇인가? 지성과 지식과 고상함인가? 그것이 아니라 바로 실천에 있다는 것, 헌신과 결심과 희생에 정답이 있다는 이 책의 지적이 일터사역과 관련해 중요한 안목을 준다. 이 책에 등장하는 사람들, 예수님을 따라 제자의 삶을 살겠다고 결심한 사람들은 하나 같이 희생한 사람들이다. 그들은 자신의 금전과 명예와 지위를 잃는 희생을 감당했다. 장기적인 어려움을 겪기도 했다. 심지어 가족들이 반대하여 어려움을 겪기도 했다. 그러나 그런 희생이 결국 변화를 가져왔다. 건물을 가지고 있으면서 술집에 임대하여 높은 소득을 올리던 교인 클레이튼이 결국 회심하면서 재정적인 손해를 감수했다. 이런 쉽지 않은 희생만이 예수님의 제자도를 잘 보여준다. 일터사역은 지적인 동의 이상의 행동과 결심과 희생을 요구한다는 점을 우리는 기억해야 한다.

오늘날에도 세상을 향해
날리는 임팩트, 얼마든지 가능하다

이런 일이 소설 속의 일이기만 한 것인가? 역사 속에

서도 얼마든지 실현가능했고, 실제로 일어나기도 했다. 하나님이 주신 은사를 통해 하나님께 헌신한 성도들도 많았고, 사회적으로 영향력을 미친 사람들도 많았다. 영국의 하원의원이었던 윌리엄 윌버포스는 영국 사회의 고질병이었던 노예제도를 폐지하는 법안을 통과시켰고, 죽기 전에 노예해방의 가슴 벅찬 결과를 확인하는 기쁨을 누렸다.

또한 앞의 소설에서도 잘 묘사한 금주법에 관해서도 실제로 역사 속에서 족적을 남긴 경우가 분명히 있다. 빌리 선데이로 알려진, 20세기 초 30년 동안 활발하게 활동했던 복음전도자가 그 주인공이다. 프로야구 선수였다가 거리에서 전도를 받고 예배에 참석하기 시작해 개종한 빌리 선데이는 1903년에 목사안수를 받은 후 주일성수와 금주(禁酒)를 특히 강조했다. 당시 미국에서 술 문제는 심각하여 미국 전역에 21만 8천 개의 술집이 있었는데 150미터마다 한 개의 술집이 있는 것이었다. 매일 5백만 명의 남녀가 술독에 빠져 지냈고, 범죄와 빈민, 고아 문제 등 심각한 상황을 초래하고 있었다. 1912년 미국 정부와 주정부의 주세 수입이 1억 3천4백만 달러였는데, 빈민과 고아, 범죄문제로 인해 정부가 지출한 돈이 6억 달러였다고 한다.

이런 상황에서 빌리 선데이 목사가 미국인들에게 전한 금주와 사회 가치의 회복에 관한 메시지는 설득력이 충분했다. 보스턴 시민들이 특히 빌리 선데이에 호응하여 1919년에 금주법이 미국 의회에서 통과되었다. 그의 부흥집회를 그리 달갑지 않게 여기던 프린스턴 신학교 찰스 어드만 교수도 "주님이 그를 사용하시고 계시는 증거"가 분명하다고 그의 공을 인정했다. 한 사람의 복음사역이 이렇게 한 사회와 국가를 변화시킨 사례가 있다. 우리 크리스천들과 교회가 일터와 세상에서 하나님의 사람들로 온전하게 서기 위해 노력한다면 세상을 향해 영향력을 미치고 세상의 변화를 초래하는 일은 가능하다.

세상에서는 영향력을 발휘하기 힘든 목회자가 노력했을 때도 이런 일이 있었는데, 세상의 주연 배우인 일하는 성도들이 힘을 모은다면 얼마든지 세상을 뒤집을 수 있지 않겠는가! 세상에 강한 충격과 영향을 주는 임팩트가 얼마든지 가능하다. 당대 세계최대 최강제국의 궁궐에서 고위관리로 일했던 다니엘을 통해서 우리는 그 가능성을 볼 수 있다. 헌신하고 준비하여 훈련받은 사람은 얼마든지 세상 속에서 복음의 임팩트를 보여줄 수 있다. 그런 일터 사역자들은 이런 칭찬을 들을 것이다. "지혜 있는 자는 궁창의 빛과 같이 빛날 것이요 많은 사람을 옳은 데로 돌아오게 한 자는 별과 같이 영원토록 빛나리라"(단 12:3).

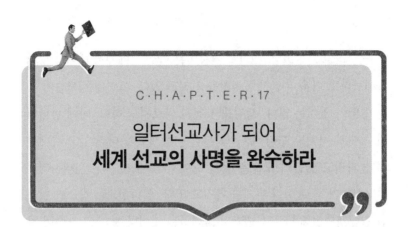

일터사역자인 당신은
일터선교사인가?

지금까지 우리가 다룬 일터사역과 일터전도의 궁극적 열매를 맺기 위해 다루어야 할 것이 있다. 바로 직업을 통한 세계 선교의 사명을 다하는 것이다. 일터 속에서 전도자로 사역하는 일터선교사가 타 문화권에서 직업을 통한 선교사역을 감당하는 일터선교에 대해 함께 생각해보자.

본래 일터사역(Workplace Ministry)과 일터선교(Tentmaking Mission 혹은 Workplace Mission)는 신학적, 역사적 뿌리가 같다. 둘은 깊은 연관 관계를 가지고 있다. 이 둘의 관계에 대해 뉴질랜드 캐리신학교에서 가르쳤던 데렉 크리스텐슨 교수는 이 둘이 '이란성 쌍둥이'라고 표현한다. 이란성 쌍둥이는 한 부모에게서 태어난 형제자매보다도 더욱 유전적 동질성을 가지고 있다. 그런데 겉모습이 똑같이 닮아 있지는 않다. 생김새가 전혀 다르기도 하고, 아예 남녀의 성 차이가 나기도 한다. 유전적 본질은 형제보다 더 닮았고 유대관계를 가지고 있는데 모습은 같아 보이지 않는 것이다. 일터사역과 일터선교가 바로 이런 관계를 가지고 있다. 일터선교는 장소만 달라진 일터사역인데 타 문화권에서 사역하는 것이다 보니 그 모습이 사뭇 달라 보일 수밖에 없다. 그런데 본질은 같다.

그래서 '일터선교사'란 비자와 비행기 표를 가진 일터사역자라고 표현하는 것이다. 본국의 일터에서 하나님의 사람으로 일하면서 전도자로 살던 직장인이나 기업인들이 해외지사로 발령을 받거나 특별한 계기로 타국에 가서 사업을 모색하는 등 타 문화권으로 갈 수 있다. 글로벌시대에 이런 일이 자연스럽게 일어나고 있다. 그러면 해외에 가서 일하며 일터선교를 시도할 수 있는 것이다. 우리 크리스천 직업인들은 오늘 우리나라에서 일하는 사람이더라도 이렇게 언제든지 일터선교사가 되어 타 문화권에 가서 사역할 수 있다는 생각을 늘 가지고 있어야 한다. 그래서 준비해야 한다.

따지고 보면 성경 속 다니엘이나 요셉, 바울과 같은 사람들은 모두 타 문화권에 가서 일터선교를 했던 사람들이다. 그런 모델을 따라서 오늘 우리도 직업을 통해 주어지는 선교의 기회를 살릴 수 있다. 성경과 역사 속에서 일터선교의 근거를 살펴보고, 우리가 어떻게 일터선교의 현장으로 접근해 갈 수 있을지 살펴보자.

일터선교의 성경적 모델,
사도 바울

일터선교의 대표적인 성경 모델은 사도 바울이다. 그는 선교의 과정에서 교회에 경제적인 부담을 주지 않기 위해 직접 장막 만드는 일을 하면서 선교에 임했다. "형제들아 우리의 수고와 애쓴 것을 너희가 기억하리니 너희 아무에게도 폐를 끼치지 아니하려고 밤낮으로 일하면서 너희에게 하나님의 복음을 전하였노라"(살전 2:9).

보통 바울이 2차 선교여행지인 데살로니가교회에서만 일을 했다고 생각하는데, 그때뿐만 아니라 1차와 3차 선교여행 때도 일했음을 알 수 있다. 바울은 1차 선교여행 때 수리아 안디옥을 출발하여 구브로 섬, 버가, 비시디아 안디옥, 이고니온, 루스드라, 더베 등을 돌며 전도했다(행 13:1-14:28). 이때 바울이 선교하면서 육체노동을 했다는 직접적인 진술은 없다. 그런데 바울이 나중에 고린도교회 교인들에게 재정후원에 대한 원칙을 이야기하면서(고전 9장) 1차 선교여행 중에 일을 했다는 증거를 보여준다. 바울은 자신에게도 베드로나 다른 사도들처럼 복음을 전하면서 재정후원을 받을 권리가 있다고 말하면서 "어찌 나와 바나바만 일하지 아니할 권리가 없겠느냐"(고전 9:6)라고 질문했다. 바나바와 동역했던 1차 선교여행 때 바울은 비시디아 안디옥과 갈라디아의 여러 도시에서 선교하며 일했던 것을 추정할 수 있다.

바울은 2차 선교여행을 마친 후 얼마 있다가 갈라디아와 브루기아 땅으로 다니며 이전의 선교지를 돌보았다. 에베소에서 3년이라는 비교적 긴 기간 동안 사역한 후 마게도냐와 그리스 지역을 거쳐, 드로아와 밀레도를 지나 예루살렘으로 가는 3차 선교여행을 했다. 이때 바울은 에베소에서 선교하며 일을 했다. 나중에 바울이 자신의 에베소 사역을 회고하며 "내가 아무의 은이나 금이나 의복을 탐하지 아니하였고 여러분이 아는 바와 같이 이 손으로 나와 내 동행들이 쓰는 것을 충당하여 범사에 여러분에게 모본을 보여준 바와 같이 수고하여 약한 사람들을 돕고 또 주 예수께서 친히 말씀하신 바 주는 것이 받는 것보다 복이 있다 하심을 기억하여야 할지니라"(행 20:33-35). 에베소에서 선교사역을 하는 동안 바울은 자신과 동행하는 선교팀의 생활비를 벌었다. 그런 모범을 에베소의 평신도 지도자인 장로들이 따라 줄 것을 요구하며 고별 메시지를 전했다.

물론 바울이 언제나 일을 해서 그 수입으로만 선교했던 것은 아니다. 마게도냐교회 성도들이나 다른 곳에서 헌금을 보내주면 그것으로 선교비를 충당하고, 또한 지원이 없어도 일하면서 생활비와 여행경비를 대면서 선교를 지속해 나갔던 것이다. 바울의 이런 모범을 따라 오늘 평신도 일터선교사들이 사역하고 있다.

그런데 생각해 보아야 할 사실이 있다. 사도 바울은 소아시아와 유럽 지역 등 헬라문화권에 속한 지역으로 선교여행을 다녔다. 사람들의 눈에 바울의 모습은 '순회 철학자'의 모습과 비슷했다. 그러니 바울이 일을 했다는 점은 상당한 문제점을 야기할 수 있었다. 신약 신학자 고든 피 교수의 견해인데, 당시에 돌아다니면서 가르치는 일을 주로 하는 철학자들에게는 생계유지를 위한 다양한 방법이 있었다.

가장 바람직한 방법은 부자 귀족들의 후원을 받으면서 학문 활동을 하는 것이고, 두 번째는 그런 독지가는 아니더라도 여러 사람들의 헌금(gift)을 받아 생계를 유지하는 것이었다. 세 번째 방법은 길거리의 악사들처럼 길거리 강의를 하면서 일종의 '구걸'을 하는 것이었다. 그리고 그보다 못한 방법이 바로 자기 손으로 일을 하는 것이었다고 한다. 그런데도 굳이 바울이 일을 해서 생계를 유지하고 선교활동을 했던 것은 대단히 파격적이면서도 의미 있는 행동이었다. 무언가 더욱 깊은 의미를 담고 있을 것이다.

바울이 일했던 배경으로 우선 유대교의 전통을 생각해 볼 수 있다. 바울은 유대교의 랍비로서 율법연구와 노동을 병행했던 유대교의 전통에 익숙했을 것이다. 어쩌면 일을 하면서 설교하고 사역하는 일이 바울의 입장에서는 너무도 당연했을 수 있다. 그리고 바울은 구약성경의 선배 텐트메이커들에게 영향을 받았을 것이다. 일터사역에 관련된 통계와 자료에 해박한 피터 해몬드 박사는 성경에 나오는 인물들 중 75퍼센트가 선지자나 제사장, 목사 등이 아닌 이른바 '평신도'라고 지적했다. 좀 더 좁은 안목으로 타 문화권에서 직업을 가지고 일하면서 일터선교사의 사명을 감당한 사람들을 꼽아 보아도 한두 명이 아니다. 예를 들어 이런 사람들이다.

아브라함(가나안과 이집트의 목축업자), 다니엘(페르시아 제국의 수석총리), 에스더(페르시아의 왕비), 요셉(이집트의 청지기와 총리), 모르드개(페르시아 제국의 총리), 느헤미야(페르시아의 술 맡은 관원장) 등 수많은 사람이 일터선교사의 모델이 될 만하다(크리스티 윌슨 지음, 「텐트메이커」, 순출판사 펴냄). 구약 율법에 정통했던 바울이 이방인들을 대상으로 선교하면서 직업을 가지고 일한 것은 이방에서 '선교사'의 사명을 감당하며 살았던 구약의 선배 일터선교사들의 영향이라고 볼 수도 있다.

그러면 바울이 일하면서 선교하여 의도했던 바는 무엇이었을까? 바울이 일하면서 선교한 이유를 생각해 볼 수 있다. 우선 바울은 그가 하는 일을 통해 성경적 직업관을 보여주려고 했기 때문이다(골 3:23). 일에 관한 중요한 교훈을 언급한 바울은 직접 자신이 그 일을 하는 본을 보여주려고 했을 것이다. 또한 바울은 일을 함으로써 삶의 모범을 보여주려고 했다. 이렇게 일의 모범을 보여줌으로써 그는 또 다른 일터선교사들을 양산하려고 했다. 자신을 보고 배운 사람들이 자신과 동일한 방법으로 선교하기를 원했던 것이다. 사도 바울은 그렇게 스스로 일하는 모습을 보여줌으로써 선교지 교회의 재정정책을 수립하고 자생적 교회로 성장시키려고 노력했다. 만약 오늘날의 일반적인 선교시스템대로 후원할 교회를 찾을 때까지 기다려서 선교비가 확보된 후 선교를 시작했다면 초대교회의 선교는 훨씬 늦어졌을 것이다. 그러나 바울이 그 돌파구를 일터선교로 열었던 것이다.

역사 속의 일터선교 모델

이제 역사 속의 일터선교의 모델을 찾아보자. 먼저 초대교회 시대에는 박해로 인해 흩어진 성도들이 구브로와 구레네 사람들에게 전도한 사건(행 11:19-21) 이후 평신도 일터선교가 확대되었다. 선교학자 라투레트 교수는 당시의 복음전파는 전임사역자들을 통한 것이 아니라 여행자나 상인, 무역인, 노예 등을 통해 가능했다고 말한다.

4세기 중엽에는 동방교회의 그리스도인들이 큰 박해를 받은 후 흩어져 복음을 전했다. 그들 중에는 왕이나 귀족들의 개인비서, 의사, 하인 등이 많았는데, 일하면서 영향력을 미치고 복음을 전했다는 특징을 가지고 있다. 이들의 복음전파 노력이 초기교회사 속에서 일터선교의 명맥을 이었다.

이후 중세시대에 암흑의 시기를 보내며 일터선교는 교회사 속에서 활발히 전개되지 못했다. 18세기에 이르러 친첸도르프 백작과 모라비안 형제단이 구체적인 일터선교를 시도했다. 모라비안 형제단 사람들이 일터선교에 대해 관심을 가지게 된 직접적인 계기가 있다. 친첸도르프 백작이 서인도제도 출신의 한 흑인 노예로부터 세인트 토마스 섬 원주민 노예들의 영적, 육체적 비참함에 대한 이야기를 듣게 된 일이었다. 모라비안 형제단은 옹기장이 레오나드 도버와 목수 데이비드 니치만을 선교사로 보냈다. 그들은 선교지에서 일을 하여 생활비를 벌면서 선교사역에 임했다. 그리고 그들의 선교사역은

'기술공의 연장을 어깨에 메고 하나님의 어린양을 따라 세상에 복음을 전파할 사명을 가지고 나아갈 소명을 받은' 평신도 직업인 선교의 위대한 발걸음이 되었다.

모라비안 형제단은 이런 방식으로 일터선교의 큰 성과를 거두었다. 모라비안 교회의 선교역사를 서술한 윌리엄 댕커는 "모라비안 교도들의 가장 중요한 기여는 모든 크리스천이 다 선교사이며 각각 자기의 직업을 통해서 일상적으로 그리스도의 증인이 되어야 한다고 강조한 것이다"라고 적었다(『역사 속에서 본 비즈니스와 선교』, 창조 펴냄). 이들의 선교는 후대에도 깊은 영향을 주었다.

근대 선교의 아버지라고 불리는 윌리엄 캐리는 모라비안의 일터선교 전통을 계승한 대안적 일터선교의 모델을 보여주었다. 이미 구두 수선을 하면서 일하는 목회자로 살았던 캐리는 인도에 선교사로 가서 세람포르 트리오와 함께 학교를 세우고 출판사를 운영했다. 또한 포트윌리엄대학의 벵갈어 강사가 되어 직업을 통한 자비량선교의 모델을 보여주었다.

윌리엄 캐리 선교사가 인도에 기여한 바는 실로 광범위하다. 그가 한 일들을 열거하면 그는 인도 근대화의 선구자라고 할 수 있을 정도였다. 1793년 11월 19일 인도에 도착한 이후 인도를 한 번도 떠나지 않은 채 1834년 하나님의 부름을 받을 때까지 40여 년 동안 일터선교사로 지낸 윌리엄 캐리는 근대 선교의 개척자일 뿐만 아니라 일터선교의 대표적 모델이라고 할 수 있다.

19세기에는 모라비안의 전통을 이은 스위스 바젤선교회가 일터선교를 이어 나갔다. 바젤선교회는 남부 러시아, 인도, 아프리카 등에 선교사를 파송해 직업분야에서 영향력을 확대하며 선교했다. 나중에 바젤선교회 소속 기업들은 정부로부터 정직성을 인정받을 정도로 선교기업의 정체성을 분명하게 보여주었다.

일터선교, 장단점을
숙지하고 준비하라

21세기 선교의 대안으로 인식되는 일터선교사에게는 특유의 장점이 있다. 우선 선교지에서 전도자로 인식되지 않으므로 자유스럽게 복음을 전할 수 있다. 또 선교사들이 접촉할 수 없거나 힘든 사람들과 비교적 자유롭게 만날 수 있다. 아울러 직업을 가지고 있으므로 재정문제에 어려움이 적은 장점도 있다. 물론 제3세계 국가에서 선교할 때는 일을 통한 수입이 적어 선교가 쉽지 않을 수도 있다. 그런데 자신이 하는 일에서 만족을 느끼고 일 자체를 통한 선교의 의미를 살리면 일은 생계를 위한 수단을 넘어 선교 그 자체가 될 수 있다. 때로 선교가 막힐 때 생기는 좌절감도 일의 성취를 통해 극복할 수 있다. 기존의 선교 프로그램에 묶이지 않고 자유롭게 대응할 수 있는 장점도 가지고 있다. 무엇보다 선교사들이 들어갈 수 없는 나라에도 자유롭게 들어갈 수 있다는 커다란 장점을 일터선교사들은 가지고 있다.

반면 일터선교사에게는 단점도 있다. 일하는 곳에서 선교활동은 말할 것도 없고 종교활동조차 제한받을 수 있다. 일하는 사람으로 인식이 되니 오히려 보장받을 수 있는 종교활동마저 제한받을 가능성도 있는 것이다. 또한 일을 해야 하는 관계로 시간이 부족하여 선교현지의 언어와 문화를 익히는 데 어려움이 있을 수 있다. 전도하는 데도 제한이 있을 수 있다. 보통 주재원의 형태로 일터선교를 하게 된다면 공식선교사로 훈련받지 못하거나 선교기간이 짧을 수 있는 것도 아쉬운 대목이다. 만약 상사주재원으로 2년만 머무르게 된다면 그 기간은 선교를 시도하기에는 그리 긴 기간이 아니라는 단점이 있다.

아울러 일터선교사는 신분을 속였다는 비난을 받을 수도 있다. 과거에 선교사가 입국하기 힘든 나라에 가짜 직업을 가지고 간 선교사들이 더러 있었는데 그런 오해를 받을 수도 있다. 다른 선교사들에 비해 후원기도가 약할 수 있다는 것도 단점이며, 선교사의 공식적 훈련을 충분히 받을 기회가 적은 아쉬움도 있다. 그로 인해 선교사로서 영적인 책임감이 부족할 수도 있다. 성도 간의 교제가 없는 곳에서 홀로 사역할 가능성도 있다.

이렇게 일터선교사의 길은 그리 쉽지 않다. 해외에 나가서 비즈니스를 잘하는 것도 쉽지 않은데 선교까지 감당해야 하는 것은 결코 쉽지 않음을 알 수 있다. 기도하면서 잘 준비하고 노력해야 하는 것이 일터선교임을 우리는 꼭 기억해야 한다.

일터선교는 선교사의 생활비나 선교비와 같은 재정적인 개념으로 한정되지 않는다. 선교에 관한 전략적인 차원을 포함한다. 주님이 문을 열어주시기를 기다리지만 말고 닫혀 있는 선교지를 열고 가야 한다. 그럼 누가 가겠는가? 어떻게 가겠는가? 목사이면서 동시에 사업가인 피터 추카히라가 '하나님 나라의 전문 직업인'(Kingdom Professional)이 직업을 통해 펼칠 수 있는 일터선교의 모델을 세 가지로 제시하고 있다(『하나님이 관심 두시는 사업』, 창조 펴냄). 이 세 가지를 살펴보고 그중 하나는 내가 꼭 시도해야겠다는 결심을 해보자.

먼저 '예수님' 타입은 단계적 단절형이라고 할 수 있다. 예수님은 꽤 오랜 기간 직업을 가지셨던 분이고, 나중에 공생애 기간에 전도사역을 하실 때 이전의 직업적 경험이 많은 도움이 되었다. 예수님의 설교에 직업인들에 대한 묘사가 자주 눈에 띄고 건축과 관계된 용어나 이야기가 종종 등장하는 것을 보면 알 수 있다. 그런데 예수님은 전도자로 나선 이후 다시는 이전의 직업세계로 돌아가지 않으셨다. 이 유형은 직업을 가지고 생활하다가 신학교에 가서 목회사역과 선교사역을 감당하는 사람들의 유형이라고 할 수 있다. 직업을 통한 경험이 사역에 많은 도움이 되는 경우이다.

두 번째 유형은 '바울' 타입으로 동시적 지속 이동형이다. 바울은 비교적 많은 거리를 이동하면서 선교하였다. 바울은 예루살렘에서 출발하여 시계 반대 방향으로 로마를 지나, 당시의 땅끝으로 인식되었던 스페인 지역을 지나, 아프리카 북부 해안을 거쳐, 다시 예루살렘으로 돌아와 유대인들에게 복음을 전하면 세계를 향한 선교의 교두보가 확보되는 줄 알고 있었다. 그래서 많은 거리를 이동했다. 바울은 가는 곳마다 비즈니스를 선교사역을 위한 매개물로 활용했다. 장막을 만드는 기술자로 일하면서 동시에 선교사역을 감당했다. 바울이 가진 직업은 이동이 용이하고 대중성이 있었다. 그래서 유대인이 있는 곳이라고 하면 어디에 가서나 일거리를 얻기가 수월했을 것이다. 오늘날에도 바울과 같이 선교하는 일터선교사가 필요하다.

세 번째 유형은 '브리스길라와 아굴라' 타입이다. 보다 보편적인 동시적 이동형이다. 브리스길라 부부는 바울과 동업하면서 함께 일했다. 고린도에서 만난 후 바울과 함께하면서 바울이 시도하는 일터선교를 배웠다. 그래서 그들도 양육자가 되어 바울과 동역했다. 아볼로를 자신의 집으로 인도하여 복음을 가르쳐 지도자로 세우기도 했고, 바울처럼 여러 곳을 돌아다니지는 않았지만 옮겨 가는 곳마다 일하면서 가정교회운동의 지도자가 되어 사역했다. 일터선교를 준비하는 많은 크리스천 직업인은 이 브리스길라와 아굴라 유형의 사역자가 될 가능성이 가장 높을 것이다. 위에서 다룬 대로 해외에 직업적 기회가 열려 가게 된다면 일터선교사로 받은 훈련을 잘 활용하여 기존의 전임선교사들과 연합해서 일터선교를 모색할 수 있을 것이다. 또한 은퇴 후에 제3의 인생으로 타 문화권에 가서 일터선교를 시도할 수도 있을 것이다.

그럼 일터선교사가 되기 위해서 무엇을 준비해야 하겠는가? 돈 해밀턴은 세 가지를 지적한다. 먼저 영적 준비로 하나님과의 개인적 관계의 계발(말씀 묵상과 기도), 사역의 기술로 성경 지식과 타문화

사역에 대한 공부, 성경공부 인도법, 영적 전쟁에 대한 경험 등을 준비해야 한다. 둘째로는 사회적 준비이다. 팀 구성을 통해 출석교회의 후원자들과 함께 선교현장으로 갈 사람을 조직하고 자신의 가치를 분석하며 언어와 문화에 대한 적응 훈련을 하는 것이다. 셋째는 전문적 직업의 준비이다. 직업과 사역을 하나로 생각하는 의식의 변화가 필요하고, 직업의 전문성을 분명하게 확보할 수 있도록 노력해야 한다. 물론 객관적인 인정을 받아야 한다.

직업인으로서 전문자격을 얻기 위한 자격증 취득이 필요하다면 준비해서 확보해야 한다. 직업의 전문성을 확보할 때 보통 일터선교의 대상국들이 개발도상국인 경우가 많음을 고려하여 기술과 지식의 분야를 택하는 것이 좋다. 선진 사회에 필요한 고도의 전문성을 요하는 일이 아니어도 일정한 전문성을 확보하고 있다면 선교지에서 환영받을 수도 있다는 말이다. 상황에 따라 적절하게 대응하며 직업적 전문성을 준비해야 하겠다.

비즈니스선교(BAM), 새로운 일터선교의 기회!

최근에는 비즈니스선교(Business As Mission, BAM)가 새로운 전략적 선교의 모델로 제시되어 시행되고 있다. 이 선교 전략은 "비즈니스 자체가 곧 선교"라는 모토를 가지고 기업인들이 주도하는 특징을 가지고 있다.

비즈니스와 선교의 관계를 어떻게 설정하는 것이 바람직한가? 비즈니스가 단지 선교를 돕는 수단이거나 그저 복음전파의 통로가 되는 정도로는 적극적으로 비즈니스선교를 감당하지 못한다. 비즈니스가 선교의 현장이 되기만 하는 것도 만족스럽지는 못하다. 거기에서 더 나아가 비즈니스와 선교를 동일한 사명으로 보는 관점(Business As Mission)이 하나님의 뜻에 합당한 일터선교를 가능하게 한다.

비즈니스를 단지 선교의 도구로 여기고 선교지에 돈 벌러 온 것이 아니라고 반문하면 그것은 비즈니스선교를 제대로 이해하지 못한 것이다. 만약 그런 자세이면 선교지의 비즈니스는 진정한 비즈니스가 아니라 선교지에서 눈가림을 하는 도구로 전락할 뿐이다. 그것은 결국 선교지의 사람들을 속이는 것이다. 궁극적으로 선교사의 신뢰를 무너뜨리고 복음에 대한 신빙성을 잃게 만들 수도 있다는 점을 기억해야 한다. 그렇기 때문에 선교지에서 비즈니스를 한다면 진정으로 비즈니스를 해야 한다. 그러기 위해서는 비즈니스 자체를 선교로 생각해야 한다. 이것이 선교로서 비즈니스를 이해하는 비즈니스선교의 본질이다. 이 비즈니스를 통해서 선교 현지의 사람들을 고용하여 그들에게 일자리를 주고, 생산하는 서비스와 제품으로 사람들을 유익하게 하는 일 그 자체가 바로 선교이다. 이 비즈니스를 하는 과정 속에서 선교의 기회를 발견하여 복음을 전하는 것 역시 비즈니스선교의 중요한 부분이다.

앞으로 더욱 상세하고 전략적으로 연구해야 할 비즈니스선교가 기존의 일터선교와 구분되는 점은 명확하다. 직장인 혹은 자영업자의 일터 현장에서 선교하던 마당을 기업인과 경영자의 일터 현장으로 옮기는 것이다. 물론 이 양자의 선교가 동시에 선교지에서 전개되어야 한다. 그동안 일터선교가 꽤 오랜 기간 모색되고 진행되었지만 열매가 상당히 적었던 것은 사실이다. 이제 앞으로 비즈니스선교를 전략적으로 연구하고 시행하여 직업을 통한 선교의 새로운 지평을 열 수 있어야 한다. 이 일을 위해 교회와 선교단체가 함께 노력하고 헌신하는 비즈니스선교사들이 많이 나오기를 기대한다.

일터선교에 대한 필요성의 인식과 아울러 일터선교사의 훈련을 마친 그리스도인들이 21세기 한국교회의 선교에 새로운 활력소가 되기를 바란다. 일터선교와 비즈니스선교가 활성화되면 그야말로 물이 바다를 덮음같이 온 세상 사람들이 여호와의 영광을 인정하는 가슴 벅찬 날이 속히 올 것이다(합 2:14). 우리가 할 수 있다. 크리스천 직업인들이 일터선교사로 거듭날 때 21세기 들어 점점 더 쉽지 않은 상황으로 전개되는 해외선교의 돌파구가 열릴 수 있을 것이다. 세상을 온전히 사로잡아 예수 그리스도의 손에 올려드리는 놀라운 역사를 우리 크리스천 직업인들이 이룰 수 있다.

I see, I'll do it.

인터체인지(IC)도 아닌 "아이 씨!"라는 푸념으로 이 책을 시작했다. 세상 속에서 고군분투할 수밖에 없는 크리스천 직장인들의 현실 속에서 우리는 하루에도 몇 번씩 혼잣말로 "아이 씨!"를 삼키거나 내뱉곤 한다. 그런데 이제 그것 대신에 "I see"라고 외치자. 푸념 대신 하나님께 고백하고 직장동료들에게 선언하는 것이다. "제가 이제 알았습니다. 깨달았습니다. 저를 지켜봐 주십시오."

다니엘처럼 우리 크리스천 직장인들은 세상에서 분명하게 일터의 영성을 드러내야 한다. 세상 속에서 살지만 구별된 크리스천으로서 대안을 통해 정체성(Identity)을 드러내야 한다. 묘한 관계의 정치학이 난무하고 문제투성이인 일터에서 우리는 중재자와 중보자가 되어야 한다(Intercession). 주눅 들지 말고 당당하게 우리 크리스천의 영적 티(Image)를 분명하게 드러내 하나님의 대사요, 선지자로서 사역해야 한다. 일이 가장 중요한 일터에서 일터사역자라면 능력을 통해 확실한 영향력(Influence)을 발휘해야 한다. 급변하는 윤리경영의 시대에 탁월한 정직함과 온전함(Integrity)으로 승부를 걸면 우리 크리스천들에게도 많은 기회가 올 것이다.

이런 일터의 영성을 유지하기 위해 하나님과 친밀한 관계를 갖는 것(Intimacy)은 필수적이다. 성령 충만함을 통해 우리 크리스천들은 일터에서 동료들이 상상할 수 없는 역동을 가져올 수도 있다. 성령의 강력한 역사가 있다면 우리의 일터는 획기적으로 변할 수 있을 것이다. 아울러 일터사역의 꽃이라고 할 수 있는 일터의 전도를 통해 우리 동료들의 가슴에 획기적인 영향력(Impact)을 심어줄 수 있어야 한다. 일터에서 관계전도를 통해 복음사역을 시작하면 하나님이 타 문화권으로 보내실 때도 이미 준비한 선교사의 영성과 직업의 전문성을 이용해 일터선교사로 효과적인 사역을 할 수 있다.

이 책에서 다룬 이 일곱 개의 I영성을 실천할 일이 우리에게 과제로 남아 있다. 우선 우리는 기도해야 한다. 다니엘이 예레미야의 예언 두루마리를 보고 깨달음을 얻어 기도했던 상황을 참고하자(단 9장). 다니엘은 말씀을 통해 포로기가 끝나간다는 깨달음을 얻고 금식하며 기도와 간구를 하겠다고 결심했다. 민족을 위해 기도하면서 다니엘은 자신을 포함한 이스라엘 공동체가 하나님 앞에 죄를 지었다고 자백하고 책임을 통감했다(단 9:5). 그는 자신의 죄와 이스라엘 백성의 죄를 고백하면서(단 9:20) 의로운 하나님의 사람이 세상을 책임질 수 있다는 사실을 보여주었다. 하나님의 이름에 대한 열정과 헌신으로(단 9:19) 다니엘은 이스라엘 백성이라는 공동체의 회복을 간절히 구하고 있다. 결국 하나님은 이 기도에 응답하셨고, 페르시아 제국에서도 하나님의 영광을 드러내셨다. 유다 백성들은 하나님의 약속대로 고국으로 귀환하고 예루살렘을 재건하고 성전을 다시 건축했다. 이렇게 우리가 속한 공동체의 상황 속에서 기도하는 일이 우선 우리에게 필요하다.

그리고 세상에서 크리스천 직업인의 삶을 살자. 누누이 이야기해 왔지만 힘하고 죄악 된 세상에서 크리스천 직장인으로 살아가는 일은 쉽지 않다. 그러나 어렵다고 포기한다면 영영 우리는 "아이씨!"만을 내뱉는 비판적 소수 무리에 머무르고 말 것이다. 깨달았으면 결심하고 나서자. "I'll do it." "제가 하겠습니다. 제가 해볼게요. 쉽지 않지만 시도하겠습니다"라고 기도하며, 하나님이 주시는 은혜와 능력을 얻기 위해 시도해보는 것이다. 물론 차근차근 해야 한다. 덤비지 말고 지혜롭게 접근해야 한다. 갑자기 어려운 상황이 닥치면 허둥댈 수 있으니 시뮬레이션도 필요하다. 성경공부하면서, 말씀을 들으면서, 기도하면서 생각 속으로 시뮬레이션을 해보면서 상황에 제대로 대응할 힘을 기르자. 그렇게 시도하면 하나님이 틀림없이 은혜를 주신다.

다니엘이라는 사람이 사실 너무나 대단한 사람이어서 오늘 21세기 한국 땅 한쪽 구석에서 헤매고 있는 나와는 너무 거리가 있다는 생각이 들 수도 있다. 목사가 이야기할 수 있는 것이 성경 이야기밖에 무엇이 더 있겠는가? 그래서 이 책 내내 다니엘 이야기를 장황하게 했다. 하지만 나와는 거리가 멀다고 포기해버리면 안 된다. 오늘 우리 시대에도 '다니엘'이 꼭 필요하기 때문이다. 오늘 우리 일터에 다니엘이 있어야 하나님 나라가 제대로 설 수 있다. 하나님 나라의 이 절박한 필요성을 명심해야 한다. 그 일을 바로 나(I), 바로 당신이 감당해야 한다. 우리가 나누는 긴 I행렬의 마지막은 바로 이 I(나!)이다.

그런데 내가 해야 하지만 혼자서는 안 된다는 당부를 꼭 하고 싶다. 혼자하다 보면 외롭고 지친다. 그러니 우리에게 동역자가 있지 않은가? 다니엘은 기도하면서 수십 번을 '우리'라고 표현하고 있다(단 9장). 평생 기도 동지들이 있었다. 그들과 함께 해냈다. 마찬가지로 결국은 우리가 해야 한다. 직장신우회가 하고, 교회 청년부와 전도회, 선교회, 속회, 구역, 셀이 할 수 있다. 21세기의 다니엘로 일터에서 좌충우돌하면서 경험했던 그 이야기를 나누라. 나누면 피차 가르치는 일을 통해(골 3:16) 성령이 주시는 놀라운 시너지효과를 얻을 수 있다. 내가 풀지 못한 문제를 하나님이 우리 공동체의 지체들을 통해 답을 주신다. 그러니 성공한 이야기만이 아닌 실패담도 나누라. 가슴 쓰린 그 일을 통해 하나님이 많은 교훈을 주신다.

이런 노력을 우리가 한다면 목회자들에게도 선한 자극을 줄 수 있다. 그래서 결국 교회가 흩어진 교회의 중요성을 분명하게 인식하고 일터사역을 시작할 수 있을 것이다. 한 사람의 역할이 중요하다. 바로 당신, 일터의 다니엘인 바로 당신이 해야만 우리의 일터가 변화될 수 있다. 이런 멋진 미래를 기대하면서 크리스천 직장인의 I영성으로 무장하여 세상으로 나가자. 크리스천 직장인의 승부처는 바로 세상이다. 세상에서 히브리서 11장의 속편을 쓸 우리 크리스천 직장인을 향해서도 이런 평가가 있기를 기대하고 기도한다(히 11:38).

　"이런 사람은 세상이 감당하지 못하느니라!"

예수님이 말씀하신 것처럼 우리는 '착한 행실'을
통해 세상의 빛과 소금으로 드러나야만 한다(마 5:16).
특히 일터에서 착한 행실을 드러내기 위해서는
우리의 업무를 통해 인정받아야 한다.
탁월함을 인정받으면 좋지만 그렇지 못하다면
적어도 성실함은 분명히 드러내면서 일해야 한다.

우리 일터에 복을 내려주소서 | 일하시던 예수님을 배우게 하소서
하나님의 뜻을 잘 분별하게 하소서 | 성령 충만한 직장인이 되게 하소서
일터의 리더를 위해 기도합니다 | 일자리가 불안할 때도 주님과 동행하게 하소서
광야 같은 세상에서 승리하게 하소서 | 출장을 갈 때도 하나님의 사람답게 하소서
용서를 배워 실천하게 하소서 | 아름다운 노사 관계가 되게 하소서
사람을 세우는 직장생활이 되게 하소서 | 평생 학습하는 직장인이 되게 하소서

세상 속 크리스천
직장인을 위한
기도문 14

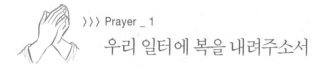

우리 일터에 복을 내려주소서

일터의 주인이신 하나님,
오늘도 우리 일터를 주관하시는 주님을 찬양합니다.
늘 바쁘고 허둥대지만 아침마다 일어나서 출근하는 곳,
오늘도 우리의 일터에서 일할 수 있으니 참으로 감사합니다.

우리 회사에 속한 모든 사람이 다 인정하는 것은 아니지만
하나님이 우리 회사의 궁극적인 주인이십니다.
우리 일터에 하나님이 부여하신 기업의 사명을
충실하게 이행할 수 있게 주님이 도와주소서.

세상 사람들을 유익하고 복되게 하는 기업이 되기 원합니다.
우리 회사가 더욱 발전하며 이익을 내게 하시고
우리가 만든 제품이 고객들의 필요를 채울 수 있게 도와주소서.
우리의 서비스를 통해 지역 사회를 섬기고 민족에 기여하며
하나님 나라를 온전히 세울 수 있도록 인도하소서.

우리 일터에서 일하는 모든 동료에게 주님이 복 주시기 원합니다.

일하면서 어려움과 좌절도 겪고 여러 한계도 경험합니다.
그러나 그 모든 어려움을 이겨내고
일의 즐거움을 만끽할 수 있게 하소서.
일을 통해 생활에 필요한 돈을 벌고 보람과 의미를 찾게 하소서.
결국 하나님이 주신 사명을 성취하게 인도하소서.

하나님, 앞으로도 우리 일터가 계속 성장할 수 있기를 원합니다.
어려운 여건을 이겨내 매출이 확대되고
시장 점유율이 높아지게 하시며
고객들에게 좋은 평판을 얻게 도와주소서.
4차 산업혁명, 인공지능과 빅데이터의 시대입니다.
급변하는 기업환경 속에서 창의성과 아이디어로
새로운 개념의 서비스를 창출해 낼 수 있게
주님이 지혜를 허락하소서.

우리의 고객뿐만 아니라 여러 거래처와 유관기업들에게도
유익을 주는 복된 기업이 되도록 인도하소서.
주님이 주신 복을 흘려보내는 통로의 역할을 하기 원합니다.
그래서 사랑받는 기업이 되게 인도하소서.
예수님의 이름으로 기도합니다. 아멘.

※ 참고 성구 : 창 12:1-3, 시 128:1-2

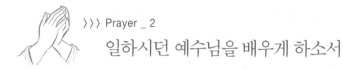

일하시던 예수님을 배우게 하소서

천지를 창조하신 하나님 아버지,
태초부터 있는 생명의 말씀이신 성자 하나님이
우리 죄인들이 사는 세상으로 오셨습니다.
사람의 모습으로 오신 예수님의 성육신을 찬양합니다.

세상에 오신 예수님은 친히 노동을 하셨습니다.
제사장의 아들로 태어난 세례 요한과는 달리
목수의 집안에서 목수 일을 하신 예수님이 더 친근하게 느껴집니다.
주님은 친히 일을 해보셨기에 일하는 사람들에 대해 잘 아셨습니다.
베드로의 일터인 갈릴리 호숫가로 찾아가셨습니다.
씨를 뿌리는 농부나 장사하는 사람이 하는 일,
어부들의 익숙한 노동과
가정주부의 일을 소재로 삼아 설교하셨습니다.
산상수훈의 결론에서 튼튼한 기초공사를 말씀하신 것도
바로 주님이 목수로 일하셨던 건축 현장과 관련되었군요!

"수고하고 무거운 짐 진 자들아 다 내게로 오라."

안식을 통해 구원을 알려주신 말씀에도
역시 주님의 목수 경험이 반영되었습니다.
"이는 내 멍에는 쉽고 내 짐은 가벼움이라."
주님이 일하던 현장의 언어로 말씀해주시니
일하는 제가 쉽게 이해합니다.

예수님은 고단하고 하찮아 보이는 노동을 거룩하게 하셨습니다.
주님께 하듯이 하는 일을 정결하게 하신
일터 소명의 교훈을 배우게 하소서.
"나는 선한 목자라"고 하신 예수님께 배워
저의 일로 사람들을 섬기겠습니다.
사람들을 목자이신 예수님께 인도할 수 있게 도와주소서.

"대언자가 있으니 곧 의로우신 예수 그리스도시라."
예수님처럼 저도 사람들을 돕고 변호하며
연약한 사람들을 세워주게 인도하소서.
그래서 일터와 세상을 복되고 아름답게
변화시킬 수 있도록 주님이 도와주소서.
일하시던 예수님의 제자로 살아가기 원합니다.
예수님의 이름으로 기도합니다. 아멘.

※ 참고 성구 : 마 7:24-25, 11:28-30, 막 6:3, 요 1:14, 10:11, 요일 2:1

>>> Prayer _ 3

하나님의 뜻을 잘 분별하게 하소서

저의 인생길을 인도해주시는 하나님,

저를 향한 하나님의 뜻을 알기 원합니다.

마음으로 저의 길을 계획하더라도

여호와 하나님이 저의 인생길을 인도하십니다.

인생의 중요한 통과의례의 시기들,

선택의 기로에서 저울질하며 고민해야 하는 순간들,

그 선택의 때에 무엇보다 하나님의 뜻을 잘 분별하게 하소서.

아브라함, 모세, 다윗, 사무엘, 그리고 느헤미야도

하나님의 뜻을 따라 결정한 것을 알고 있습니다.

믿음의 선배들을 따라 저도 하나님의 뜻을 따를 수 있게 하소서.

아버지여, 주님께서 제게 말씀하소서.

부모님의 음성을 알아듣듯이

주님의 말씀을 보고 들으며 깨달을 수 있게 하소서.

기도하며 성령님의 인도하심을 따르겠습니다.

사람들의 조언을 통해서도 주님의 뜻을 알려주소서.

제가 기대하지 못한 방법으로
주님의 뜻을 알려주실 때는 순종하게 하소서.
사도 바울을 통해 말씀해주신 대로
이 세대를 본받지 말게 하소서.
저의 마음을 새롭게 함으로 변화를 받는 일이 중요합니다.
하나님의 선하시고 기뻐하시고 온전하신 뜻을
분별할 수 있는 지혜를 주소서.
늘 주님의 뜻을 기도하며 기대하고 기다리며 살아가겠습니다.
저의 마음에 많은 계획이 있어도
하나님의 뜻만 완전히 설 수 있게 인도하소서.

무엇보다 하나님의 뜻을 확신한다면
주저하지 않고 순종하는 용기를 주소서.
일하면서 결정을 할 때도
확신을 가지고 실행할 수 있는 결단력을 허락하소서.
예수님의 이름으로 기도합니다. 아멘.

※ 참고 성구 : 잠 16:9, 19:21, 롬 12:2

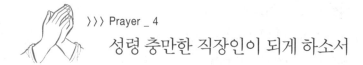

성령 충만한 직장인이 되게 하소서

보혜사 성령님을 보내주신 하나님,
주님의 명령과 약속대로 성령 충만하기 위하여 간구합니다.

주님이 말씀하셨습니다.
"내가 아버지께 구하겠으니
그가 또 다른 보혜사를 너희에게 주사
영원토록 너희와 함께 있게 하리니."
주님의 제자들에게 보내
영원히 함께 있게 하겠다고 하신 보혜사 성령님이
저에게도 충만히 역사하시기를 기도합니다.

"성령 그가 너희에게 모든 것을 가르치고
내가 너희에게 말한 모든 것을 생각나게 하리라."
저의 일터에서 상황에 맞는 깨달음을 주시고
확신하는 것을 실천할 용기를 주소서.

"진리의 성령이 오시면… 장래 일을 너희에게 알리시리라."

알 수 없는 앞날에 대해서도
성령님이 알려주시기를 원합니다.
경제적인 어려움과 정치, 사회적인 혼란 속에서
성령님의 인도하심으로 미래를 예측하는 지혜를 주소서.
직업 세계의 내일이 불확실합니다.
두려움을 없애주시고
세상 끝날까지 함께할 것이라고 약속하신
예수님만 의지하며 살아가게 도와주소서.

약속대로 주님은 성령님을 보내셨으니
성령 충만한 크리스천 직업인으로 거듭나
험한 세상을 힘차게 살아가겠습니다.
직업을 가진 사람에게 주시는 성령의 충만함으로
능력과 재능을 발휘하게 도와주소서.
일터에서 성령님과 함께하는 멋진 모습으로
하나님과 사람들을 기쁘게 할 수 있도록 인도하여 주소서.
예수님의 이름으로 기도합니다. 아멘.

※ 참고 성구 : 마 28:20, 요 14:16-17,26, 16:13

일터의 팔로워를 위해 기도합니다

중보기도를 들으시는 하나님,
소돔성을 멸망으로부터 구하기 위한
아브라함의 기도를 기뻐하셨습니다.
사람들을 구하기 위해 하나님과 협상하듯 기도하던
아브라함의 모습을 상상합니다.

목회자가 성도의 이름을 부르며 기도하듯이
저도 팔로워들을 위해 기도하는가 돌아봅니다.
저의 부족함을 용서하시고 긍휼히 여겨주소서.
팔로워를 위해 기도하게 하소서.
백성들을 위해 기도하기를 쉬는 죄를 범하지
않았다고 고백한 사무엘을 배우겠습니다.
빌립보 교인들을 생각할 때마다 기도한다던
사도 바울처럼 저도 기도하겠습니다.

일터에서 팔로워를 상대하는 일도 쉽지 않습니다.
점점 더 어려워집니다.

팔로워가 무능하거나 모자라는 부분이 있을 때
답답하고 화가 납니다.
하지만 사실은 그 모자라는 부분을 채워줄 책임이
리더인 제게 있습니다.
먼저 팔로워의 힘든 부분을 위해 기도하겠습니다.
자신을 잘 깨닫고 능력을 발휘해서
회사에 꼭 필요한 사람이 되게 주님이 도와주소서.
팔로워가 하는 일이 마음에 들지 않고
저에게 도움이 되지 않는다는 생각도 듭니다.
이런 이기심과 피해의식에서 벗어나게 도와주소서.
함께 가야 할 공동체 의식으로 마음을 다해
팔로워를 도와줄 수 있게 인도하소서.

선생님이자 주님이셨지만 제자들의 발을 씻겨주신
예수님께 배우겠습니다.
제가 주님처럼 발을 씻겨주는 자세로
팔로워들을 섬길 수 있게 인도하소서.
그들의 영혼과 육신을 주님이 지켜주시어
행복하게 일하고 살아가도록 인도하소서.
예수님의 이름으로 기도합니다. 아멘.

※ 참고 성구 : 삼상 12:23, 요 13:14, 빌 1:3-5

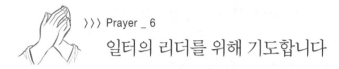

일터의 리더를 위해 기도합니다

사람들을 위한 중보기도에 응답하시는 하나님,

일터의 리더를 위해 기도합니다.

저는 팔로워이고 리더이기도 하지만

일터에서 윗사람을 대하는 일이 참 어렵습니다.

주님은 선하고 관용적인 리더만이 아니라

까다로운 리더에게도 순종하라고 하셨습니다.

"죄가 있어 매를 맞고 참으면 무슨 칭찬이 있으리요."

저의 잘못으로 인한 고난은 당연히 제가 감당하겠습니다.

"그러나 선을 행함으로 고난을 받고 참으면

이는 하나님 앞에 아름다우니라."

제게 잘못이 없다면 주님의 칭찬을 기대하겠습니다.

주님이 판단하소서.

리더를 잘 섬기는 일을 위해 부르심받았다고 하셨습니다.

예수님이 본을 보이셨습니다.

리더들로 인해 겪는 당연한 어려움을

주님의 십자가 고난의 자취를 따르듯 감당할 수 있게 하소서.

하지만 리더에게 저도 모르게
좋지 않은 영향력을 받을 수 있습니다.
불의를 본받아 배우지 않고 거절할 수 있는
단호한 용기를 저에게 허락하소서.

까다로운 리더를 위해 더욱 기도하게 하소서.
그를 위해 자주 기도하지 못했습니다.
그에 관해 잘 알지 못하는 점도 많습니다.
그의 인생 목표와 인생 스토리, 가족과 신앙 등
개인적인 부분을 알아서 기도하겠습니다.

저와 함께 일하는 동료들과
바람직한 관계를 가질 수 있도록 기도합니다.
잘 모르고 서툴러서 관계에 위기가 오거나
많은 것을 잃지 않도록 주님께서 도와주소서.
우리 일터의 리더들과
함께 일하는 우리 모든 팔로워를 지켜주소서.
예수님의 이름으로 기도합니다. 아멘.

※ 참고 성구 : 벧전 2:18-21

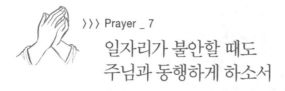

일자리가 불안할 때도
주님과 동행하게 하소서

영원히 동일하신 하나님,
언제나 주 하나님만 찬양하기 원합니다.
어제나 오늘이나 변함없으신 예수님을 믿으면서도
늘 같은 마음으로 살지 못하는 연약함을 용서하소서.

직업 현장이 급변하여 예측하기도 힘든 시대를 살아갑니다.
평생직장이 사라지고 평생직업의 시대가 된 지도 오래되었습니다.
불황의 시기가 아니어도 심각한 고용 위기가 자주 발생합니다.
예측 못한 코로나 팬데믹 상황으로
심각한 실업의 위기를 겪으니 두렵습니다.
제가 실직의 상황을 경험할 때도 하나님의 사람답도록 인도하소서.
실직하면 불안해집니다.
경제적 어려움이 가장 먼저 걱정됩니다.
사람들에게 실직했다고 말해야 하는 것도 두렵습니다.
창피하기도 하고 가족들에게도 미안합니다.
이런 상황에 처하더라도 하나님의 자녀다울 수 있게 도와주소서.

실업자를 'Unemployed Worker'라고 표현한 것을 보았습니다.
고용되지는 못했더라도 여전히 '일하는 사람'임을 명심하게 하소서.
출근할 곳은 없지만 하나님이 맡기신 일을 계속하겠습니다.
세상을 정복하고 다스리는 그 사명을 계속 이루어가게 하소서.
무슨 일을 하든지 주께 하듯 하라는 말씀을 실천하게 하소서.
무엇보다 직업을 찾는 일을 계속할 수 있게 도와주소서.
자신을 돌아보며 새로운 선택을 잘할 수 있게 하소서.

돈이 중요하지만 제가 받을 급여가 새로운 일자리 선택의
가장 중요한 고려사항이 되지 않게 도와주소서.
아무것도 없는 빈털터리여도 주님의 구원을 기뻐한
하박국 선지자의 노래가 저의 고백이 되게 인도하소서.
제가 하는 어떤 일을 통해서도 주님께 영광을 돌리게 도와주소서.

가족들을 위해 더 많은 시간을 할애하겠습니다.
가족의 사랑으로 어려움을 극복하게 도와주소서.
실업 문제로 인해 마음 아픈 사람들과 공감하면서
더 좋은 길로 인도하시는 하나님을 신뢰하며
주님의 가르침을 그들과도 나눌 수 있도록 도와주소서.
예수님의 이름으로 기도합니다. 아멘.

※ 참고 성구 : 창 1:28, 합 3:17-18, 마 5:16, 골 3:23, 히 13:8

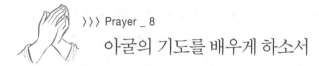

아굴의 기도를 배우게 하소서

재물 얻을 능력을 주시는 하나님,
제가 일해서 돈을 벌 수 있음을 감사합니다.
세상 모든 사람에게 민감한 돈 문제에 대해
잠언에 나오는 아굴에게 배우기 원합니다.

"헛된 것과 거짓말을 내게서 멀리 하옵시며
나를 가난하게도 마옵시고 부하게도 마옵시고
오직 필요한 양식으로 나를 먹이시옵소서.
혹 내가 배불러서
'하나님을 모른다. 여호와가 누구냐?' 할까 하오며
혹 내가 가난하여 도둑질하고
내 하나님의 이름을 욕되게 할까 두려워함이니이다."

일을 하다 보면 돈을 좀 더 벌고
손해를 좀 덜 보려는 욕심 때문에 거짓말을 자주 하게 됩니다.
헛된 욕심으로 인한 저의 거짓말과 거짓 행동을 용서하소서.
아굴에게 거짓말하지 않는 법을 배우기 원합니다.

오직 필요한 양식으로만 먹여달라는 아굴의 기도가
저의 기도가 되게 하소서.
헛된 욕심을 좇아 거짓말하지 않게 도와주소서.

저도 재물 얻을 능력을 주시는 하나님께
부자가 될 수 있게 해달라고 기도할 수 있습니다.
그러나 필요한 만큼만 달라는 기도는 저의 믿음입니다.
제 자신을 잊을 정도로 부유하지 않게 하소서.
부자가 되는 것이 언제나 축복은 아닌 것을 압니다.
주릴 정도로 가난하지도 않게 도와주소서.
진실을 추구하면서 하나님께 영광을 돌리며
제게 필요한 양식도 얻을 수 있게 도와주소서.

돈에 관해 꿈도 없고 목표도 없이 살지는 않겠습니다.
다만 비천에 처할 줄 알고 풍부에 처할 줄도 아는
자족의 비결을 저도 배우게 하소서.
제가 모든 것을 할 수 있게 하시는 분,
예수님의 이름으로 기도합니다. 아멘.

※ 참고 성구 : 신 8:18, 잠 30:7-9, 빌 4:11-13

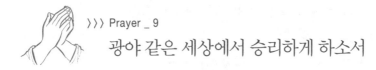

광야 같은 세상에서 승리하게 하소서

우리 인생의 여정을 시작부터 마침까지 인도하시는
하나님의 은혜를 찬송합니다.
하나님은 이스라엘 백성을 황량한 광야에서 인도하셨습니다.
낮에는 구름 기둥으로, 밤에는 불 기둥으로 함께 하셨습니다.
오늘도 함께하실 하나님을 전적으로 신뢰하지 못하고
불안해하는 저를 용서하소서.

이스라엘 백성의 광야생활이 우리의 인생 여정임을 고백합니다.
그들은 하루 앞을 알 수 없는 나날을 보냈습니다.
아침에 성막 위에 있던 구름 기둥이 움직이면
반드시 이동해야 했습니다.
언제나 아침이 되면 구름 기둥을 주시해야 했기에
하루 앞을 예측하지 못하고 사는 인생이었습니다.

광야에서는 불순종에 대한 재앙으로 유독 죽음이 만연했습니다.
많은 사람이 죽고 또 죽는 '죽음 무감각증'은
바로 오늘 우리시대의 현실이기도 합니다.

광야 같은 세상에서 승리하며 살 수 있게 인도하소서.
광야에서 이스라엘 백성은 고단한 삶을 살아갈 힘을 얻었습니다.
하나님과 친밀했기 때문입니다.

"여호와여 일어나사 주의 대적들을 흩으시고
주를 미워하는 자가 주 앞에서 도망하게 하소서."
아침에 구름 기둥이 움직이고 언약궤가 떠날 때
모세가 했던 기도를 우리도 따라 합니다.
"여호와여 이스라엘 종족들에게로 돌아오소서."
저녁에 언약궤가 멈추고 머물러야 할 때 했던
모세의 기도를 우리도 배웁니다.
일을 마치고 퇴근할 때마다 따라 하겠습니다.

언약궤가 떠나고 돌아올 때마다 반복했던 기도는
하나님과 동행하는 이스라엘 백성의 믿음입니다.
하나님이 앞서 가시는 길만 밟으며 따라가고
하나님이 멈추어 서시는 곳에서는 편안히 쉬겠다는
친밀한 동행의 영성을 배우게 도와주소서.
모세의 기도를 반복하며 광야 같은 세상에서 승리하게 하소서.
예수님의 이름으로 기도합니다. 아멘.

※ 참고 성구 : 민 10:33-36

>>> Prayer _ 10

출장을 갈 때도
하나님의 사람답게 하소서

이 세상 어느 곳에나 계신 하나님 아버지,

시편 기자의 노래가 저의 고백입니다.

"내가 하늘에 올라갈지라도 거기 계시며

스올에 내 자리를 펼지라도 거기 계시니이다."

출장을 갈 때도 하나님의 사람답게 하소서.

일상을 벗어나 출장을 가면 리듬이 깨지는 때가 있습니다.

출장 기간에도 마음이 풀어지지 않고

그곳에도 어김없이 계신 주님을 느끼게 하소서.

특히 장거리나 해외 출장을 갈 때면

일탈의 기회를 즐기는 동료도 있습니다.

함께 행동하다 보니 엉뚱한 곳으로 몰려가기도 합니다.

하나님께, 가족에게 죄가 되는

부끄러운 행동을 하지 않도록 주님이 붙들어주소서.

간교한 여인에게 빠져 화살이 간을 뚫고

도수장으로 끌려가는 소와 같은 신세가 되지 않도록

주님이 저를 지켜주소서.
성적 유혹 앞에서는 요셉처럼 도망가게 하소서.
건전하지 못한 오락이나 방탕의 유혹 앞에서도
대응할 용기를 주시고
죄를 짓지 않겠다고 분명히 거절하게 도와주소서.

아브라함의 지시로 먼 길을 출장 갔던 엘리에셀을 기억합니다.
자신의 임무를 완수하기 위해 분명하게 확인하고
하나님께 기도하고 서원했습니다.
"우리 주인 아브라함의 하나님 여호와여
원하건대 오늘 나에게 순조롭게 만나게 하사
내 주인 아브라함에게 은혜를 베푸소서."
자신의 책임을 다하기 위해 멋진 출장기도를 하고
사명을 완수해낸 이 멋진 종에게 잘 배우게 도와주소서.

아울러 해외로 나가더라도,
어떤 열악한 환경이더라도
주일에 함께 예배할 사람들과 예배의 장소를 예비해주소서.
어디에나 계신 하나님께 예배하며 영광을 돌리게 하소서.
예수님의 이름으로 기도합니다. 아멘.

※ 참고 성구 : 창 24:12, 39:12, 시 139:8-10, 잠 7:21-22

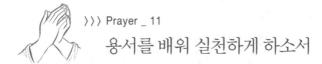

용서를 배워 실천하게 하소서

죄인들을 용서해주시는 하나님,

많은 사람이 용서를 기다립니다.

우리는 세상과 일터에서 많은 갈등과 아픔을 겪습니다.

그래서 용서의 필요를 부정하지 않습니다.

하지만 용서가 너무 어렵습니다.

성자들이나 실천할 수 있는 미덕이지

저와 같이 죄 많은 사람에게는 너무 멀다는 생각도 듭니다.

이삭도 생존이 걸린 우물을 빼앗기면서 분노했습니다.

다윗도 사울 왕이 창을 던져 죽이려 들 때

아마 사울 왕을 죽이고 싶을 만큼 미웠을 테지요!

다윗은 요압 장군과도 끝내 용서하지 못하는

갈등 관계를 겪었습니다.

요셉도 형들을 용서하기가 쉽지 않아 평생 감정의 씨름을 했습니다.

서로 용서하기가 쉽지 않습니다.

일하는 현장에서 더욱 어려움을 겪습니다.

책임지지 않으려고 발뺌합니다.

이해하지 않으려고 작정한 듯 무시합니다.

우리가 용서할 수 있어야 합니다.

용서할 수 있게 도와주소서.

"서로 친절하게 하며 불쌍히 여기며 서로 용서하기를

하나님이 그리스도 안에서 너희를 용서하심과 같이 하라."

예수님께 배워 우리도 용서할 수 있게 하소서.

주님은 죄 없이 죽임당할 때 그들을 위해 기도하셨습니다.

"아버지 저들을 사하여주소서.

자기들이 하는 것을 알지 못함이니이다."

자신을 죽인 사람들도 용서하신 주님께 용서를 배우게 하소서.

일하다가 갈등이 깊어지곤 합니다.

마음 아팠던 일이 기억나고 화가 치밀어 오르기도 합니다.

그때 십자가의 예수 그리스도를 본받는 마음을 주소서.

"용서하라. 그리하면 너희가 용서를 받을 것이요."

주님의 말씀을 기억하며 용서의 미덕을 실천할 수 있게 도와주소서.

용서를 친히 보여주시고 용서의 이유가 되신

예수님의 이름으로 기도합니다. 아멘.

※ 참고 성구 : 눅 6:37, 23:34, 엡 4:32

아름다운 노사 관계가 되게 하소서

사랑하는 하나님 아버지,
흔히 '노사'라는 단어 뒤에는 '화합'이라는 단어보다
'갈등'이라는 단어가 자주 따라오는 현실이 안타깝습니다.
우리 회사와 이 땅 기업들의 노사 관계를 위하여 기도합니다.

기업이 규모를 확대하다 보면 조직의 특성이 드러나고
이익을 추구하는 기업의 특성상
노동조합과 같은 견제 세력이 필요한 것은 당연합니다.
사측이 노조를 파트너로 인정할 수 있게 하소서.
노측에서는 기업 운영의 어려움을 이해하고
화합하여 기업을 발전시키는 역할을 하게 하소서.

성경에서 라반과 야곱은 좋지 않은 노사 관계를 보여줍니다.
라반은 노동자인 야곱의 임금을 열 번이나 삭감하고
노동력을 착취했습니다.
또한 야곱도 라반의 재산으로 자신의 재산을 늘리는
부정한 방법으로 복수했습니다.

보아스의 보리밭에서 바람직한 노사 관계를 배우게 하소서.

"여호와께서 너희와 함께하시기를 원하노라."

사장인 보아스가 직원인 종들에게 축복합니다.

"여호와께서 당신에게 복 주시기를 원하나이다."

직원들이 역시 사장을 축복하며 화답합니다.

서로 축복하는 이 아름다운 곳,

보아스의 일터처럼 우리의 일터에

하나님의 복이 넘치도록 주님이 도와주소서.

이렇게 서로를 생각하고 축복하는 노사 관계가 될 수 있다면

극한 대립을 막아낼 수 있습니다.

축복할 수 있는 특권을 가진 우리 크리스천들이

변화를 시도할 수 있게 도와주소서.

그래서 노사 간의 벌어진 간격을 좁혀갈 수 있기 원합니다.

바람직한 관계를 모색하는 촉매의 역할을 다하게 도와주소서.

십자가로 막힌 담을 헐어 화평을 이루신

예수님의 이름으로 기도합니다. 아멘.

※ 참고 성구 : 창 31:5-9, 룻 2:3-4, 엡 2:14-16

사람을 세우는
직장생활이 되게 하소서

사람을 사랑하시는 하나님,
하나님의 큰 사랑으로 구원받았음을 감사합니다.
한 영혼이 천하보다 귀함을 주님이 가르쳐 주셨습니다.
사람을 귀하게 여길 수 있도록 인도하소서.

사람보다 일, 또 그 일보다 돈에 우선순위를 두고
성과를 내라고 요구하는 세상의 목소리가 큽니다.
그렇게 일하다 보면 성취를 이루어도 사람을 잃습니다.
관계에서 실패하고
혹시 성공하더라도 남아 있는 사람은 하나도 없고
홀로 얻는 영광은 상처가 너무 큽니다.

하나님이 세상 어떤 것보다 사람을 귀하게 여기시듯
저도 성공보다 사람을 귀하게 여길 수 있기를 원합니다.
함께 일하는 일터의 동료들이 경쟁자이기도 하고
때로 가시 같은 존재이기도 합니다.
하지만 결국 그들로 인해 저의 직장생활이 보람됩니다.

물고기를 잡던 베드로를 부르신 주님은
그에게 사람을 취할 것이라고 하셨습니다.
저도 결국 일터에서 사람을 세우고 그들을 남기게 도와주소서.

함께 일하는 윗사람, 아랫사람, 그리고 동료들과 함께
보람되게 일하여 일의 성과를 나누겠습니다.
어렵고 힘든 일도 함께 풀어갈 수 있게 도와주소서.
또한 함께 일하는 동료 가운데
복음사역의 동역자가 나올 수 있게 도와주소서.
제가 그에게 복음을 전하여 그를 세우겠습니다.
일터에서 복음을 전하는 전도자가 되도록 세우겠습니다.
그리하여 제가 일하는 곳이 사람들이 구원받고 세움받아
또 다른 사람들을 세우는
멋진 복음사역의 현장이 되도록 도와주소서.

"죄인 한 사람이 회개하면 하늘에서는 회개할 것 없는
의인 아흔아홉으로 말미암아 기뻐하는 것보다 더하리라."
한 영혼의 회심을 기뻐하시는
예수님의 이름으로 기도합니다. 아멘.

※ 참고 성구 : 막 8:36, 눅 5:10, 15:7

>>> Prayer _ 14
평생 학습하는 직장인이 되게 하소서

인생의 학교를 허락해주신 하나님 아버지,

학교에서 배우게 하심을 감사합니다.

일터에서 일하면서도 계속 배울 수 있음을 감사합니다.

한 경영자는 학교에서 배움의 기회를 갖지 못하여

누구든 만나는 사람에게

배우려고 노력했다는 이야기를 들었습니다.

안타까운 그의 약점이 오히려 성장하는 요인이 되었습니다.

저도 배우려는 마음가짐을 평생 가지고 살아가게 도와주소서.

문제의식을 가지고 늘 질문거리를 찾겠습니다.

현재 저의 상황에 안주하지 말고 끝없이 추구하게 하소서.

뼈아픈 지적이라도 달게 받는 열린 마음을 허락하소서.

자존심을 내세우지 않고 충고를 통해 배우게 도와주소서.

안주하여 머무르지 않고 성장하기 위해 노력하겠습니다.

목표를 이루기 위해 애쓰는 열정을 허락하소서.

승진 시험도 잘 준비하여 치르겠습니다.

인생의 단계를 차근차근 잘 밟아나가면서 성취감을 느끼고
하나님의 비전을 이루어가는 기쁨을 누리게 하소서.
나이가 들어도 새로운 지식에 관심을 갖겠습니다.
실력이 부족한 경력을 자랑하지 말게 하시고
젊은 후배들에게 가르쳐주고도 여유 있는 관록만 뽐내게 하소서.

안 된다는 생각을 버리게 도와주소서.
배움을 위해 명랑하고 낙관적으로 생각하게 하소서.
여유를 가지고 하루에 작은 것 하나라도 배우겠다는 자세로
퇴근시간이 보람되게 해주시기 원합니다.
나이가 들어서도 새로운 지식을 학습하며
젊은이다운 생각을 유지할 수 있도록 도와주소서.

무엇보다 귀하고 가치 있는 학습은
성경을 읽고 묵상하며 배우는 일입니다.
말씀을 평생 가까이하고 말씀대로 행하도록 도와주소서.
예수님의 이름으로 기도합니다. 아멘.

※ 참고 성구 : 딤후 3:14-15